高等学校"十四五"规划教材

大学生职业生涯规划

张德琦　主编

化学工业出版社

·北京·

内 容 提 要

《大学生职业生涯规划》始终秉持"立德树人"的理念，适应职业发展教育的需要，指导大学生正确地认识自我和职业世界，掌握职业生涯规划制订、管理和执行的方法。同时，本书将德育和思想政治工作贯穿其中，引导大学生树立正确的职业价值观，理解职业生涯规划对人生发展的重要意义，全面提升综合素质。本书不仅使大学生获得职业生涯规划相关的理论知识，而且激发大学生内在潜能，为职业生涯打下良好的知识、能力、素质基础。

本书共分六个部分，包括绪论、职业生涯规划概述、自我认知、职业认知、大学生职业生涯规划的制订、大学生职业生涯规划的管理与执行。本书各章节前设有"学习目标""学习重点""案例引导""案例分析"，章节后设有"拓展阅读"和"思考与练习"，体例活泼，逻辑清晰，有较强的针对性和实用性。

本书可作为普通本科及高职高专学生职业生涯规划课程教材，也可作为广大青年学生自我提升的优秀读物。

图书在版编目（CIP）数据

大学生职业生涯规划/张德琦主编. —北京：化学工业出版社，2020.9（2024.10重印）
高等学校"十四五"规划教材
ISBN 978-7-122-37786-9

Ⅰ.①大… Ⅱ.①张… Ⅲ.①大学生-职业选择-高等学校-教材 Ⅳ.①G647.38

中国版本图书馆CIP数据核字（2020）第179102号

责任编辑：唐旭华　王淑燕　　　　　　　装帧设计：张　辉
责任校对：王鹏飞

出版发行：化学工业出版社（北京市东城区青年湖南街13号　邮政编码100011）
印　　装：河北延风印务有限公司
787mm×1092mm　1/16　印张11¼　字数270千字　2024年10月北京第1版第10次印刷

购书咨询：010-64518888　　　　　　　　售后服务：010-64518899
网　　址：http://www.cip.com.cn
凡购买本书，如有缺损质量问题，本社销售中心负责调换。

定　　价：29.00元　　　　　　　　　　　　　　　　　版权所有　违者必究

前言

新时代高等教育的根本任务是贯彻"育人为本,德育为先"的高等教育理念,着力培养"信念执着、品德优良、知识丰富、本领过硬的高素质专门人才和拔尖创新人才"。职业生涯规划教育是高等教育体系的重要组成部分,对大学生的成长与未来职业发展影响深远。

职业历来是人的一生中最值得关注和重视的问题,青年是推动国家发展的保障,是社会进步的重要力量,更是民族的未来和希望。大学阶段是青年学子努力掌握科学文化知识、打造过硬的专业本领、培养综合素质的重要阶段,在这一时期加强大学生职业生涯规划教育显得尤为迫切和重要。大力开展职业生涯规划教育不仅能够激励青年人的斗志,让大学生树立正确的世界观、人生观、价值观和职业观,而且可以使大学生结合新时代的特点和要求,根据自身的个性特征和职业倾向,合理确定适合自己的职业发展目标和方向,科学制订职业发展策略。大学生能够充分利用大学阶段的学习机会和宝贵的资源,努力培养和塑造自己,优化知识结构,提升能力素养,从而寻找适合自身发展需要的职业,体现个人价值的最大化,未来一定可以为国家和社会做出积极的贡献。

近几年,辽宁石油化工大学以精准的办学定位、鲜明的专业特色和先进的职业生涯规划教育理念,赢得了用人单位的认可和赞誉。多年来,大学生职业生涯规划课程一直作为本科生的必修课程列入教学计划,在大学生树立正确的职业观念、掌握科学的学习方法、养成良好的生活习惯、遵守职业道德准则和行为规范、促进健康成长等方面发挥了重要的作用。

本书根据教育部出台的《大学生职业发展与就业指导课程教学要求》,围绕大学生职业生涯发展的核心内容和步骤进行编写。通过对职业生涯规划主要内容和方法的介绍,能够让青年学生在进入大学之初就懂得职业生涯规划对个人成长和进步的重要意义,建立起生涯规划的意识和概念。本书的特点是适应高等教育人才培养的需要,贴近大学生的实际,同时引入辽宁石油化工大学的经典校本案例,旨在提升学生的学习兴趣,注重理论与实践的结合,具有规范性、系统性、针对性、趣味性、实操性和可读性。同时,为深入贯彻全国高校思想政治工作会议精神,坚持"立德树人"的教育理念,本书注重挖掘职业生涯规划教育所蕴含的思想政治教育元素,引导学生知道读大学的意义、职业生涯规划与人生发展的关系并深刻了解职业道德和社会责任感、自我管理等方面所承载的育人功能,使"课程思政"教育新理念在教材建设中"落地生根",达到职业生涯规划教育与思想政治教育同向同行的效果。希望青年学生能够志存高远、脚踏实地,尽快完成从高中阶段到大学阶段的顺利转型,尽快确立人生的理想和目标,尽快制订科学合理的职业生涯规划,为人生发展打牢"地基"。

编者在辽宁石油化工大学主要从事大学生职业生涯规划教育的理论研究、教学管理、教材建设等工作,具有丰富的理论和实践经验。本书由辽宁石油化工大学张德琦担任主编,共分为六个部分,具体分工:张德琦撰写绪论、第一章、第二章、第三章、第五章,刘畅、闫迪撰写第四章。全书由张德琦负责统稿。

本书在编写过程中借鉴和吸收了国内外最新成果，参阅了有关职业生涯规划的教材、著作、文献和网络资料，吸取了不少有益见解和精彩案例，力争集思广益、博采众长。辽宁石油化工大学马克思主义学院硕士研究生杨萌萌对全书进行了初稿校对并提供了个人成长案例，北京万瑞腾达投资基金执行总裁牛晋提供了有针对性的教学素材，辽宁石油化工大学创新创业学院2019届毕业生郑帅也为为本书提供了个人成长案例，化学工业出版社对本书的出版给予了大力支持和帮助，在此一并致以真诚的谢意。

由于水平有限，书中不当之处在所难免，恳请各位专家和读者批评指正。

编者

2020 年 8 月

目录

绪论　大学，人生的新起点 —————————————————— 001
学习目标 / 001
学习重点 / 001
案例引导 / 001
案例分析 / 004
　一、大学是什么 / 004
　二、大学读什么 / 008
　三、为什么读大学 / 010
　四、我的大学如何过 / 012
拓展阅读 / 014
思考与练习 / 017

第一章　职业生涯规划概述 —————————————————— 018
学习目标 / 018
学习重点 / 018
案例引导 / 018
案例分析 / 020

第一节　职业概述 / 020
　一、职业的含义与性质 / 020
　二、职业的功能及分类 / 022
　三、职业生涯的含义与特点 / 025
　四、职业生涯的发展阶段与影响因素 / 027

第二节　职业生涯规划概述 / 029
　一、职业生涯规划的含义与内容 / 030
　二、职业生涯规划的原则与基本理论 / 032
　三、职业生涯规划的方法与步骤 / 035
　四、职业生涯规划的作用与人生发展 / 039
拓展阅读 / 042
思考与练习 / 044

第二章　自我认知 —————————————————— 045
学习目标 / 045
学习重点 / 045
案例引导 / 045

案例分析 / 048
第一节　自我认知的概述 / 048
一、自我认知的内涵与功能 / 048
二、自我认知的形成与发展 / 052
三、自我认知的方式与作用 / 057
第二节　自我认知的维度 / 059
一、兴趣 / 059
二、性格 / 064
三、能力 / 066
四、职业能力的认知 / 068
五、价值观 / 073
第三节　自我认知的培养 / 075
一、全面认识自己 / 075
二、积极认可自己 / 076
三、努力完善自己 / 078
拓展阅读 / 078
思考与练习 / 082

第三章　职业认知 —— 083
学习目标 / 083
学习重点 / 083
案例引导 / 083
案例分析 / 084
第一节　职业认知的概述 / 085
一、职业的产生 / 085
二、职业的发展 / 086
三、未来职业的发展趋势 / 088
四、职业世界的用人需求 / 090
第二节　职业探索的维度和方法 / 092
一、职业探索的维度 / 092
二、职业探索的方法 / 096
第三节　职业道德和社会责任 / 098
一、职业道德 / 098
二、社会责任 / 103
拓展阅读 / 105
思考与练习 / 106

第四章　大学生职业生涯规划的制订 —— 107
学习目标 / 107
学习重点 / 107
案例引导 / 107
案例分析 / 108

第一节　大学生职业生涯规划的定位 / 109
　一、职业志向 / 109
　二、职业生涯目标的确立 / 111
第二节　大学生职业生涯规划的制订 / 115
　一、大学生职业生涯规划制订的步骤 / 115
　二、大学生职业生涯规划制订的误区 / 117
　三、大学生职业生涯规划书的撰写与修订 / 120
拓展阅读 / 122
第三节　大学生职业生涯规划的主要任务 / 131
　一、大学一、二年级学业规划 / 131
　二、大学三年级学业规划 / 133
　三、大学四年级学业规划 / 134
拓展阅读 / 135
思考与练习 / 139

第五章　大学生职业生涯规划的管理与执行 ——— 140
学习目标 / 140
学习重点 / 140
案例引导 / 140
案例分析 / 143
第一节　大学生职业生涯规划的管理 / 143
　一、情绪管理 / 143
　二、压力管理 / 148
　三、人际关系管理 / 153
　四、时间管理 / 157
　五、健康管理 / 158
第二节　大学生职业生涯规划的执行 / 159
　一、做最好的自己 / 159
　二、多做事情，少问问题 / 159
　三、不找任何借口 / 159
　四、注重细节 / 160
　五、坦诚面对批评 / 160
　六、心动不如行动 / 161
　七、从小事做起 / 161
　八、即刻行动 / 163
拓展阅读 / 166
思考与练习 / 167

参考文献 ——— 168

绪论
大学，人生的新起点

学习目标

1. 掌握读大学的意义和价值。
2. 了解高中与大学的差异。
3. 明确奋斗方向，努力为自己编织生活梦想。

学习重点

1. 理解大学是人生的关键阶段，是未来人生道路的基石。
2. 踏入大学校门，步入人生的新阶段，不论是生活的圈子、承担的责任，还是对自我的建设，都是一个崭新的起点，能够理性地认识现状尤为重要。
3. 在认知大学生活的基础上，明确大学的主要任务和成长方向，打好职业规划的基础，实现对大学生活的蓄势待发。

案例引导

人生没有白走的路，每一步都算数

徐川，"80后"青年学者，南京航空航天大学马克思主义学院党总支书记、教授，中宣部宣传思想文化青年英才，荣获全国五一劳动奖章、全国最美教师等荣誉，国家级教学成果奖第一完成人。

最近流行一个词儿，叫"小镇做题家"。聊这个话题，我有点心虚，因为我做题不行，也没长在小镇，而是小村。

很长时间以来都有同学跟我诉说家庭的种种不如意，有的还有小小抱怨。我们周围有的同学衣食无忧、浑身名牌、全球旅游；有的同学精打细算、四处打工、贷款上学，带有深深的自卑；也有的同学感觉被家庭拖累，抱怨自己的生长环境。

对于这个话题，我从自己讲起。

经历的艰辛能成为后来的勋章

我出生在鲁西南的一个农村，在那里老老实实长到十八岁。十八岁前基本没出过县城，我曾以为全世界就是那么大。小时候没自行车，进一趟县城要走半天，我认为似乎世界没必要那么大。

我是有饥饿记忆的。我小时候看到周围的各种植物，第一个念头就是琢磨一下能不能吃。山药土豆西红柿，大豆玉米小麦，都可以吃，我说的"吃"是生吃，就是挖出来或者摘下来简单擦一下就吃。除了庄稼地里的，榆钱可以吃，槐花也可以吃。我小时候还吃过棉花桃子，啃过玉米秆子……你说好不好吃？那时我认为能吃就好。

我在农村上的小学和初中，高中在县城。同学们生活水平都差不多，平时都从自己家带咸菜、带馒头。高中时我妈隔三岔五蹬着叮咣作响的三轮车到县城来给我送生活用品。也不知道是哪一天，我开始抗拒起来，不希望她来学校。有一回，我妈来看我，在教学楼外面把饭菜掏出来等我。结果赶上放学，大家以为是小商贩，呼啦啦围上了一大帮人，叽叽喳喳问饭菜怎么卖。急得我赶紧解释："别看了，别看了，都走吧，不是卖东西的，这是我妈。"留下一圈哄笑，也留下我敏感的自尊，当时我就没好气地跟妈妈嚷："以后没事不要来了！"很久之后，我爸跟我聊起这个事儿，说妈妈回来挺伤心，问是不是妈妈到学校觉得丢脸。现在每每想起，我都自责不已。

农村孩子很多都穿过打补丁的衣服，而且衣服基本都是父母给做的。当时农村自己做的棉袄一般是用花花绿绿的棉布，里面套上新棉花，外面罩一件外套就过冬了。

以前没觉得有什么不妥，一直到大学一年级时，家里给我准备的还是自己做的棉袄。但是，我决定不穿了。因为我发现周围的孩子都是在大商场买衣服，流行的羽绒服又暖和又好看。我实在没有勇气把那个红艳艳的大棉袄拿出来，于是我就冻了一个冬天，结结实实硬扛了一个冬天。现在想来真傻，但那时就是那么坚定，宁可被冻也不想被嘲笑。故事的结局是班里同学实在看不下去，一起凑钱给我买了一件棉衣，这成为我大学里非常难忘的回忆。

我不知道这是不是人生必须走的心灵弯路，不过我真的到了很久以后才能泰然自若地讲我的这些过去，才愿意把自己体会过的生活当作骄傲的勋章。

未必喜欢的过去给予我们很多

我相信一切都是有伏笔的。

生活在农村肯定是有好处的，比如说比城里的孩子多体验了一些艰苦的岁月，比如说对生活的变化会有更多敏锐的观测，比如说和城市里生活的长辈还有不少相同或相似的记忆……记得几年前，我和南京的长辈一起聊过去，我说自己小时候放羊养猪养兔子，耕地打水割麦子，摘棉花收玉米，他们一边笑一边想这小子"编起瞎话"来一套一套像模像样的。

我们未必喜欢的过去能够给我们很多很多，比如忍耐，比如敏感，比如善良，比如坚持。我们不能选择自己的出身和家庭背景，但是这些背景都无一例外成了我们的财富，只不过有些财富我们看得到或者我们眼下需要和在意，有的财富和磨难变成我们的"骨骼"和自尊，变成我们的善良和体贴，变成我们的热情和温暖。

小时候，村里经常有来要饭的人。他们不要别的，就是要一块馒头、一碗稀饭，站在门口问家里有没有人，没有人回应也不会往院子里闯。那时候自己家也穷，经常吃了上顿没下顿，清汤寡水，桌子上的菜可能只是一盘拍黄瓜。在我印象中，要饭的只要敲开我家的门，没有一个会空着手走。有时候赶上饭点，每人一块馒头分完了，家里什么都没有了,妈妈会把自己的馒头再掰一半,稀饭倒半碗给他们。

小孩子不懂事,就会吵闹,说自己都吃不饱凭什么还要给他们,以后不要给他们开门。妈妈就会不高兴,不允许这么说,她说人都要相互帮衬,少吃点又能怎样。后来长大些,只要遇到需要帮助的人,我都尽力帮助他们。我到了大学工作后,遇到几个大学生因为白血病、尿毒症等各种急病重病需要救助,当时能做的很有限,很心疼也很无助,就想一定要帮帮这些孩子。2016年4月,我出版了自己的第一本书,那时候自己没名气,也没钱,不过帮助困难学生这件事不能再等了,就发起成立了一个"川流不息"爱心基金,把自己的所有版税都捐出来给需要救助的大学生。从那时候一两千元开始攒,积攒到现在的40万元。

我从小就明白一个道理,穷人也能给予。而且,能给别人帮助,就不能算是穷人。如果什么事情都等到有条件了再做,我想真正有条件了很多人还是不会去做。

农村简单的生长环境让我培养了一些爱好,热爱读书,喜欢写字,这些爱好让我可以安心享受那些孤独的时光而不感到寂寞。我从小就喜欢看书,家里没钱买书就到处借书、找书,慢慢变成村子里藏书最多的人,虽然绝大多数书都是神神鬼鬼的民间故事以及《故事会》。读书的习惯早已融进我的生命,任何时候只要我走进书店,都可以坐一整天,就像我老老实实在农村生长的十八年。

若干年后我整天跟青年学生摸爬滚打,有了一些工作经验的积累和探索,也开始有人帮我总结工作方法,其中一条就是"用故事讲道理,把有意义的事情讲得有意思"。偶尔会有些同仁向我请教"讲故事"的学理依据和修炼路径,每当这种时候,我总会想到家里堆积如山的民间故事和《故事会》。

每段经历都是堆积未来的"积木"

我们常说人生没有白读的书,读过的书就像放在裤兜的铜板,好好攒着就行,哪天冷不丁一摸口袋,好好的都还在。读过的书都长成了我们的筋骨肉和精气神。我们的经历也是,我们的过往就像攒了很多块"积木",谁也不知道将来用到哪一块,大大的未来正是由它们堆积起来的。

农村生活的经历还教给了我一个道理:路要靠自己走,要靠自己的小笆子搂柴火。

既然生命有那么多未知,既然我们没有那么多资源,那就自己多经历一些,多体验一些,找一找对的,想一想错的。因此我这一路走来,没有停止的,还有寻找和试探,寻找自己生命的意义和存在的价值,试探我能感受到人生快乐和人间值得的可能方式。

一路走来有迷茫,有困惑,有挫败,也有痛苦。因为在青春的时候,在自己能力不足的时候,在自己修炼不够的时候,在自己还比较弱小的时候,在自己有劲使不出的时候,在自己对这个世界还陌生懵懂的时候,我们还看不到自己的力量,还看不到自己的长处。不过,这所有的试探和挫败都是有意义的。也正是在这样的试探里,我们对自己的认识会越来越清晰,接受自己的不足、缺点,发现自己的兴趣、爱好,不足可以去改变,爱好可以去培养,短处可以去正视,长处可以去强化。

其实我们都应去这样探索。我们未必知道自己最适合什么,因此才需要不断尝试、不断体会。这个过程充满挫败,充满未知,更充满惊喜。有了扎实的试探,有了坚定的方向,我们的生命才可能坚强,才可能在生活洪流中抬起头来,在功名利禄面前挺起腰来,才不会被任何看起来强大和不可一世的痛苦和折磨击倒。

也正是在试探中，我得到了一些机会和成长：曾经被世界500强企业录用，公务员考试取得还不错的分数，做过世界杯的翻译官，教过中国人学英语，教过外国人学汉语，也陪着英格兰女足国家队打过比赛……

有人问我，本来是学语言的，怎么最后从事了思想政治教育工作。我认为真正好的思想政治教育工作者应该是或者只能是体验丰富的人、阅历丰富的人、情感丰富的人，是格局宏大、视野宽广、信仰坚定的人。自己对人生的体验越丰富、越多元，就越能够在从事思想政治教育工作的过程中找到与别人的共鸣，越能够找到进入对方内心世界的门径，越能够找到跟别人走心沟通的交集。因为人生除了语言和知识的课堂，更有体验和实践的课堂，理论不只是解释世界，关键在于改变世界。而这一切，都与我的奋斗和经历有关，离不开我在年富力强时，通过努力找到了人生的使命。

还是那句话，人生没有白走的路，每一步真的都算数。

案例分析

人的一生就如同一个果子成熟的过程，不能着急，也不可懈怠。人的努力与后天的栽培会让一棵树静静长高，也会让一个人慢慢成熟，正所谓"毋揠毋助，看平地长得万丈高"。世上没有白费的努力，更没有碰巧的成功。不要揠苗助长，不要急于求成，只要一点一点去做，一步一步去走，成功不过是水到渠成。但是有时候我们会觉得生活得好累，明明已经很努力，但就是得不到回报；有时候，陷入迷茫和困境中，屈辱与挫折接踵而至，越是挣扎越看不到希望，灰暗得让人失去前进的动力；有时候，明明胜利在望，却被命运轻轻巧巧地开了个玩笑，一下被打落深渊，所有的努力付之东流。这些看似糟糕的经历不仅是一种历练，静待时光流淌，终有一天你会惊讶这更像生命的一种馈赠。哪怕暂时见不到光亮，哪怕荆棘遍地，哪怕命运捉弄，也请你坚信：每一个努力过的脚印都是相连的，人生没有白走的路，每一步都算数！

（案例来源：光明日报，编写组略有删改。）

当大学新生整理行囊带着向往、好奇、兴奋和些许忐忑走进大学校园时，面对一张张青春靓丽而又陌生的面孔，一种孤寂会油然而生。偶尔会怀念高中生活，因为每节课都按照课表推移进行，每日忙碌充实，课程节节有督促，生活起居有照顾。进入大学校园，一切跟过去都不同了，新生不知道该做什么，该如何去做。大学里有太多可以自主掌控的时间，有太多可以自由发挥的空间。然而，大学只是新生走进社会的敲门砖，这块砖的分量就是要靠这几年不断的积累、打磨、沉淀、夯实，在这里认真走过的每一天都将成为未来在工作岗位的财富，所以，请珍惜自己美好的大学时光！

一、大学是什么

当我们扪心自问"为什么上大学"时，要首先理解大学的内涵、大学的精神。尽管社会环境在不断变化，但我们的信念和追求却是永恒不变的精神财富。上大学应该去思考和明确自己人生的意义和价值，找准自己的兴趣点，为自己长远的生活和职业发展进行规划，并积极培养相应的能力。

"大学"一词最早出自《礼记·大学》，开篇写道："大学之道，在明明德，在亲民，在止于至善。知止而后有定，定而后能静，静而后能安，安而后能虑，虑而后能得。物有本末，事有终始。知所先后，则近道矣。"这是古人对大学的定义。

（一）大学的起源

现代大学起源于中世纪的欧洲，这一时期出现的高等教育机构形成了自己独有的特征，如组成了系（faculty）和学院（college），开设了规定的课程，实施了正式的考试，聘请了稳定的教学人员，颁发了被认可的毕业文凭或学位等。

中世纪的大学在诞生之初，"不是一块土地、一群建筑甚至不是一个章程，而是老师和学生的社团和协会。"即仿照手艺人行会的方式，所有的教师联合成特殊的组织即专业行会，称为系或教授会（faculty）。1087 年，意大利建立了第一所正规大学——博洛尼亚大学，它是欧洲最著名的罗马法研究中心。此后，博洛尼亚大学成了整个欧洲的学术圣地。随后，欧洲各地相继出现了大学。大学（university）这个名称，是 1228 年由教皇颁布的敕令首先对教师和学生使用的。欧洲中世纪的大学本为执有特许状的一种社团，享有高度的自由，实行完全的自治。教者可以自由地讲授，学生可自由地研究，允许大学师生结社、罢课、罢教、自由安排课程、聘请教师或享有迁移权、行乞权、免纳捐税、平时免受兵役和不受普通司法机关管辖等权力。

中国近现代大学缘起于洋务运动兴起后的西学渐入。1895 年盛宣怀创办天津中西学堂，第二年更名为北洋大学堂。该学堂以"科教救国，实业兴邦"为宗旨，以美国哈佛大学、耶鲁大学为蓝本，进行专业设置、课程安排和学制规划，以培养高级人才为办学目标，为我国近代最早的一所工科大学，即天津大学的前身。北洋大学堂的创办，开启了中国大学教育的航程。1898 年京师大学堂在戊戌变法中应运而生，成为中国近代第一所国立大学和综合大学，也为当时的最高学府。1912 年京师大学堂改名为北京大学，严复为首任校长。1916 年蔡元培担任北京大学校长，他提出"循思想自由原则、取兼容并包之义"。在这句话的引导下，北京大学不仅是当时的国学中心，更是全国新文化运动的发祥地和马克思主义的中心。北大自由民主的精神和显赫声望延续长存。清华大学始于 1911 年庚款兴学而创立的清华学堂，初期为留美预备学堂。1925 年清华学校设大学部，开始招收四年制大学生，1928 年组建为国立清华大学，罗家伦为首任校长，1931 年起梅贻琦任校长。1930 年前后，当时的清华大学迅速发展成为全国最高水平的大学，名师济济，从此奠基了清华大学的声望和顶尖学府的地位。

（二）大学的理念和精神

关于大学理念，胡炳仙先生认为，大学的理念是一种激励人们不断奋进、抗争和创新精神的力量，是一种面向未来的精神延展和系统构想，是对大学形而上的价值判断。大学理念具有超越性、现实理性、开放性和导向性的特点。在大学理念的具体内涵上，他认为大学理念既包括对大学的地位、使命、目的、功能、大学发展轨迹等的宏观认识，也包括对大学教育内容、教育模式、组织结构、管理模式等的具体构想。

关于大学精神，有人认为大学精神是大学理念的具体化，是大学理念的延伸和深化，大学精神中凝聚着大学的理念与宗旨，是大学所独有的。

关于大学精神的具体内涵，阎光才先生认为大学精神作为一种价值追求，其内涵具体体现在以追求理想、追求真理、追求知识为象征的传统大学的"象牙塔"精神中。它以知识的拥有和真理的标准来塑造知识的权威，而摒弃俗世的门第、官阶作为个人身份高低的标志。

对知识、真理的推崇，不仅构成了大学成员不断探索、获取知识的精神动力，而且这种精神在整个共同体的珍视和呵护下，渐渐地以制度化的形式慢慢地存续下来，并孵育成为唯有大学独有的组织特征。

大学不仅仅是客观物质的存在，更是一种文化存在和精神存在。知识及其学科是大学存在的必要基础，而发挥决定作用的是办学理念。大学的办学理念是历史积淀、发展而来的文化，它主导着大学的定位和教育的实施。我们也可以从各个大学的校训中得到一些办学理念的启示。

因此，我们之所以上大学，一方面是为了改变，成就更好的自己，包括思想观念、态度、视野、知识等；另一方面是为了储备职业发展竞争力，包括专业知识、实操技能、核心就业能力等。大学的学习过程无疑要比结果重要，正如老子所言的"授之以鱼，不如授之以渔"，大学生通过学习所培养获得的思想观念、价值观体系、心智模式、结构性的知识体系以及为人处世的方式等，是能够为自己带来受益一生的智力资本，要比拿到的文凭证书或者获得一份较为高薪的工作更为重要。

（三）大学的意涵

大学并不仅仅是个讲堂，它从存在的那一天起就被赋予了独特且丰富的意义和内涵。

1. 大学是独立的起点，是自我升华的舞台

进入大学，大学新生终于放下高考的重担，开始追逐自己的理想、兴趣、方向。这是新生离开家庭生活，开始独立参与团体和社会生活；这是新生不再单纯地学习或背诵书本上的理论知识，开始有机会在学习理论的同时亲身实践；这是新生开始不再有老师和父母安排自己学习和生活中的一切，新生有足够的时间去自由处理生活和学习中遇到的各类问题。因此，大学成为新生开始实现独立的圣域。步入这个圣域，理当树立一个全新的理念：独立自主，自我规划，逐步确立今后的发展方向和路径。告别依赖于"事事有人管"的过去，变"要人管"为"自己管"。大学里遍布各类精英，更有暗藏前途命运的玄机。一场讲座、一本书、一席语重心长的教导都有可能改变一个人的前途和命运。

2. 大学是个体从幼稚走向成熟的转折点

大学四年是一个人一生中知识储备、思想成熟、性格完善的关键期。大学的学习更主动、独立、开放，更注重学习能力和创造性潜能的开发，以及为人处世、人格修养和生活能力的提高。大学学习突出专业性和实践性，尽管有老师授课和指导，但要想在大学里学有所成，主要还是靠自己去探寻、钻研、实践。我国古谚语"师傅领进门，修行在个人"说的就是这个道理。德国哲学家雅斯贝尔斯（Karl Theodor Jaspers）认为大学应始终贯穿这一思想观念：大学生就是独立自主、把握自己命运的人。真正的大学生聆听不同的看法和建议，然后做出自己的判断。真正的大学生会利用大学这个平台，靠着自己的选择和严格的学习找到适合自己发展的道路；真正的大学生会利用大学四年这段黄金岁月，在与人交往中成长，但仍保持其个性。

3. 大学是一种精神家园，是一种人生追求

大学最吸引人也最为人津津乐道的就是大学精神。大学精神是在某种大学理念的支配下，经过所在大学的历代大学人的努力，长时间积淀而形成的，稳定和共同的理想和信念，是大学的独特气质和精神文明成果，是大学文化的精髓和核心所在。大学精神既深藏于大学

之中，又游离于大学之外，它为大学注入了生命活力。大学虽不能直接赋予我们职业、财富和幸福，但大学精神却会潜移默化地滋润我们的精神、信念、信仰，让我们经历一种无形的熏陶。这种熏陶常常持续终身。

（四）大学生活与高中生活的不同

大学新生进入大学，就意味着离开父母、家乡和曾经熟悉的老师和同学，但也意味着成长阶段的新征程。校园里都是陌生的，不同于以往的求学之路，大学新生对大学环境的认识和熟悉应该算是自己的第一课，不论是校园生活环境，还是大学生的生活内容，和高中相比都有了很显著的变化。这种变化主要体现在以下几个方面。

1. 生活环境和生活方式不同

大学生活和高中生活第一个变化体现在生活方式上。大学生都是离开父母家庭，独立在校园中作为一个个体安排自己的生活，生活的自主性明显加强，衣食住行和生活当中的琐事都需要自己安排和处理，没有可依赖的对象。对于一些独生子女或者从未住宿独立生活的学生，这是他们进入大学后第一个要跨过的坎，特别是对于一些刚刚离开父母全方位呵护的学生来说，这将会是一种全新的挑战。由于大家来自五湖四海，有着不同的生活习惯和饮食习惯，异地求学的同学会有一定的不适感。高中时代，大部分的同学都过着"三点一线"的生活，生活的重心都在学习上，为了升学也没有太多的业余时间。新生进入大学后，除了课程设置中安排的课堂教学，其余的时间都可以自行安排，可以说大学的生活方式就是自主、自立和自律。

2. 教学方式和学习方式不同

大学虽然崇尚个性化发展，但学习还是大学这个阶段最重要的任务。大学的教学方式、教学理念及教学手段都和高中时代有很大的不同。高中时代，无论是学校、教师还是学生本人，都无法摆脱升学的压力，因此这个阶段教师会安排好学习进度和学习任务，学生要做的就是尽可能地把教师讲授的知识掌握好，通过训练提升应试速度。而大学教育是一种专业性的教育，学习的信息量大，更强调学生的主动性，也更加注重学生学习兴趣的挖掘及素质能力的提高，是从"要我学"转变为"我要学"，也只有这样，才能在大学期间完成真正意义上的学业。

3. 人际交往不同

高中时期的学生生活都是以学习为"主营业务"，人际交往基本是围绕学习，大多数局限在家长、老师和同学之间。但到了大学，来到了陌生的环境，每一位大学生首先要面对的便是人际交往，交往的对象范围也会慢慢扩大，不仅仅局限在本班、本年级，而且会涉及校内和校外，交往的内容也会逐渐丰富，学习、社会工作、文体活动及个人情绪、情感都可能是大学生人际交往的主要内容，人际交往的技能也是大学阶段需要培养的能力。

4. 奋斗目标不同

高中阶段的奋斗目标往往比较聚焦，多数人高中生活的重心就是为了考大学，考一个心中理想的大学。但进入大学，奋斗目标会逐渐多元化与个性化：考研、出国、创业、财富自由、顺利毕业、就业找个好工作、丰富人生阅历……每位大学生都可以通过自己的努力在丰富的校园生活中找到自己的奋斗目标，而不仅仅局限在学习上。

二、大学读什么

读大学，究竟读什么？这是每一位大学生非常关心的话题，读大学可以从读课堂、读教师、读图书馆、读同学和读自己开始。

1. 读课堂

大学有三大课堂。第一课堂：专业理论和知识学习是大学期间最重要的课堂，也是大学生人才培养的重点。第二课堂：各种校园文化、社团活动，主要功能是丰富第一课堂以外的大学生活，是对第一课堂的有效补充，旨在使大学生的综合素质得到全面提升。第三课堂：社会实践。随着大学生就业形势的日益严峻，用人单位对大学生的工作经验要求越来越高，作为锻炼大学生实操能力的第三课堂，也越来越受到学校和大学生个人的高度重视。三类课堂在人才培养中发挥的作用各不相同，第一课堂是人才培养的主渠道，第二课堂在人才培养中主要起到育人作用，第三课堂则是实践能力的培养。三种课堂只有互为结合、相互补充，才是高素质人才培养的基础。因此，读大学一定要平衡好三大课堂之间的比例分配，实现理论加实践的人才培养目标。

2. 读教师

教师在大学中扮演着非常重要的角色。大学教师一般分为大师、知名专家、学术带头人、专业课授课教师等。师者，授业传道解惑也。大学教师是大学生的良师益友，是大学生人生旅途中的灯塔。大学教师的育人能力对于大学生的成长成才至关重要，能为大学生指明专业发展的目标，斧正成才道路上的方向。

（1）要读教师的授课风格和学术特长。大学的课堂教学与高中教学是完全不同的，高中的教学是标准化程度较高的统一教学模式，而大学的教学通常具有一定的灵活度，相对来说更具个性化特点。因此，读大学首先要读懂任课教师，特别是专业课教师，了解他们的授课风格、学术研究方向与专长，只有这样，才能更好地把握教师所讲授课程的核心和重点，才能领悟教师所传递的系统的科学思想和学术研究理念。

（2）要学会主动选择教师，不要被动适应教师。在大学期间，大学生可以根据自己的兴趣和专业方向在全校范围内选择自己喜欢的教师和课程。每位优秀的老师都会有一套独特的治学思路和教学方法，都有吸引大学生的独到之处。他们思考问题的思路和做事的风格正是大学生学习的重点，也是大学生最缺少的部分。大学里课程一般有三大类：公共课、专业课、选修课（限选、任选），相对应的任课老师也分为三类，一般来说，公共课和专业课教师都是院系安排好的，不用学生选择，而学生可以根据自己的喜好选择选修课老师。如对理工科的大学生来说，在学好本专业的课程之外，多接触一些文科方面的名师和课程，对自身人文、社科知识的提升非常重要。大学的课程学习，某种意义上可以称其为"自助课程体系"。学生在完成专业课程之外，可以在全校范围内选择自己喜欢的教师及课程，可以与自己喜欢的教师交流、探讨。所以，大学期间大学生应该对全校甚至周边学校中的名师及其课程有所了解，并根据自己职业发展规划的设计及时补充本专业外的其他课程，可以有选择地去倾听不同领域名师、专家学者的讲座，学习他们的学术思想，这无疑对提升大学生自身综合素质非常有益。

（3）要学会与教师交朋友。什么是朋友？当你遇到困难需要帮助的时候，能够给予帮助；当你获得成功的时候，能够分享喜悦；当你在人生旅途中迷茫的时候，可以指明方向，这就是大学生需要的朋友。每位有成就的大师、专家教授、学者都是从学生时代走过来的，他们知道什么样的大学生是优秀的大学生，对于那些在学识方面勤奋好学、经常提出问题、表述自己的思想、喜欢相互研讨的大学生是会受到教师欢迎的。同学们可以注意一下身边的成功人士，他们的成功都有一个很重要的秘诀，就是有很多好朋友的帮助。在大学里，如果能结识几位专家教授、名师学者，并经常能与他们一起探讨科学的真谛，渐渐成为朋友，那么该学生收获的将不仅仅是学业，还有很多学业之外的东西。比如老师一生的经验、教训、人生感悟等，对大学生而言都是一笔无形的资产和财富。有了这些"特殊朋友"的支持，学业与人生发展将会变得更有意义。

3. 读图书馆

衡量和评价一所大学教学与学术研究水平的重要标准是看图书馆的藏书量。读大学要学会读图书馆，如何才能读好图书馆？

（1）入学后要了解图书馆的布局以及各书库、阅览室的藏书特色和数量、品种。图书馆的书库里，书籍、报刊等浩如烟海，如何能从中快速找到自己需要的书籍和资料呢？这就需要对图书馆各书库、阅览室的藏书特色和整体布局有更深入细致的了解，成为图书馆的"常客"，以读书为乐，只有这样才有可能充分利用好图书馆的资源。

（2）读百部书不如书读百遍。我国有这样一种说法："半部《论语》治天下"。是的指读书要精。读书要读出作者要表达出来的思想精髓，这才叫真读书。读百部书不如书读百遍就是指读书一定要真正地沉下心来，认真地研习和体会，针对一些优质的书籍不仅要爱不释手，更要学会做好读书笔记，这样日积月累后的收获才是丰盈的。

（3）善于利用电子资料资源（互联网、电子资料库等）。如今，电子资料越来越成为图书馆的重要组成部分。所以，大学图书馆中的电子阅览室就成为现代大学中最受欢迎的地方。近年来，很多高校投资外文、中文电子数据库和资料库的经费比例越来越高，电子资源的重要性也越来越凸显。所以，读大学要学会熟练地使用电子资料资源为学习和成长服务。例如，中国知网、清华同方、万方、人大复印资料、超星电子图书资料库等。

4. 读同学

大学四年的同窗友谊是人生中难得的资本。来自全国各地的学子汇聚于一所高校是一种缘分。每位大学生都曾经有过一段耀人的辉煌，都有自己一套行之有效的学习方法，都有各自鲜活的性格特征，这一切都成为每一位学子值得鉴赏的内容。

读同学，首先学会读懂同学之间的真善美，读懂同学之间和睦相处的处世之道，学会多交朋友，交好朋友。其次要细细品味来自不同地域同学带来的文化、民俗的精华，丰富自身的文化知识。再次要读懂同学的成功之道和前车之鉴，丰富自身的人生阅历。

5. 读自己

曾子曰："吾日三省吾身"。其实是说一个人只有经常进行自我的探索和反思，才能及时发现自己的不足，才能及时地纠正自己的过失行为，才能求得自身的不断完善。读自己，首先要经常反思和回顾自己大学四年的奋斗目标和职业方向，是否按照入学后自己制订的规划和计划一步步执行。其次要经常地衡量自己的积累，是否拥有成为一个合格的职业人应具备的知识、能力和素养。再次要经常了解希望从事的职业的发展情况以及今后的发展趋势，据此及时调整自己的职业发展规划和实施计划。

三、为什么读大学

(一) 读大学的价值和意义

经过多年的努力学习,期盼已久的莘莘学子终于步入大学殿堂,这是人生的一个重要阶段。那么,大学的意义何在?大学对青年人的成长又有哪些帮助?我们可以从以下几个方面来理解。

1. 大学是个神奇的地方

大学是探究未知世界的场所。具有好奇心的年轻人与致力于探究未知世界的教师结成共同体,大家志同道合,在满足好奇心的同时推动社会的进步和人类的发展,这样的职能是其他社会机构无法替代的。

大学是年轻人交往的地方。大学把来自四面八方、有着不同地域文化背景、生活体验与成长经历的学生汇集在一起,让年轻人相互交往、相互学习,为每一位学生提供各有所需的交往机会,这是成长中十分宝贵的财富。

大学是实现学生身份到职业者身份转化的必要准备期。大学在帮助学生形成工作所需要的专业能力的同时,帮助他们形成个人就业的"配置能力"。大学对学生的心理、文化、人际交往、就业等方面的训练正是这种"配置能力"的重要组成部分,这是推动学生转型为"职业人"的社会化过程。

大学是帮助年轻人获得安身立命的专业能力的重要场所。高等教育往往决定多数人终身的专业方向和职业领域,也帮助学生形成专业化的劳动技能。在分工高度专业化、精细化的今天,专业教育起到不可估量的作用。

2. 大学让学生学会独立与自我管理

大学如高中一样,也是一所学校,但却是一所特殊的学校。它是高等教育的殿堂,是寻求知识技能的场所。大学注重培养学生积极主动学习、刻苦钻研学问的精神,进而培养学生分析问题和解决问题的能力。在大学里学生能够获得教师的帮助和引导,这是十分关键的一点,但就学生学习进步而言,却主要是靠自己去探寻、钻研和拼搏。德国哲学家雅斯贝尔斯在谈及大学观念时,也明确地强调这一点。他说:"大学应始终贯穿这一思想观念,即大学生应是独立自主、把握自己命运的人。他们有选择地去听课,聆听不同的看法、事实和建议,为的是自己将来去检验和决定。真正的大学生能主动地订下学习目标,善于开动脑筋,并且知道工作意味着什么……这是一种精神上的升华,每一个人都可以感受到自己被召唤成为最伟大的人。"

大学是一个全新的环境,步入这个环境的大学生理应树立一个全新的意识,即为自己做好规划的意识,这体现在方方面面:身体保健、生活自理、社会交往……这是最基础的方面,更重要的是精进学业,业有科别,术有专攻,每位学子都有自己的专业。在学好专业的同时,还应大量涉猎课外知识,丰富课余生活。大学会将青少年从处处被人管的状态下解放出来,完成自我独立和自我管理,这是大学的重要意义所在。

3. 大学可以实现自我发展与完善

大学帮助学生"读书明理",提升修养、品质、智慧,最重要的是个人的自我发展与完善。大学教育让青年人形成正确的人生观、世界观、价值观,发现和理解生命的意义。大学能够促发学生从"小我"走向"大我",看待世间万物有一定的历史感,有博爱的胸怀;能够从"外我"走向"内我",更多地关注心灵境界的高低而非外在物质的多少;能够从"有限"去体悟"无限",思考生命如何能够止于至善,如何用有涯的生命创造无涯的价值。

在大学最可贵的并不是多么现代化的设施,而是提供给学生学习的各种资源,譬如图书馆内不计其数的藏书,纷繁多样的实习机会,形式多样的讲座等。这些对于自我的完善起着无可替代的作用,学生可以从中获得各种各样的知识,了解不同的人和事。

4. 大学让学生拥有终身学习的能力

读大学的意义还在于让学生拥有终生受用的学习能力。读大学倘若只在于学习一门技术那自不必去读,所有一切课本上的知识也终究会淡化。爱因斯坦引用一个调皮蛋给教育的定义:"如果你忘记了在学校里学到的一切,那么所剩下的就是教育。"那个剩下的是什么呢?这里包含了"终身学习能力"。大学给了学子们终身学习的能力、思索的能力、研究的能力以及自我教育的能力,以此为桥梁而通往无限的时空。周国平说得好:"一切学习都是自学,一切教育都是自我教育。书本和课堂上的知识都是暂时的,自我教育的能力却是一笔终生财富。"读大学的意义并不仅在于知识,人们终究需要领悟历史、体悟生命、拓展自我的精神空间。生命需要成长,真正的精神世界的成长。

新时代的大学将越来越难以提供人们曾经期待的"社会地位配置"作用,而是回归教育机构的本质。所以,大学生要认真把握大学能提供什么,明晰自己需要什么,在大学里努力提升综合素质和专业能力,给自己的未来加注尽可能多的"砝码"和"能源"。大学是学术与思想、自由与创造的聚集地,这里能让学子们感受到人类的智慧、自由的价值、创造的幸福、生命的快乐……因而大学要侧重于培养"形而上"的能力,以求人生和世界的根本问题,同时也要注重"形而下"的实践,大学教育离不开自然和社会。

5. 大学让学生学会享受生命

法国作家蒙田说得好:"世上最难学懂学透的学问就是如何享受生命"。但是如何才能学会享受生命呢?这些人生的根本问题都似乎没有答案,但贵在于思考的过程,其意义也自然存在于此。但享受绝非纯粹的感官享乐,新闻娱乐可以,明星逸事可以,文学熏陶也可以,因为这是青春和成长的印记。

6. 大学教会学生担当道义

读大学让我们坚守人类的核心价值观,构建生命中的科学信仰体系,通俗地讲就是构建了人的信仰。信仰在人的一生中起到至关重要的作用,既是生命的导航,又是生命的动力,信仰影响了生命的境界、品质和意义。作为一个大学生我们要有思想家的精神和气质。自古人生和世界的根本问题都难以用一句话表达清晰,"读大学意义何在"也是如此。

总之,大学仅是一个平台,它提供了所能提供的一切以促进生命更好地成长。大学能够给的绝非是一张文凭或有形的一切,其价值和意义往往由生命所呈现。生命的决定权,不在于大学也不在于老师,尽管他们能起很大的作用,决定权始终在大学生自己手中。大学的时光相对于人的一生而言是极其短暂的,但它所起到的作用也许是任何一个四年都不能替代的。在这四年时光中,不仅可以获得专业知识,更具有影响人一生的一套完整的认知体系及随之而来的价值观和人生观。这才是每一位学生应该从大学获取的精髓,也是大学的价值和意义所在。

(二)读大学的作用

教育的目的从来都不是直接产生经济效益,而是为了让学生们成为一个更加出色的人。这里的出色包括眼界、学识、品德、思想等多个方面。

读书本身是一项长期投资,当学生读得足够多时,自然生活就有了向着更好方向发展的底气。在工作之初,大学生会有进入优质单位的敲门砖,会有更多的机会接触适合自己的职位。时代的变化和互联网技术的发展已经将信息的传递变得更加简单快捷,没有足够的知识储备很难适应社会的发展。

四、我的大学如何过

(一)后马拉松效应

彼得·圣吉在他的管理学《第五项修炼》中提到了著名的"橡皮筋效应",生动地描述了自己的愿景(梦想)和现实之间的关系。假设在愿景和现实之间有一条橡皮筋,拉伸橡皮筋就会产生张力,这代表现实与愿景之间的张力。"当我们把愿景和现实景象同时在脑海里并存的时候,心中便会产生一种创造性张力,一种想要把两者合而为一的力量。"要减少这种张力,只有两种方式:让现实向愿景靠近,成为自己期待的人;或者让愿景向现实靠近,逐渐接受自己的现状和现实。简单来说,这就是自我实现的过程,这种张力带给人们前进的动力。当大学生越是清晰地知道未来的愿景和目标,越能清晰地界定和固定它们,越是可以产生强大的张力,让自己像箭一样射向未来的目标,这就是自我超越——梦想实现的过程。

但是,随着与梦想之间的距离越来越近,"橡皮筋"的张力会变小,很多人会觉得梦想"越靠近越没有意思"而逐渐止步不前。以上大学为唯一目标的人,步入大学之后会认为"大学也不过这样"。这种状况被称为"后马拉松效应"——马拉松选手在挑战完自己的极限后,如果不尽快设立一个新的目标,就会一直陷在高峰之后的松懈状态中。例如,在2008年的奥运会转播中,中央电视台从全国抽调电视人才提前一年准备,倾尽全力。为了防止奥运会的"后马拉松效应",在转播之前就给他们安排了其他的一些项目,让这些电视界精英们能在稍事休息以后,有进一步发展的劲头。

大学之初,很多考生刚跑完一场长程的"高考马拉松",的确需要好好放松和休息一段时间,但如果不尽快地设定让自己心动的新愿景,很快"橡皮筋"就会松弛,渐渐地活在自己的舒适区,过着伸手可及的人生,生活也像松弛的橡皮筋失去了年轻人应有的活力。是让现实靠近愿景,还是让愿景靠近现实?是成为我们希望的人,还是接受无奈的现状?这取决于对于愿景的坚持和规划的能力。自我实现不是把计划写在纸上然后结束,自我实现是一个持续终身的修炼过程。

(二)理解和适应大学生活

当一个人背上行囊准备去一个陌生又新奇的城市,这个人需要先上网找些攻略,有一个大概的了解,然后坐车到达,体会和适应当地的环境。

大学就是这样一块陌生又神奇的一站。与高中相比,它更加开放、多元、自由;课前课后的时间不再由学校和父母安排,时间由自己分配;财务的权利不再是零花钱,大学生可以自由支配生活费;大学生可以自由决定课余时间读什么书,什么时候开始学习,以及学习什么新的知识;大学生可以自己决定参加什么社团,与不同系、不同年级甚至社会不同群体的人交往。与此同时,大学也提供了更多的发展路径和更多元化的标准。除了读书学习,大学提供了更多的自我实现路径：进行学术研究，培养学习能力、综合能力、专业技能和自我管理的能力；同时，社会交往的能力可以帮助大学生找到帮助和支持，独立思考能力便于找到适合自己的目标。

（三）目标与行动

在了解和适应大学的生活后，应该将愿景细分为一个又一个目标，当目标渐渐清晰后，接下来就是持续的行动，以及阶段性地在每一个节点停下来重新聚焦方向，循环往复，周而复始。

1. 细分目标

当把未来的愿景具体化为目标时，橡皮筋的另一头就被牢牢钉在了未来。比如目标的制订不是"学好英语"而是"以××分通过六级"，不是"成绩考好点"而是"每一科都不低于80分"，目标越清晰也就越难损耗。清晰的目标至少可以在五个方面推动自我成长。

① 推动高水平的努力。
② 给高水平的努力固定方向。
③ 提高毅力。
④ 有助于形成具体策略。
⑤ 有利于衡量行为的有效性。

同时目标要制订的切合实际，过于远大的目标是最终放弃梦想的重要原因——因为未来一下子定得太高，"橡皮筋"被拉扯得太长，张力绷得太紧而不堪重负，最终会选择彻底放手。回想每个无疾而终的计划，大多都是由于目标过于远大，超过自己能够承受的张力而半途放弃。最好的办法应该把大目标分割成一个个可以实现的小目标，让它产生的张力保持在可以接受的程度。在这个过程中，"梦想橡皮筋"也逐渐变强，可以承受更大的目标张力。

2. 做好必做的事

大学有大学的规则，只有遵守一个组织的基本规则才能使用这里的资源。所以大学有很多同学不一定想做，但是却必须要做的事——正如同学们并不一定喜欢高考的每一科，但也必须为此而努力一样。比如同学们需要通过期末考试，遵守校园规则，完成必要的社会实践，满足学校规定的毕业学分……因此要给自己制订学业计划，不要让这些"必做之事"成为前进路上的障碍。

3. 评估大家都在做的事

大家都在做的事有两种可能：一种是每个人都看到了好处；另一种是每个人都"害怕被落下"而不得不做，如考研、考证。区分这个最好的方式是，先了解，再评估，然后决定这是否是自己必做或想做的事。

4. 发现和践行想做的事

也许在生活中有很多让同学们"心动"的事情，但如何才能知道这件事情是自己"真心"想要的？一种便捷的方法是更加清晰全面地参与体验：多了解，多体验，多参与，多与有经验的人沟通。但要特别强调的是，同学们不可能在课堂或者在书本上找到"真心"想要做的事，同学们只能从实践中找到它们。

5. 尝试有可能的事

如果只做必须的、想到的、别人做的事，虽然会按照自己设定的轨迹稳定前进，但我们永远无法做那些不在视野范围内，但却拥有无限可能的事情。因此每年保持做一两件以前没有接触过的事情，是一个很好的策略。

6.做自己的主人

（1）不要盲目效仿他人。大学没有高中紧凑的生涯法则，也没有高考这一明确的目标。刚到大学很多人会有些莫名的安闲，很多同学因此失去了方向。在这种状况下，在潜意识的指引下，一些同学会去跟做别人正在做的事情，全程效仿成为自己进步的"不二法门"。时光看似充实，但这些做法并非真的适合自己，时间久了就会感到厌倦和迷茫，而在效仿别人的那段时间里也错过了通向未来方向的思考。但这并不表示要疏忽别人，放弃向别人学习的机会。假使碰到一些困难，参考一下别人的做法也并非不可，但请谨记，凡事要把握好尺度，不要掉在别人习惯的陷阱中而迷失了自我。

（2）不要把别人的性情当作自己的调情剂。有人说，大学是一个"小社会"，能够结识天南海北的同学。由于从小一直生活在单纯的世界里，所以习惯将别人对自己的评价作为调制心境的方法；由于常担忧别人的语言，所以导致做事常迟疑而使自己陷入孤僻，影响了身心健康。我们身边有各式各样的人，也许他们会让我们感到温馨，也许他们会让我们感到迷茫，但作为年富力强、挥斥方遒的学子，理应在这个美好年华拥有属于自己的标签——活力四射、阳光向上，用正能量来鼓舞和激励身边的人，用有爱和行动助力自己茁壮成长。

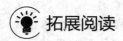 拓展阅读

一位厦大毕业生的毕业季分享

又是一年毕业季，我踏着凤凰花而来，又将于凤凰花开的路口远去……

记得四年前入学时，对将来的大学生活充满未知，我在书店里找到了一本书——《读大学，究竟读什么》。这本书至今还在我的书架上存放着，我看过一些内容，但至今没有看完全部的内容，只留下泛黄的封面。这本书一直在告诉我们做什么才是对的？什么是什么？怎么做才是通往成功的捷径？但是，如果自己没有去经历一番，恐怕难以理解其中的深刻，即便剧情在发展过程中不断被剧透，结局还是未知。

如果相遇了，不妨多交几个朋友

大学军训，第一次接触同寝室以外的同学，每天的话题就是你是哪个寝室的？叫什么名字？来自哪个省份……我是个慢热的人，不太擅长社交，也不太会主动去和别人做朋友，不像有的同学不用一天就能和其他人打成一片。当时我认为交几个知心的朋友足矣，但现在看来，多交几个朋友，就多几个走进对方生活的可能，也多几个互相影响、共同进步的可能。

如果有机会，不妨多尝试一次

大学第一年，我和其他大学新鲜人一样，拥有许许多多的初次尝试，我们起点可能不一样，但我们经历一样的经历。我也参加过班委选举，在一百多名新面孔前郑重地介绍自己以及发表竞选宣言，说不紧张绝对是骗人的，最多只是假装淡定，但那时候的我还不知道怎么假装淡定。有段时间社团纳新进行得风风火火，我也和其他人一样到处投自己的简历，参与

各种面试，我第一次真正意义上的面试就是在那个时候。第一次面试的时候连自我介绍都说不好，回答问题也是各种支支吾吾，往往是内心忐忑地出门，然后垂头丧气地归来。有的人害怕失败，失败了就缩起来不愿意再次尝试，我也是这样的。但是周围也有人碰壁，人家还是照样风尘仆仆，我有什么理由任由自己那该死的优越感将我摆布在失败背后。抛开所谓的优越感和自尊心，我开始接受失败的合理性，也体会坚持的可贵。一场又一场面试，终于一轮、两轮、三轮……多尝试一次，就能多发现更多不一样的自己，也给自己一段特别的记忆在日后回味。

如果有时间，不妨多学一点东西

大学第二年，经过一年新鲜又刺激的大学生活，当激情渐渐褪去，沉淀下来的应该是更加成熟的心态。我在大二除了繁忙的功课，还有学生工作和社团工作的事要忙活。大一新生一般都是打酱油的见习者，到了大二开始自主组织工作，所面临的考验更多。在这个过程中，我不知不觉学会了一些技能，也收获一些经验。从以前只会写高考作文，到现在能写一份相对完整的策划，能做出一份文案，能制作并展示PPT，能进行简单的音视频剪辑，掌握非常基本的PS技巧等。虽然我并没有非常精通，但学习本来就是一段没有终点的路。我现在回想起以前，特别后悔自己在大一、大二时没有早点决定去修第二专业，多学一点东西，就不会在四年之后悔恨自己像四年前一样无知和无能，在走出学校后你也会渐渐发现它们对你的帮助。

如果还没找到方向，不妨多加实践，寻找更多的可能

大学第三年，我对大学生活的感受和大一、大二相比已经发生了改变，我开始感受到来自竞争的压力。前两年我可以肆无忌惮地挥霍时间，放肆地做想做的事。但到了第三年感觉就不一样了，我觉得沉稳一些更好。这一年在认真完成满满的课程之余，我会找时间思考我要的是什么，对于未来我有什么规划。可是，当我找到我要的是什么之后，我往往不知道该怎么去实现（You know what you want, but you do not know how to get it.）。我记得我们刚开始找实习时，一直在选择适合自己的，到了后来就不这样了，激烈的竞争下我们变得饥不择食，不管自己喜不喜欢，适不适合，只要能给个实习机会，能让我们在简历的实践一栏有内容可填就行。在这个过程我学会低下高傲的头颅，不论出身何处，和别人公平竞争，大家各凭实力，各靠运气。我们常常想太多，反而忘了应该落地去行动。不管方向是否明确，我始终相信实践出真知，也只有通过实践你才会知道，该怎么做才能得到自己想要的；也更明确自己真正想要什么。

如果一切尘埃落定，不妨停下脚步四处看看

大学第四年，印象中大家都各自忙着找工作，每个礼拜都有去不完的招聘宣讲会，还有面不完的试。我们宿舍几个经常会在寝室里聊找工作的事，互相传授面试经验，分享信息，甚至是说HR（人力资源经理）的坏话等。每每聊完会有种"生活如此艰难"的沉重感，然后叹几口气又继续改简历的改简历，准备面试的准备面试。我觉得这个过程是必经的，即便是痛并快乐着。等到尘埃落定后，我有了很多空闲的时间，于是开始回顾自己的四年，更加珍惜学校的每一道风景。在这段时间里，和朋友的每一顿饭，在学校的每一天，都异常珍贵，因为不久后你就不再拥有——"失去的总是特别珍贵"，还真应了这句话。所以，当一

切尘埃落定，去做那些你还没做但不做就来不及的事吧。

少年不识愁滋味，待到凤凰花再开时，少年该长大了。

（案例来源：林奇清.大学生职业生涯规划与管理——我的生涯，我做主［M］.北京：科学出版社，2016.）

给年轻的你们
——致每一位心怀理想，肩担使命的青年

在大学"扣好人生的第一粒扣子"
大学是一个特别的地方
找到自我
认识社会
探索真理
开放、广博、包容、担当
探索无限的可能性
脚踏实地的理想主义是大学最贴切的注脚
大学送给你
陪伴一生的财富
宽厚完整的世界观
大学使我们学以成人
必修课是筋骨
选修课是精气神
体验文化和精神
思考我们自己是谁
好奇、谦逊、奉献、理智
平等交流
学会思想
收获与思辨
成长与批判
大学承担着国家的命运、责任和使命
"囊括大典、网罗众家"
滋养独立自由的思想
相信伟大和卓越的力量
了解最顶尖的思想
了解最底层的生活
走出书斋
放眼天下
在大学遇见最好的你
成长是一个人终身的概念
倾听自己的初心
热爱所拥有的一切

我们未曾辜负
创造属于你自己的向上的明天
这也是国家前进的未来
走过百廿岁月，北大栉风沐雨
前进！向前进！
（案例来源：北京大学招生办公室。）
（资料来源：北京大学、北京大学招生办公室。）

思考与练习

1.你的大学生涯的目标是什么？为什么？

2.请采访至少三位学长，最好是不同专业、不同年级、不同性别、学习成绩有较明显差距的不同人，了解他们不同经历及对大学生活的感悟。

第一章
职业生涯规划概述

学习目标

1. 了解职业生涯的含义与特点。
2. 理解大学阶段对职业生涯规划和生涯发展的重要意义。
3. 掌握职业生涯规划的步骤。

学习重点

1. 了解职业对个体生活的重要意义。
2. 明确大学生活与未来职业的关系。

案例引导

比尔·拉福策划人生

中学毕业之际,比尔·拉福就立志经商。比尔·拉福的父亲是洛克菲勒集团的一名高级职员,父亲的生活熏陶了年少的拉福。拉福的父亲在商界摔打了多年,对商海中的事务了如指掌,深谙其中的奥妙。他发现儿子有商业天赋,机敏果断,敢于创新,但却很少经历过磨难,没有经验,更缺乏知识。于是拉福父子进行了一次长谈,共同制订了计划,描绘出职业生涯的蓝图。

拉福听从了父亲的劝告,升学时并没有直接去读贸易专业,而是选择了工科中最基础、最普通的专业——机械制造。这步棋很绝妙,因为做商贸必须具备一定的专业知识,在贸易中,工业商品占据了绝对多数,如果不了解产品的性能、生产制造情况,很难保证贸易的收益。因此,具备一些工科的基本知识是经商的先决条件。况且,工科学习不仅是知识技能的培养,它还能帮助自己建立一套严谨求实的思维体系,训练自己的推理分析能力,使自己有一种脚踏实地的工作态度,这些素质对经商帮助极大。比尔·拉福就这样在麻省理工学院度过了四年。他没有拘泥于本专业,而是广泛接触了其他课程,学了许多化工、建筑、电子等方面的基本知识,这些知识在他后来的商业活动中发挥了不可忽视的作用。

大学毕业后,比尔·拉福没有立即一头扎进商海。按照原先的设计,他开始攻读经济学的硕士学位。商业毕竟不是工业，而是一种经济活动，有其本身的规律与特征。现代商业无论是程序上，还是规则、内容上都相当复杂，需要进行专门的了解。在市场经济条件下，一切经济活动都通过商业活动来进行，不了解经济规律，不学习经济学的知识，很难在商业领域内立足。于是，比尔·拉福又考进芝加哥大学，开始了为期三年的经济学硕士课程。这期间，比尔·拉福掌握了经济学的基本知识，深入了解了经济规律，懂得了商业活动的社会地位和作用，搞清了影响商业活动的众多因素。他还特意认真学习了有关的经济法律。现代商业活动中法律充当了至关重要的角色，没有法律保障，现代商业将陷入一片混乱。他更注重学习微观经济活动的管理知识，而不把主要精力用来研究理论经济学，那是职业经济学家的工作，他志不在此。因此，比尔·拉福对会计、财务管理也较为精通。这样，几年下来，他在知识上完全具备了经商的素质。

令人感到意外的是，比尔·拉福拿到硕士学位后居然没有立即投身商海，而是考了公务员，去政府部门工作。原来，他的父亲，这位有经验的商业活动家深知，经商必须有很强的交往能力，人际关系在商业活动中异常重要，要想在商业上获得成功，必须深知处世规则，充分了解人的心理特征，善于与人交往，能够给人以良好的印象，使人信任你，愿意与你合作。人是相当复杂的情感动物，有时候一言不慎就会断绝你的出路，使你失去很多机会，损失巨额利润；相反，如果能很好地利用这些关系，你就能比别人更多一些余地。别人办不到的你能办到，别人得不到的你能得到。这种开拓人际关系的能力是在任何学校中都学不到的，只有在社会上、在工作中才能得到锻炼，而训练交际能力、观察人际关系的最佳去处就是政府部门。比尔·拉福在政府部门一干就是五年。这五年中，他从稚嫩的热血青年成长为一名老成、世故、不动声色的公务员。此外，他通过这五年的政府机关工作，结识了一大批各界人士，建立起一套关系网络。他非常善于利用这些网络为自己提供丰富的信息，提供许多便利条件。这对他后来的事业成功帮助极大。

五年的政府工作结束之后，比尔·拉福已完全具备了成功商人所需的各种条件，羽翼丰满了。于是，他辞职下海，去了父亲为他引荐的通用公司熟悉商业业务。又经过两年，他已熟练掌握了商情与商务技巧，业绩斐然。这时候，他不再耽搁时间，婉言谢绝了通用公司的高薪挽留，跳出来开办拉福商贸公司，开始了梦寐以求的商人生涯，正式实施多年前的计划。功夫不负有心人，比尔·拉福的准备工作做得太充分了，他几乎考虑到了每个细节，学会了商人应具备的一切。因此，他的生意进展得异常顺利，拉福公司的成长速度出奇地快。20年之后，拉福公司的资产从最初的20万美元发展为2亿美元，而比尔·拉福本人也成为一个奇迹，到处受人尊敬。

1994年10月，比尔·拉福率团到中国进行商业考察，在北京长城饭店接受《中国青年报》记者采访时，谈起了他的经历。比尔·拉福认为他的成功应感谢他父亲的指导，他们共同制订了一个重要的职业生涯规划，这个职业生涯设计方案使他最终功成名就。我们不妨看一下这个成功的职业生涯设计图：

工科学习—工学学士—经济学学习—经济学硕士—政府部门工作—锻炼公关能力—熟悉人际关系—大公司工作—熟悉商务环境—开公司—致富。

比尔·拉福的职业生涯设计脉络清晰，步骤合理，充分考虑了自己的个人兴趣和个人素质，着重突出了职业技能的培养。这种职业生涯设计在他坚持不懈的努力下，终于变为现实，在钦佩比尔·拉福持之以恒的毅力时，相信你也不禁会为这设计方案叫好。

案例分析

比尔·拉福的生涯发展之路告诉我们职业生涯规划是一个需要提前谋划、周密计划、主动作为的动态的自我实现过程,并无标准答案,需要每个人在自己的生活里预先谋划和积极践行。职业生涯规划不是做做测评,听听职业人士的讲座,在纸上写出自己的职业目标,然后开始按照模板求职,而是需要提前洞见、未雨绸缪、坚定信念、不断修炼的过程。

当然,别人的经验可以给我们很多借鉴,模仿成功者的生涯发展规划在职业初期会少走很多弯路,但是,由于每个人的需求、优势、环境、经历、机遇、资源都有很大的差异,随着自己生涯规划的执行,借鉴的意义越来越小,独立思考会变得愈发重要,而"私人订制"的规划方案会逐渐变成你自己的独特版本。

(案例来源:人人网,编写组略有删改。)

职业是一个人安身立命之本、施展抱负之基、成就自我之途。当一个人步入职场的第一天,他就开始书写并度量着自己的职业生涯;进入职场之前的时光,也不过是为选择职业做着准备和积累;当一个人脱离职场安度晚年时,他仍会发现几十年的职业生涯早已在他身上打上了不可磨灭的职业印记,伴随他的一生。对于处于人生关键期的大学生而言,探讨职业、职业生涯这些基本概念的含义,是我们必须完成的任务。

第一节　职业概述

职业生涯贯穿每个人的一生并不断发展变化。职业生涯规划不仅关系到个人的成长,而且关系到企业的发展。大学生在对职业的含义、性质、特点、功能、分类等有所认知的基础上,可以更好地懂得如何充实地度过大学生涯,如何最大限度地实现人生目标。

一、职业的含义与性质

每个人一生中都会拥有自己的职业,并将最美好的年华奉献给它。职业不仅会带来快乐、金钱、地位和幸福,也会让人们感到焦虑、烦恼、沮丧和压力。然而,有些人对职业的关注少之又少,对职业的产生、特性、分类、生命期等知识不甚了解。人们对职业相关知识的缺失往往是人们在职业发展与规划时产生困顿和迷茫的重要原因。

美国著名人力资源顾问罗杰·安德生曾经对100位退休老人进行问卷调查,其中一道题是:"回顾你的一生,你最大的遗憾是什么?"调查的结果令人吃惊,90%的老人认为:"一生中最大的遗憾是选错了职业!"这些风烛残年的老人,当他们即将辞世时,终于参透了人生的天机,可惜已无法改变。人不能没有职业,职业意味着人生。所以,选择好职业,享受职业,才会有美好的人生。

(一)职业的含义

从词义学的角度分析,"职业"一词是由"职"与"业"二字构成。所谓"职"包含着社会职责、天职、权利与义务的意思；所谓"业"包含着从事业务、事业、事情、独特性工作的意思。有人认为，职业就是工作，如医生、法官等；有人认为职业是一种生活来源；有人认为职业是一种等级身份。

从科学含义上看，所谓职业是指参与社会分工，利用专门的知识和技能创造物质财富和精神财富，获得合理报酬，满足物质生活、精神生活的一类工作，在一定阶段是连续的、稳定的，而且最终指向事业。下面从五个方面阐释职业的含义。

1. 社会分工

职业不是从来就有的，它是在人类社会出现分工之后而产生的一种社会历史现象，是一种以社会分工和劳动分工为纽带的社会形式和社会关系。职业最早起源于原始社会晚期，那时产生了农业、畜牧业和手工业三种职业。

参与社会分工指的是人参与各种劳动的具体责任划分，具有独立化和专业化的特点。没有社会分工，劳动时间将大大增加，生产效率也会随之降低。社会分工体现了人的社会性，也是职业产生的根源，人在社会中必须进行分工。比如某人要穿皮鞋，不能从养牛做起。实际上，在养牛、杀牛、制皮、设计鞋样、制作皮鞋、销售皮鞋的各个环节中，都需要有不同的人参与其中，进行分工，每个人做一部分工作，最终才能满足人穿皮鞋的要求。

2. 必备素质

任何一种职业都需要工作者在岗位上有所作为，这也是人们走向职场所必须具备的能力。人们从事每一种职业都要具备正确的观念、专业的知识、娴熟的技能和健康的心理，这样才能在面对工作时表现得游刃有余。

3. 创造财富

人们利用必备的素质创造财富，比如农民种粮食、蔬菜，建筑工人建造高楼大厦，作家著书等，这些都属于创造财富。有的人创造物质财富，有的人创造精神财富；有的人直接创造，如生产产品；有的人间接创造，比如保安人员保护别人的财富。

4. 合理报酬

人们创造财富后，一部分上缴给国家，一部分留给自己，各部分比例用法律或协议规定，或者由利益各方商定，这种行为叫合理。在职场中始终保持一颗正直的心，通过自己的努力来获得合理的报酬是十分重要的。

5. 满足需求

一个人通过获得报酬以满足其在物质生活和精神生活上的需求。物质生活需求的满足是指通过资金去购买生活必需品，包括吃穿住行的用品；精神上的需求包括喜悦感、团队认同感、实现自我价值以后的满足感等。这些需求决定着一个人能否安心工作，也影响着一个人选择工作的标准。如果不能满足，职场上就会出现"跳槽"的现象。

(二) 职业的性质

职业具有特殊的性质，主要体现在社会性、经济性、技术性、连续性、差异性五个方面。

1. 社会性

职业根源于社会生产的需要，由劳动分工决定。人类社会的各种活动都是在职业基础之上进行的，不同的职业活动使得社会活动多样化，成为社会生产的基础。职业是人们进行社会劳动的具体形式，为社会发展所需要，并为社会认可，因此具有社会性。

2. 经济性

通过职业活动，人们可以获得维持和提高生活水平的经济收入。人们通过社会劳动获得稳定的收入，维持自己的生计和家庭生活，并寻求个人的成长和发展。因此，正是为了获得稳定的经济收入，人们才开始社会生产劳动过程，长期并且稳定地从事某种专门工作，从而形成职业。

3. 技术性

社会发展导致社会分工，由此产生了社会生产中不同的劳动，从而产生了不同的工作岗位和专业技能要求，赋予了劳动者不同的工作内容、职责和社会角色，并且决定了不同的工作或者生活方式，产生了不同的职业，具有了不同的社会标记和劳动角色。技术性特征强调劳动者必须具备一定的专业技能和知识，并通过职业训练或专门教育培训，在职业活动中发挥个人的专业智慧和才能。

4. 连续性

职业往往是由人们连续从事某种性质相近或相似的工作所决定的、稳定的专业化劳动所构成，它往往要持续人的一生，即职业本身的技能与知识是连续不断地提高的，具有相对固定的特点。因此，职业体现为连续不断的人生经历。

5. 差异性

职业涵盖的领域非常宽广，数量巨大，种类繁多。从社会分工角度，职业表现为不同性质、不同内容、不同形式、不同操作的专门劳动岗位。这就导致不同职业之间的巨大差异，包括劳动内容、工作方式、职业风格和行为模式等。职业体现着社会分工的特点，并随着社会分工的不断发展而日益多样化。随着社会的发展，正在不断分化出一些新的职业，淘汰一些旧的职业，职业之间的差异性也不断扩大。不同的职业要求不同技能的人来承担，也就产生了职业群体的差异，形成了各具风格的职业生涯。对个人而言，某个人可以同时进行多种职业活动，在主要职业之外还可能兼有"第二职业"或其他活动。每个人在其一生中也可能会有多种不同的职业活动经历。

二、职业的功能及分类

（一）职业的功能

所谓职业的功能是指职业活动与职业角色对个人和社会的作用与影响，它包括职业的个人功能和社会功能两个层面。

1. 职业的个人功能

（1）职业是实现人生发展的载体。在人的一生中，我们需要扮演六种主要的角色：孩子、学习者、休闲者、公民、工作者、持家者。不同时期、不同角色的组合构成了独特的生涯形态，个人就是通过扮演这些角色来寻求人生需求的满足，实现人生的价值。各种角色之间相互作用，一个角色的成功，将会为其他角色的扮演提供良好的基础。但是，在一个角色上投入过多的精力，而没有很好地平衡协调各角色之间的关系，则会导致其他角色扮演失败。比如，现实生活中，常会看到有些人过分投入工作而忽视家庭，从而导致家庭不和谐，进而对其个人的人生满意度带来负面影响。因此，成功的职业生涯规划并不仅只考虑如何扮演好工作者角色，还要考虑如何扮演好人生其他角色。只有在空间和时间上很好地将各个角色组合起来，才能满足人生需求，实现人生价值。正如罗素所言："选择职业就是选择将来的自己"。

（2）职业发展是人生需求的满足。每个人都希望在自己的人生中实现较高层次的需求，最终能够实现自我价值，但高层次的需求并不是随心所欲就能实现的。实现高层次的需求与个人的职业生涯发展程度是密切相关的。职业是个人获得经济收入的来源；是个人维持家庭生活的手段；是个人获得名誉、权力、地位和金钱的来源。只有对职业作出正确的选择，才能使人们劳动愉快。

2. 职业的社会功能

从全社会的角度看，职业世界构成社会存在的一项基础，构成社会运行的一种具体方式，也构成社会成员的阶层划分与社会地位归属。

① 职业的存在和职业活动构成了人类社会的存在和社会活动。

② 职业劳动创造出社会财富，从而为社会的存在和发展奠定了物质基础。

③ 职业的分工是构成社会经济制度运行的主体，职业也是维持社会稳定，实现社会控制的手段。

④ 职业的运动如职业机构的变化、职业层次之间矛盾的解决都是推动社会进步的一种动力。

（二）职业的分类

所谓职业的分类是指按一定的规则和标准把一般特征和本质特征相同或相似的社会职业归纳到一定类别系统中的过程。

1. 按国家标准分类

《中华人民共和国职业分类大典》是由原劳动和社会保障部、国家质量技术监督局、国家统计局联合组织编制的，它在国家职业教育培训中起到重要的导向作用，它的职业分类为职业教育培训设置专业和确定教学内容提供了重要参照。

按照职业分类国家标准 GB/T 6565—1999《职业分类与代码》和《中华人民共和国职业分类大典》，我国职业归为 8 个大类，66 个中类，413 个小类，1838 个细类（职业）。8 个大类如下。

第一大类：国家机关、党群组织、企业、事业单位负责人，其中包括 5 个中类，16 个小类，25 个细类。

第二大类：专业技术人员，其中包括 14 个中类，115 个小类，379 个细类。

第三大类：办事人员和有关人员，包括 4 个中类，12 个小类，45 个细类。

第四大类：商业、服务业人员，包括 8 个中类，43 个小类，147 个细类。

第五大类：农业、林业、牧业、渔业、水利业生产人员，其中包括 6 个中类，30 个小类，121 个细类。

第六大类：生产、运输设备操作及有关人员，其中包括 27 个中类，195 个小类，1119 个细类。

第七大类：军人，其中包括 1 个中类，1 个小类，1 个细类。

第八大类：不便分类的其他从业人员，包括 1 个中类，1 个小类，1 个细类。

2005年,《中华人民共和国职业分类大典》增补本发行,重点增补了信息产业、现代服务业和制造业领域的77个新职业。

2. 按三大产业分类

根据《国民经济行业分类》,国家统计局于2003年重新制定了《三次产业划分规定》,并根据产业领域不同,将职业划分为相应于三大产业的三类。

第一产业包括农业、林业、渔业和畜牧业。主要是利用生物技能,通过自身劳动去强化或控制生物生命过程,取得符合社会需要的物质产品。具体职业有农艺师、农业技术员、林业工作者、畜牧师、兽医、农民、牧民、渔民、农机工等。

第二产业包括采矿业、制造业、电力、燃气及水的生产和供应业、建筑业。具体职业有厂长、经理、工程师、技术员、设计师、统计师、会计师、计算机程序员、各种机械和车床的操作工、炼钢工、石油钻井工、电工、电焊工、装配工、化验员、检验员、保管员等。

第三产业包括除第一产业、第二产业以外的其他行业,有交通运输、仓储和邮政业,信息传输、计算机服务和软件业,批发和零售业,住宿和餐饮业,金融业,房地产业,租赁和商业服务,科学研究、技术服务和地质勘查业,水利、环境和公共设施管理业,居民服务和其他服务业,教育,卫生、社会保障和社会福利业,文化、体育和娱乐业,公共管理和社会组织,国际组织。具体职业既有传统的列车员、列车长、船长、驾驶员、机械师、调度员、售票员、售货员、营业员、营销员、会计师、邮递员、报务员、教师、记者、作家、律师、医生、教练员、运动员、研究员、政府官员、公务员、检察官、审判员、各级军官、警察等,又有国家定期公布的新职业,如网络编辑员、职业信息分析师、商务策划师、动画绘制员、模具设计师、客户服务管理师等。

3. 按主要付出劳动的性质分类

有种职业分类方法是把工作人员分为两大类:一类是白领工作人员,另一类是蓝领工作人员,即通常所说的白领阶层与蓝领阶层。

(1) 白领工作人员(脑力)。其从事专业性和技术性的工作,如会计师、建筑师、医生、教师等;农场以外的经理和行政管理人员;销售人员;办公人员等。

(2) 蓝领工作人员(体力)。其从事手工业及类似的工作,如木匠、瓦匠等;非运输性技工,如饲养人员、建筑工人等;运输装置机工农场以外的工人服务性行业工人,如农场工人等。

4. 按心理的个别差异分类

美国著名的职业指导专家约翰·霍兰德以人格倾向(价值观、动机、需要)为依据创立了人格职业类型。个人职业选择分为六种"人格性向",分别为现实型、研究型、艺术型、社会型、企业家型、传统型。每种类型有与之相匹配的职业,如果个体选择的职业与人格类型匹配,就会感到能胜任工作而且心情愉快;如果不匹配就会感到不能胜任,自己也很痛苦。

(1) 现实型。他们动手能力较强,喜欢与机器、工具打交道,喜欢实际操作,做事喜欢遵循一定的规则。他们不善与人交际,对新鲜事物不太感兴趣,情感体验也不太丰富。现实型的学生适合填报工程技术、医学专业等理工科专业。

(2) 研究型。他们对自然现象和自然规律很感兴趣,思维逻辑性较强,善于通过分析思考解决面临的难题,喜欢对疑问进行不断的挑战,不愿循规蹈矩,总是渴望创新。他们追求内在自我价值的实现，而非物质生活的质量。探索型的学生适合填报各种理论性专业，将来适合从事研究工作或者做大学教师。

（3）艺术型。他们有很强的自我表现欲，喜欢通过新颖的设计引起别人情感上的共鸣。他们的想象力很丰富，感情丰富，创造力很强，精细的操作能力较强。艺术型的学生适合填报语言文学、广播影视、园林建筑、广告等专业。

（4）社会型。他们善于与人交往，喜欢周围有别人存在，对别人的事很有兴趣，乐于帮助别人解决难题。他们喜欢与人而不是与事物打交道。社会型的学生适合填报师范、医学、社会服务类专业。

（5）企业家型（管理型）。他们喜欢竞争和冒险，好支配他人，善辞令，好与人争辩，总试图让别人接受自己的观点。他们不愿从事精细工作，不喜欢需要长期复杂思维的工作。进取型的学生适合填报各种管理类或市场营销类专业。

（6）传统型。他们喜欢有秩序、安稳的生活，做事有计划；乐于执行上级派下来的任务；讲求精确，不愿冒险；想象力和创造力较差。他们对花大量体力和脑力的活动不感兴趣。常规型的学生适合填报财务、图书情报、统计等专业。

三、职业生涯的含义与特点

职业生涯是一个动态的过程，是一个人一生在职业岗位上所度过的、与工作活动相关的连续经历，职业生涯并不包含在职业上的成败，抑或是进步的快慢。因此，不论职位高低，不论成功与否，每个工作者都拥有自己的职业生涯。

（一）职业生涯的含义

1. 生涯的含义

在日常生活中，常常听到"生涯"这个词，比如"在她的职教生涯中""在她的政治生涯中""在他的军旅生涯中"等。从历史的角度看，"生涯"的概念还很年轻。在中国市场经济体制建立后，职业的选择才开始流行，尤其是对女性而言。

人生有涯，学海无涯。生涯一词来源于 Career，原意为"疯狂竞赛"之意，后来引申为"道路、人生发展的道路"。关于生涯有多种定义，主要阐述以下几个观点。

美国国家生涯发展协会认为生涯是个人通过从事工作所创造出的一个有目的的、延续一定时间的生活模式。

美国职业理论专家舒伯认为生涯是生活里各种事件的方向和历程。它统合了人的一生中各种职业和生活的角色，是个人终其一生所扮演的角色的全过程，由时间（个人有生之年）、广度（扮演角色的多少）和深度（角色投入程度）三个方面构成。

韦伯认为生涯是指个人一生职业、社会关系与人际关系的总称，即个人终身发展的历程。

从上述定义可以看出生涯的含义包括以下几方面。

① 生涯是一生连续不断的发展过程。它不是指某一工作或职责的特定时间段，它包括了个体终身学习、终身发展、持续一生的全过程。

② 生涯具有独特性和有目的性。每个人都有自己的价值观和理念，并按照自己的生涯规划或生活道路走上独特的生命历程。不同的个体具有不同的生涯，而个人的生涯又是根据个人的理想、动机、目标和行为方式去发展的，因此生涯都有其明确的目的性。

③ 生涯是多种角色交互的综合体。生涯既包含了一个人不同时期的职业或工作，又包含了同一时期所有生活角色（子女、学生、配偶、家长、持家者、亲友）的交互作用，还包含了人们整合这些角色的方式。

2. 职业生涯的含义

每个人都扮演着多种社会角色，且每种角色都具重要性，而其中最重要的应该是职业角色。人的一生大部分时间的活动与职业有关。

舒伯认为职业生涯包括个人一生多种职业和生活角色，即青春期至退休所有有酬或无酬职位的综合，以及与工作或职业有关的多种角色。

霍尔则认为职业生涯是一个人终其一生与工作或职业有关的经验与活动，是个体跨越时间的一系列工作经历的总和，其中包含了一个雇用期。

从上述定义可以看出生涯的含义包括以下几方面。

① 职业生涯表示某人一生在各种职业岗位上度过的整个历程，而不仅仅指其中的某一工作阶段。

② 从主观而言，职业生涯涉及理想、价值观、个性、能力等因素；从客观而言，反映在工作时期所进行的各种职业活动和行为举止的连续性。

③ 职业生涯的形成决定于主观和客观的多种因素。它是由本人的职业素养、目标追求、家庭成员的支持、组织的管理与培养、社会环境的变动与机遇等诸多因素相互作用而形成的结果。

由此可见，职业生涯是指一个人一生中所有与职业相联系的行为与活动，以及相关的态度、价值观、愿望等的连续性经历的过程，也是一个人一生中职业、职位的变迁及工作理想的实现过程。简单地说，职业生涯就是一个人终生的工作经历。职业生涯是由时间、范围和深度所构成的一个复杂概念。时间上包含着人生的不同职业阶段；范围上是指人的一生扮演着许多社会角色；深度上表现在对各种社会角色的投入和贡献。

3. 职业生涯的内容

如果把人的职业生涯比喻为一棵树，几乎每个人都希望自己的职业生涯之树长青、枝繁叶茂、硕果累累，最好还能驻足几只金凤凰。但是一棵大树枝繁叶茂的前提必须是根深蒂固。自然界中的一棵树如果长在土壤肥沃的地方，树根和树冠的比例约为 1∶1；如果长在土壤贫瘠的地区，树根和树冠的比例约为 2∶1 或 3∶1；如果一棵树长在岩石地区或是沙漠地带，树根和树冠的比例可能会达到 5∶1。也就是说，条件越艰苦，环境越恶劣，树越要向大地扎根，从大地深处吸取营养和水分。因此大树若想枝繁叶茂，必须根深蒂固。

对于每个人的职业生涯而言，外职业生涯是职业生涯之树的枝叶和花果，内职业生涯则是职业生涯之树的根。

（1）内职业生涯。内职业生涯指从事一种职业时的工作观念、知识、经验、能力、心理素质、内心感受等的组合和变化过程，通过说话和办事等方面加以体现。

（2）外职业生涯。外职业生涯指从事一种职业时的工作时间、工作地点、工作内容、工作单位、工作职务、职称、工资待遇、荣誉称号等因素的组合和变化过程，可以体现在名片、工资单、各种证书上。

（3）内职业生涯和外职业生涯的关系。总的来说，内职业生涯的发展程度决定了外职业生涯的发展程度。外职业生涯通常由外界决定、给予和认可，容易被别人否定、收回或剥夺。内职业生涯主要靠自己的不断探索而获得，不随外职业生涯的获得而自动具备，也不由于外职业生涯的失去而自动丧失。内职业生涯发展是外职业生涯发展的前提，内职业生涯发展带动外职业生涯发展；内职业生涯的发展以外职业生涯的发展或成果加以展示，内职业生涯的匮乏以外职业生涯的停滞或失败加以显现。

职业生涯初期的人，更要关注自己的内职业生涯。由于职业初期，一个人的付出、辛苦、汗水、劳动通常要远远超出所得，年轻人要把精力更多地投射在自己的知识观念、经验能力积累等内职业生涯的发展上。

（二）职业生涯的特点

（1）发展性。职业生涯是一个动态发展历程。在不同的年龄或生命阶段，人们有不同的追求目标，这些目标随着内部和外部条件的变动在不断地调整，从而推动了职业生涯的发展，促进了个体的持续成长。

（2）终身性。职业生涯是人生中的连续发展过程，它不仅包含了在特定年龄阶段的"辉煌"或"潦倒"，而且涵盖了人在有生之年所拥有的各种职业和社会角色。

（3）独特性。世界上没有职业生涯完全相同的两个人。一般来说，每个人都是根据人生理想逐步开创职业前程；但是，对于不同的人，职业生涯的内容和结果却充满了独特性与唯一性。

（4）综合性。就社会角色而言，职业生涯是以个体的事业发展为主线而发展的，它包含了个人一生中扮演的所有社会角色，主要有不同的职业角色，除此之外，还有公民、学生、子女、夫妻、父母、朋友等各种层面的社会角色。

四、职业生涯的发展阶段与影响因素

职业生涯发展阶段的划分对于不同的人有不同的作用。这里主要介绍孔子的七阶段发展理论、舒伯的终身职业生涯发展理论、金斯伯格的职业意识三阶段发展论以及职业生涯"三三三"理论。

（一）职业生涯的发展阶段

1. 孔子的七阶段发展理论

两千多年前，孔子总结自己一生的职业发展历程："吾十有五而志于学，三十而立，四十而不惑，五十而知天命，六十而耳顺，七十而从心所欲，不逾矩。"这可以说是世界上最早从年龄阶段论述职业发展的理念。

2. 舒伯的终身职业生涯发展理论

舒伯根据自己"生涯发展形态研究"的结果，参照布勒的分类，将生涯发展阶段划分为成长、探索、确定、维持与衰退五个阶段。

（1）成长阶段（0~14岁），生理、心理的发展时期。这一阶段，孩子通过与家庭成员、朋友、老师之间的相互作用，逐渐建立起自我概念，知道了如何看待自己。

（2）探索阶段（12~24岁），学习并且初步尝试的阶段。此阶段可分为三个时期：①尝试期（15~17岁）。综合考虑自己的需求、兴趣、能力和价值观，幻想、讨论并开始做一些尝试性的工作。②过渡期（18~21岁）。进入人才市场或寻找机会继续深造，更加现实地考虑工作世界的雇佣机会，力图实现自我。③试验期（22~24岁）。选定某个工作领域，相信它可能会是自己毕生从事的行业,但还没有做出最后决定。

(3) 确立阶段(25～44岁),选择、安置阶段。这是大多数人职业生涯的核心部分,是人生的高产期。可以分为两个时期:①稳定期(或第二次试验期)。②前进期。有些人也许在此阶段会出现职业中期危机,发现自己没有朝着目标前进或者发现了新的目标,因此需要重新评价自己的目标和需求。

(4) 维持阶段(45～64岁),此时个体在自己所选择的岗位上继续前进,有的"功成名就",有的力求维持已取得的成就和社会地位,不再考虑变换职业。

(5) 衰退阶段(65岁以上),属于退休阶段。精力和体力都在逐渐衰减,工作进展会衰减乃至停止。此时在家庭中投入了相当多的时间,休闲者和家长的角色最为突出。

通过舒伯的生涯发展理论,个体可以清楚地看到自己处于生涯发展的哪个阶段,预期在今后生活中将扮演哪些角色,以及如何实现个体职业生涯过程。大学时代处于职业生涯发展的探索阶段,经历了尝试期、过渡期,即将迈入试验期。因此,大学生在这一阶段一定要对自己进行充分探索,同时积累足够的社会实践经验才能在毕业时顺利实现与职业的合理匹配。在以后的研究岁月中,舒伯对发展任务的看法又向前跨了一步。他认为在人一生的生涯发展中,各个阶段同样要面对成长、探索、确定、维持和衰退的问题,因而形成"成长—探索—确定—维持—衰退"的循环。

3. 金斯伯格的职业意识三阶段发展论

美国著名职业指导专家金斯伯格对职业生涯的发展进行了长期研究,对于职业生涯发展的实践产生了广泛影响。1951年,金斯伯格出版《职业选择》一书,对青少年职业选择的过程与问题作了深入的阐述,提出了职业发展的幻想阶段、尝试阶段、现实阶段三个发展阶段,认为职业在个人生活中是一个连续的、长期的发展过程。

(1) 幻想阶段(4～11岁)。儿童对大千世界,特别是对于他们所看到或接触到的各类职业工作,充满了新奇、好玩的感觉。这个阶段职业需求的特点是单纯凭自己的兴趣爱好,不考虑自身的条件、能力水平和社会需要与机遇,完全处于幻想之中。

(2) 尝试阶段(12～17岁)。这是由少年儿童向青年过渡的阶段。从此时起,人们的生理和心理在迅速成长、发育和变化,有独立的意识,价值观念开始形成,知识和能力显著增强,初步懂得社会生活。在职业需求上呈现出的特点是:有职业兴趣,并能客观地审视自身各方面的条件和能力;开始注意职业角色的社会地位、社会意义以及社会对该职业的需要。但此时,由于长期处于学校学习,对社会、职业的理解还不全面,对职业主要考虑的还是个人的兴趣,具有理想主义色彩。

(3) 现实阶段(17岁以后)。即将步入社会劳动,能够客观地把自己的职业愿望或要求同自己的主观条件、能力以及社会现实的职业需要协调起来,寻找适合自己的职业角色。该时期的职业不再模糊不清,已经有具体的、现实的职业目标,表现出的最大特点是客观性和现实性。金斯伯格的职业发展理论主要研究的是个人进入职业前的一段时期的职业观的变化及进入职业前的职业选择问题,对进入职业角色后如何调整与发展职业生涯研究得不够多。

4. 职业生涯"三三三"理论

厦门大学廖泉文教授将人的职业生涯分为三大阶段:输入阶段、输出阶段和淡出阶段,每一阶段又可为三个子阶段——适应阶段、创新阶段和再适应阶段,而每一子阶段又可分为三种状况——顺利晋升、原地踏步、降到波谷。

(二) 职业生涯的影响因素

职业生涯被看作是一个完整的逐步发展的个人成长路径，必然受到个人因素、组织因素和社会因素等方面的影响。

1. 个人因素的影响

从个人角度出发，个人的兴趣、爱好、价值观、需求及就业动机之间会有较大的区别。在现代社会，职业生涯选择已经成为一种生存型技能。不同的人会选择不同的职业，甚至相同职业的人们也会根据个人的爱好选择适宜自身发展的路径。家庭是个人职业生涯的重要影响因素之一，个人受家庭成员的影响和帮助，在生活态度、生活方式、价值观和行为模式等方面区别于他人，从而影响其职业兴趣和爱好，对于个人职业技能的获得和职业风格的养成产生重要影响。此外，个人受教育的程度对个人的职业生涯也会产生重要影响，一个人受教育水平越高，劳动生产能力就会越强。联合国教科文组织进行的一份调查报告显示，不同文化水平的人提高劳动生产的能力不同，小学为43%，中学为108%，大学为300%。教育赋予每个人知识和能力的同时，还塑造了人的性格，引导他们选择个人成长的职业类别。教育水平的高低直接关系到个人工作能力高低和职业适应性程度。

2. 组织因素的影响

职业生涯是由个人选择决定，也是在组织提供的环境条件中加以实现的。组织为个人提供了工作岗位、工作条件和业务培训的机会，同时，相应的工作评价和工资报酬等直接影响到个人的职业发展，可以认为组织为个人的职业生涯发展提供了平台。因此，组织因素在职业生涯发展中常常被看作是个人发展的机遇。在不同的组织中，成员将会获得不同的发展机会，个人的发展构成了组织整体的发展。因此，个人的成长发展无法脱离组织提供的环境条件，个人的职业生涯如果缺少了组织提供的发展平台将无从谈起。

3. 社会因素的影响

职业生涯发展从微观角度关系到个人的发展，从宏观角度则关系到社会就业，关系到社会生产和生活的稳定，关系到一个国家和地区社会经济的发展。常见的各种社会问题，如经济增长、经济衰退、企业重组、企业并购、人员流动、休假等，关系到现代社会中的每个人。因此，许多国家和地区都将个人就业问题看作是影响社会稳定的基本问题。政府通过出台各种积极促进就业的政策，在促进社会经济发展的同时，为人们安居乐业创造条件。此外，国家的政治经济形势、社会的管理体制、社会文化和习俗、职业的社会评价都会影响到人们的职业选择，影响着人们职业生涯的发展。因此，社会在提供了大量机遇的同时也形成了种种限制和制约。

第二节　职业生涯规划概述

人要想实现美好的目标，就要不断地检讨过去，对照现在，规划未来，最重要的是不断地发挥"自我潜能"，合理有效地运用周围的环境资源。换句话说，就是要将个人的潜能与环境做出一个妥善的安排与配合，最终达到既定的生涯目标。这一切，都是职业生涯规划的范畴。

一、职业生涯规划的含义与内容

(一) 职业生涯规划的含义

职业生涯规划依据主体不同,可以分为组织(泛指企业、公司及所有用人单位)职业生涯规划和个人职业生涯规划两类。

组织职业生涯规划是指组织的人力资源部门根据组织发展和人力资源规划的需要,将其成员职业生涯规划的制订、实施和调控纳入组织的人力资源规划体系中,通过把个人与组织发展相结合,对决定员工个人职业生涯的个人因素、组织因素和社会因素等进行分析,制订有关员工事业发展的战略设想与计划安排。

个人职业生涯规划是个人的一种主动行为,是指个人结合组织和自身情况以及眼前的机遇和制约因素,对其各阶段所从事的工作、职务或职业道路进行的规划,包括自己确立的职业目标、时间、方案等。个人职业生涯规划在一定程度上相当于个人职业理想的具体化,是个体根据自身情况和外部环境,制订职业发展的目标,并选择达到目标所采取的方案。它实质上是通过自我认识、自我探索、自我成长,最终达到自我实现的发展过程。个人职业生涯发展规划应包括从业前的专业和职业选择,也包括从业后的职业适应和职业调整规划。对于在校大学生来说,由于毕业后就业单位的不确定性,无法考虑组织的发展要求,所以主要是从个人的发展角度进行职业规划(或学业规划、生涯规划)。

职业生涯规划简称生涯规划,又叫职业生涯设计,是指个人与组织相结合,在对一个人职业生涯的主客观条件进行测定、分析、总结的基础上,对自己的兴趣、爱好、能力、特点进行综合分析与权衡,结合时代的特点,根据自己的职业倾向,确定其最佳的职业奋斗目标,并为实现这一目标做出行之有效的安排(即行动计划)。职业生涯规划是一个长期过程,按照规划的时间跨度可划分为短期规划、中期规划、长期规划和人生规划。

(1) 短期规划。1~2年以内的规划,主要任务是确定近期目标,规划近期应完成的任务。

(2) 中期规划。一般涉及3~5年内的职业目标和任务,在近期目标的基础上设定。这是职业生涯规划中最常用的一种。

(3) 长期规划。6~10年的规划,主要是设定较长远的目标。

(4) 人生规划。整个职业生涯的规划,时间长至30~35年,设定整个人生的发展目标和阶梯。

职业生涯规划关键是要解决"干什么""何处干""怎么干""以什么样的心态干"的问题,可以概括为"四定"即定向(确定自己的职业方向)、定点(确定职业发展的地点)、定位(确定自己在职业人群中的位置)、定心(稳定自己的心态)。

(二) 职业生涯规划的内容

1. 职业生涯规划要素

根据职业生涯规划的定义,我们可以分析出职业生涯规划具有的五个要素,分别是知己、知彼、抉择、目标、行动。

所谓知己就是向内看,了解自己的兴趣、能力、性格、价值观及学校教育和社会环境对个体产生的影响;知彼就是向外求,探索外部世界,包括社会需求、能力要求、渠道信息、发展前景和福利待遇等;知己和知彼不是相互独立的两个部分,而是相互作用的,知己知彼是抉择、目标、行动的基础。抉择即选择,它与个人的性格、气质和风格有关,抉择是知己、知彼和目标的纽带。抉择之后就是确定目标并付诸行动。俗话说："知己知彼，百战不殆"，只有充分、全面地了解自身的优势，准确判断社会政治经济形势和趋势，进行理性选择，制订出合理可行的目标，积极有效地行动起来，获胜的概率才会更高。

2. 职业生涯规划模式

我们可以通过形象且实用的生涯规划模式图来解剖生涯规划（如图 1-1 所示）。生涯规划模式由三个三角形和一个圆形组成，圆形是该模式的核心部分，表示个体的生涯目标，它深受环绕的三个三角形的影响，每个三角形都是生涯规划的要点。职业决定联结着圆形和三角形，由生涯决定形成最终的职业目标。

图 1-1　生涯规划模式图

第一个三角形指的是"自己"，包括能力、性向、兴趣、需求、价值观；第二个三角形指"自己与环境的关系"，包括助力与阻力因素、家庭因素和社会经济因素；第三个三角形指"教育与职业的资讯"，包括参观访问、文书资料和演讲座谈等。下面以大学毕业生王晓的经历为例，阐述三个三角形的意义。

第一个三角形：大学刚毕业的王晓，从小就学习舞蹈，对舞蹈有浓厚的感情。王晓也具有舞蹈天赋，音乐的理解、节奏的把握和艺术的表现力都很出色。读书期间无论多忙，王晓都没放弃舞蹈的练习，最终考进舞蹈学院。毕业之后，王晓开设了自己的舞蹈培训中心，教学之余举办舞蹈专场演出，王晓很满意目前的状态，在发挥自身优势的同时，也结合了自己的兴趣爱好和能力。

第二个三角形：王晓的妈妈曾是文工团的一名歌唱演员，爸爸是编剧。王晓从小耳濡目染，受到艺术方面的熏陶。受妈妈的影响，王晓从小爱唱爱跳，希望成为一名舞蹈演员。爸爸则希望王晓成为一名教师。为此，在职业选择上，王晓和爸爸发生过争执，最终爸爸支持王晓选择自己感兴趣的事情。王晓性格果断，选择了舞蹈学院并从事自己喜欢的工作。

第三个三角形：王晓在舞蹈学院学习期间，经常参加社会演出，增加了很多信息来源。同时，她和同学合作，利用假期举办儿童舞蹈培训班，收获了不少经验，也积聚了一定的人脉。当王晓决定做自己喜欢的工作时，她的老师和朋友都支持她，在信息和物质方面给予帮助，正是这些强有力的支援，王晓的舞蹈培训中心办的有声有色。

通过以上的案例可以得出王晓通过自我分析，找出了自身的优势和潜力，同时正视自己的缺点和劣势，深入了解自己；通过对社会环境进行分析，把握社会发展脉搏，有效利用人脉资源和信息；在此基础上，确定终极目标，为自己准确定位，找出适合自身的发展道路。

生涯规划模式为个体的职业理想进行了可行性和具体化的分析。要达到终极目标，必须循着职业目标指引的方向，从个体自身、环境、教育与信息等因素进行分析，将终极目标逐步分解，制订成可操作、可实施的步骤。职业目标并无好坏之分，关键是能否符合自己的实际情况和适合自身的发展。个体也要注意依据环境来修正自己的职业目标，跟上时代发展的步伐，适应社会需求，只有这样，才能立于不败之地。

二、职业生涯规划的原则与基本理论

（一）职业生涯规划的原则

正确的职业生涯规划能使一个人走向成功之路，不正确的职业生涯规划可能使人多走弯路。因此，在制订具体实施方案前，应明确职业生涯规划的原则。

（1）独特性原则。职业生涯规划要因人而异，每个人的职业规划是不同的。在规划自己的职业生涯时，考虑自己的特点，珍惜自己的兴趣，选择自己所喜欢的职业，职业生涯会由此变得妙趣横生。兴趣是最好的动力，也是最好的老师。

（2）可度量性原则。人生每个阶段应能持续、连贯、衔接。职业生涯规划不但应规划总目标，还应制订具体的阶段性步骤，要有明确的时间限制和标准以便随时度量和检查。在择业前首先考虑的是自己的预期收益——幸福最大化。明智的选择是在由收入、社会地位、成就感和工作付出等变量组成的函数中找出一个最大值。

（3）可实现性原则。规划要有事实依据，并非是美好幻想或不着边际的梦想，否则将会延误生涯发展机遇。在进行职业选择时要择己所长，从而有利于发挥自己的优势。运用比较优势原理充分分析别人与自己，尽量选择冲突较少的优势行业。

（4）时限性原则。规划是预测未来的职业生涯目标，涉及多种可变因素，因此规划应有弹性，应留有余地，以增加其适应性。在规划自己的职业生涯时，一定要分析社会需求，从社会的整体利益出发，择世所需。最重要的是目光要长远，能够准确预测未来行业或者职业方向，再做出选择。

（二）职业生涯规划的基本理论

工欲善其事，必先利其器。职业生涯规划是指导大学生职业发展的依据和准则，只有奠定了坚实的理论基础，大学生的职业生涯规划才能更"靠谱"。下面将通过六种基本理论的介绍，帮助大学生建立扎实的理论支撑，使大学生职业生涯规划的设计更加科学合理。

1. 特质因素理论

特质因素理论又称帕森斯的人职匹配理论，是最早的职业生涯辅导理论，1909年美国波士顿大学教授弗兰克·帕森斯在其《选择一个职业》的著作中提出了职业选择的焦点是人与职业相匹配的观点，在他看来，个人都有自身特有的人格模式，对应某种人格模式的个人都有其相适应的职业类型。所谓"特质"就是指个人的人格特征，包括能力倾向、性格、兴趣、价值观和人格等，这些都可以通过心理测量工具加以评量。所谓"因素"则是指要达成职业生涯目标所必须具备的条件或资格，这可以通过对职业的分析而了解。

（1）评价求职者的生理和心理特点。通过心理测试及其他测评手段，获得有关求职者的生理状况、能力倾向、兴趣爱好、性格气质等方面的资料，并通过会谈、调查等方法获得求职者较真实的家庭背景、学业成绩、工作经历等情况，并对这些资料进行评价。

（2）分析各种职业对人的要求（因素）。在分析各种需求后，向求职者提供相应的职业信息，包括：

① 职业的性质、工资待遇、工作环境及晋升的可能性。

② 求职的限制条件，诸如学历要求、专业要求、身体要求、年龄要求、各种能力及其他心理特点的要求。

③ 就业前的教育课程计划，以及提供这种训练的教育机构、学习年限、入学资格和费用等情况。

④ 就业机会。

（3）人和职业的匹配。指导人员在清楚求职者的特性和职业的各项指标的基础上，帮助求职者进行比较分析，以选择一种既适合个人特性又有可能得到并能在此职业上取得一定成功的职业。

人职匹配分为以下两种类型。

① 因素匹配（活找人）。例如，需要求职者有专门技术和专业知识的职业与掌握该种技能和专业知识的求职者相匹配。

② 特性匹配（人找活）。例如，具有敏感、易动感情、不守常规、个性强、理想主义等人格特性的人，宜从事审美性、自我情感表达的艺术创作类型的职业。

特性—因素强调个人所具有的特性与职业所需的素质与技能（因素）的要求之间的协调和匹配。为了对个人的特性进行深入详细地了解与掌握，特性—因素必须重视人才测评的作用，即特性-因素论进行职业选拔和指导以对人的特性的测评为基本前提。它首先提出在职业决策中进行人和职业匹配的思想。故这一理论奠定了人才测评理论的理论基础，促进了人才测评在职业选拔与指导中的运用和发展。

2. 生涯建构理论

生涯建构理论是近20年来西方职业心理学研究中令人瞩目的一枝新秀，由美国职业辅导实践与研究资深学者马可·L.萨维科斯教授于2002年正式提出。职业心理学作为社会心理学的重要分支，主要任务是帮助人们更好地发现和解决职业生涯中的各类问题，生涯建构理论探讨的是个体如何通过一系列有意义的职业行为和工作经历来构建自身职业生涯的发展。生涯建构的哲学视角是个体建构主义、社会建构主义和后现代主义。在职业成熟度理论、职业配型理论的基础上，生涯建构理论进一步提出，个体应综合考虑自己以往的经验、当前的感受及对未来抱负做出职业发展行为的选择，职业生涯发展是个体围绕职业这一重要人生主题展开的、内涵丰富的主观建构过程。

生涯建构深化了既有的职业发展理论，又给经典的职业人格理论和终身职业生涯理论赋予后工业时代内涵，它衍生的生涯建构咨询方式更是开启了一种新的生涯叙事研究模式。环绕适应这一主题建立的生涯建构模型，给个体职业发展研究提供了新的起点与方向。

3. 生涯发展理论

生涯发展理论指舒伯生涯发展理论，从人的终身发展这一角度出发，将人的职业生涯发展分为成长、探索、确定、维持、衰退五个阶段。在不同的生命周期，职业生涯规划处于不同的阶段，每个阶段的规划内容和重点也有所区别，但各阶段的职业生涯规划又是连续的、互相影响的，从而形成贯穿人生发展始终的完整的职业生涯规划过程。尽管原则上可以把个人的职业发展周期分为五个阶段，但并非每个人的职业发展周期都是一模一样的，每个人都会有自己的特点。

4. 明尼苏达工作适应论

明尼苏达工作适应论起源于美国明尼苏达大学，是由罗圭斯特和戴维斯提出的强调人境切合的心理学理论，简单来说就是只有当工作环境能够满足个人需求（内在满意度），并且个人也能满足工作的技能要求（外在满意度）时，个人在该工作领域才能够得到长足发展。

明尼苏达工作适应论在20世纪60年代提出，该理论认为选择职业或生涯发展过程固然非常重要，然而就业之后的适应问题更值得关注，特别是对适应障碍者来说，在工作上能否持续稳定对其生活、信心、未来发展都是重要的问题。基于这些考虑，从工作适应的方向分析能否良好适应的因素。该理论认为每个人都会积极寻找个人与环境之间的切合性，当工作环境能够满足个人的需求，能够顺利完成工作上的要求，切合程度随之提高。不过个人与工作之间也存在着互动的关系，切合与否是互动过程的产物，个人的需求会随境况改变，工作的要求也会随时间或经济情势而调整，如果个人能积极维持与工作环境之间切合一体的关系，则个人的工作满意度越高，在这个工作领域的发展也越能长久。

5. 认知信息加工理论

认知信息加工理论定义生涯发展就是看一个人如何做出生涯发展的决策，以及在生涯问题解决的过程中和生涯决策的过程中怎样使用信息的。1991年，盖瑞·彼得森、詹姆斯·桑普森、罗伯特·里尔登合著了《生涯发展和服务：一种认知的方法》，阐述了这一认知信息加工的方法。认知信息加工理论的核心为以下两点。

（1）信息加工金字塔模型。该理论把生涯发展和咨询的过程定为学习信息加工处理能力的过程。该理论的提出者按照信息加工处理的特性构筑了一个信息加工金字塔。位于塔底的是知识领域，包括自我知识和职业知识。位于金字塔中间的是决策技能领域，包括沟通—分析—综合—评估—执行（CASVE）这五个阶段。位于塔顶的领域是执行加工领域，也称为元认知，元认知是一个人所具有的关于自己思维活动和学习活动知识及其对实施的控制，是任何调节认知过程的认知活动，即任何以认知过程与结果和对象的知识。包括自我言语、自我察觉、控制与监督等过程和思想。

（2）CASVE循环。该理论认为，知识领域相当于计算机的数据文件，需要进行存储；决策技能领域是计算机的软件程序，让我们对存储的信息进行加工处理；执行加工领域类似于计算机的工作控制功能，操作电脑按照指令执行程序。决策技能可以通过以下五个阶段循环的模型来得到。

① 沟通（确认需求）：个人开始意识到问题的存在。
② 分析（将问题的各组成部分相互联系起来）：对所有的信息进行分析。
③ 综合（形成选项）：个人形成可执行的解决方案，寻求实际的解决方法。
④ 评估（评估选项）：评估每种方案选项的优劣，选取出先后顺序。
⑤ 执行（策略的实施）：依照选择的方案做出行动。

6. 社会认知职业理论

社会认知职业理论主要特点是关注"个人—行为—环境"的交互作用，重点将心理、经济、社会等因素加以整理合并，动态地揭示人们如何产生对于职业的兴趣，如何做出职业选择，如何取得不同的成果并保持职业的稳定性。自我效果能力、结果预期指向与个人目标规划是社会认知职业理论强调的三个核心变量。自我效果能力指个体对自己能否在一定水平上完成活动所具有的能力判断、信心或者是主体自我掌握与感知（我做得好吗）。自我效果能力通过4种学习经验类型来获得与进一步修正：以往的绩效成就、认知观察与学习、社会劝解及生理（情绪）状态。结果预期指向是指个人对从事某些特定行为结果的信念（假如我这么做，会发生什么事情）。结果预期指向通过与自我效能相仿的学习经验而获得，像是回忆成功的往事、对自己活动产品和活动影响力的关注、对他人成功活动的观摩与学习等。个人目标规划指的是个人从事某项特定活动或取得某些特定结果的意念（我有多么想做这件事情）。

以上六大理论是职业生涯规划的基本和经典理论，涵盖职业生涯规划中涉及的特质因素、系统建构、发展阶段等诸多方面，为大学生建立了从不同角度和层面理解职业生涯规划的途径，帮助大学生树立明确的职业方向和目标，科学地认识自我、认识职业、规划生涯。

三、职业生涯规划的方法与步骤

美国管理大师德鲁克曾说，能够把个人与企业长久凝聚在一起的是个人与企业使命的共享程度。其实这个共享程度就是个人与企业的心理契约，就好像婚姻一样，结婚证仅仅是双方关系合法的证明，而双方能够在一起生活一辈子则需要双方的感情和结婚后的共同生活目标来维系。防止跳槽和职业倦怠的最好办法就是职业生涯规划，它是维系个人与企业的黄金纽带。

（一）职业生涯规划的方法

1. 自我规划"五步法"

许多职业咨询机构和心理学专家进行职业咨询和职业规划时常采用的一种方法就是有关"5个W"的思考模式。从问自己是谁开始，然后顺势问下去，共有五个问题：

Who are you? 你是谁？
What you want? 你想干什么？
What can you do? 你能干什么？
What can support you? 环境支持或允许你干什么？
What you can be in the end? 最终的职业目标是什么？

问自己这五个问题，找到它们的最高共同点，同学们就有了自己的职业生涯规划。

第一个问题"我是谁？"应该对自己进行一次深刻的反思，有一个比较清醒的认识，优点和缺点，同学们都应该一一列出来。

第二个问题"我想干什么？"是对自己职业发展的一个心理趋向的检查。每个人在不同阶段的兴趣和目标并不完全一致，有时甚至是完全对立的。但随着年龄和经历的增长而逐渐固定，并最终锁定自己的终身理想。

第三个问题"我能干什么？"则是对自己能力与潜力的全面总结，一个人职业的定位最根本的还要归结于自己的能力，而同学们职业发展空间的大小则取决于自己的潜力。对于一个人潜力的了解应该从几个方面着手去认识，如对事的兴趣、做事的韧力、临事的判断力以及知识结构是否全面、是否及时更新等。

第四个问题"环境支持或允许我干什么？"这种环境支持在客观方面包括经济发展、人事政策、企业制度、职业空间等；人为主观方面包括同事关系、领导态度、亲戚关系等，两方面的因素应该综合起来看。有时同学们在职业选择时容易忽视主观因素，没有将一切有利于自己发展的因素调动起来，从而影响了自己的职业切入点。

明晰了前面四个问题，就会从各个问题中找到对实现职业目标有利和不利的条件，列出不利条件最少的、自己想做而且又能够做的职业目标，那么第五个问题有关"自己最终的职业目标是什么"自然就有了清楚明了的框架。最后，同学们将自我职业生涯计划列出来，建立形成个人发展计划档案，通过系统的学习、培训，实现就业理想目标。

2. SWOT 分析法

SWOT 是英文单词 Strengths（优势）、Weaknesses（劣势）、Opportunities（机会）、Threats（威胁）的缩写。SWOT 分析法最早是由哈佛商学院的安德鲁斯教授于 1971 年在其《公司战略概念》一书中提出的。安德鲁斯教授把面临竞争的企业所处的环境分为内环境和外环境，其中内环境分析包括企业的优势分析和劣势分析，而外环境分析包括企业面临的机会分析和威胁分析。这种综合分析企业的内外环境从而为企业中长期发展制定战略的方法就是 SWOT 分析法。

我们可以借用 SWOT 分析法来为个人职业生涯决策服务。通过 SWOT 分析法，个体能够更准确地进行自我评估，更清晰地认识自己的职业机会，从而能根据就业市场的状况和个人的情况做出最佳决策。职业决策者可以通过与他人相比较考察自己周围的职业环境，认清自身的优势和劣势，分析周围职业环境的机会和威胁，构建自身的 SWOT 矩阵。

SWOT 分析法不仅适用于职业生涯决策构建自身的 SWOT 矩阵，而且对于评估职业发展机会也是比较合适的。

（1）优势分析。优势分析可以从自己的经历、自己学到的知识和成功点三个方面去分析。首次，分析自己的人生经历和体验。如在学校期间，曾经参与或组织的实践活动、获得过的奖励等，这反映出一个人的素质状况。在自我分析时，要善于总结经验，确定未来的工作方向和机会。其次，分析自己学到的知识。如在学校期间，从专业学习中获得了哪方面的知识？接受过什么培训？自学过什么？有什么独到的想法和专长？再次，分析自己的成功点。可能做过很多事情，但最成功的是什么？是偶然还是必然？通过分析，可以发现自我性格优势，如坚强、果断，以此作为个人深层次挖掘动力的闪光点，也是职业规划的有力支撑。

（2）劣势分析。劣势分析是分析自己的性格缺点或经历中所欠缺的方面。首先，分析自己的性格弱点，如不善交际、感情用事等。安下心来，跟别人好好聊聊，看看别人眼中的自己是什么样子，与预想是否一致，找出其中的偏差并弥补，这将有助于自我提高。其次，分析自己经验或经历中所欠缺的方面，如学管理专业却没有管理经验；学中文或新闻专业，却缺乏报社实习的实践经验；学市场营销专业却没有营销策划经历等。欠缺并不可怕，怕的是自己还没有认识到或认识到了却不及时弥补。正确的态度是认真对待，善于发现，努力克服和提高，可以打出"给我时间，我可以做得更好"的旗号。通过以上自我分析与认识，可以发现自己的劣势并及时改正。

（3）机会分析。机会分析是对社会大环境的认识和分析，即对当前社会政治、经济、科技的趋势是否有利于所选职业的发展的认识和分析。机会分析包括对所处环境和以后所选择的单位的外部环境分析和人际关系分析两个方面：外部环境分析主要包括哪些因素对自己有利，将来选择的单位在本行业中的地位、发展趋势及市场竞争力如何；人际关系分析主要包括哪些人对自己的职业发展帮助，作用会持续多久，如何与他们保持联系。

（4）威胁分析。威胁分析是对所处环境和以后所选择的单位内部危机进行分析。如行业是否萎缩？单位是否重组或改制？有无空缺职位？竞争该职位的具体条件是什么？有多少人和自己竞争这个职位？目前有哪些因素对自己不利等。

在完成环境因素分析和构造 SWOT 矩阵后，可以制订出相应的行动计划。制订计划的基本思路是：发挥优势因素，克服劣势因素；利用机会因素，化解威胁因素。原则是考虑过去，立足当前，着眼未来。运用系统分析法，将排列与考虑的各种环境因素相互匹配起来加以组合，得出可选择的对策。这些对策如下。

最小与最小对策（WT 对策），即考虑劣势因素和威胁因素，目的是努力使这些因素都趋于最小；最小与最大对策（WO 对策），即考虑劣势因素和机会因素，目的是努力使弱点趋于最小，机会趋于最大；最大与最小对策（ST 对策），即考虑优势因素和威胁因素，目的是努力使优势因素趋于最大，威胁因素趋于最小；最大与最大对策（SO 对策），即考虑优势因素和机会因素，目的是努力使这些因素都趋于最大。SWOT 分析会帮助同学制订一个切实可行的、实用的职业规划，提供极具参考价值的建议，对一个人的职业规划帮助很大（表 1-1）。

表 1-1　SWOT 分析表

自身条件	优　　势	劣　　势
	利用优势和机会的组合	消除劣势和威胁的组合
外部环境	机　　会	威　　胁
	改进劣势和机会的组合	监视优势和威胁的组合

3.思考圈法

"思考圈法"是中国香港地区高校职业生涯规划常用的一种理论方法。该理论以循环思考来表述职业生涯规划是下面六个要素之间的往返循环过程，如图 1-2 所示。

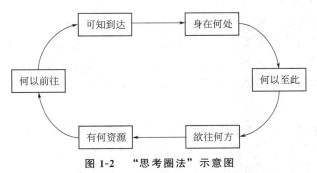

图 1-2　"思考圈法"示意图

"身在何处"即了解目前情况、存在差距，这是问题解决开始时需要的信息。"何以至此"即分析原因，这些原因可能是客观方面的原因，如就业形势、金融危机等；也可能是主观方面的原因，如就业观念、领导重视、政策支持等。"欲往何方"即找出最优选择并做出临时决策，选择可能性最大的情况，思考并明确学校的就业目标是什么。"有何资源"即精心搜索和综合选择。精心搜索是指查看各种资源以发现尽可能多的有利资源；综合选择是把与目标一致的有效资源整合。"何以前往"即设计一项计划来实施某一临时选择，包括学校就业指导措施、计划、内容等。"可知到达"即通过结果和结论与选择和目标对比，分析和检验与目标的差距，总结结论，为下一循环打好基础。

（二）职业生涯规划的步骤

职业生涯规划是一套系统的思考和方法，不仅仅是单一目标的确立，而是在确立目标的过程中所采取的一系列科学的步骤和方法,结合现实情况,找出与目标职业的差距,并通过制订行动计划来进行弥补差距的过程。因此,做好职业生涯规划必须要熟悉和重视每一个环节和步骤,这样才能保证规划的科学性和可行性。职业生涯规划是周而复始的连续过程,主要包括八个步骤。

1. 自我评估

自我评估的目的是认识自己,了解自己,寻找最适合自己发展的职业之路。成功职业规划的前提就是充分地认识自我。通常自我评估包括自己的兴趣、能力、特长、性格、学识、气质、技能、智商、情商以及组织管理、协调、活动能力等。只有正确地了解自我,才能根据自己的特点来制订适合自己的职业生涯发展规划。

2. 生涯机会的评估

在职业生涯规划时,同学们还要充分认识与了解相关的环境,评估环境因素对自己职业生涯发展的影响,分析环境条件的特点、发展变化情况,把握环境因素的优势与限制。了解本专业和本行业的地位、形势以及发展趋势。在生涯机会评估中,主要分析内外环境因素对自己生涯发展的影响,在复杂的环境中避害趋利,使生涯规划具有实际意义。环境因素评估主要包括:组织环境(组织发展战略、人力资源需求、晋升发展机会)、社会环境(社会道德风尚、舆论环境)、经济环境(宏观经济状况、行业经济政策)。

3. 确定志向

志向是事业成功的基本前提,没有志向,事业的成功也就无从谈起。立志是人生的起跑点,反映着一个人的理想、胸怀、情趣和价值观,影响着一个人的奋斗目标及成就。

4. 设定职业生涯目标

职业生涯目标的设定是职业生涯规划的核心。这种抉择是以自己的最佳才能、最优性格、最大兴趣、最有利的环境等条件为依据的。一个人事业的成败,很大程度上取决于有无正确适当的目标。没有目标的人,就如同一个人走在一望无际的茫茫大漠中,不知道自己该走的方向。通常目标分短期目标、中期目标和人生目标。

5. 职业定位

职业定位就是同学们要为职业目标与自己的潜能以及主客观条件谋求最佳匹配。良好的职业定位是以自己的最佳才能、最优性格、最大兴趣、最有利的环境等信息为依据的。在职业定位过程中要考虑性格与职业的匹配、兴趣与职业的匹配、特长与职业的匹配、专业与职业的匹配等。在职业定位中,同学们应注意:要依据客观现实,考虑个人与社会、单位的关系;比较鉴别,比较职业的条件、要求、性质与自身条件的匹配情况,选择条件更合适、更符合自己特长、更感兴趣、经过努力能很快胜任、有发展前途的职业;扬长避短,看主要方面,不要追求十全十美的职业;审时度势,及时调整,要根据情况的变化及时调整择业目标,不能固执己见,一成不变。

6. 制订职业生涯路线

在确定了自己的职业定位和职业生涯目标之后,就要考虑实现这一目标的途径,即制订职业生涯路线。是选择走行政管理路线,向行政方面发展;还是走专业技术路线,向业务方面发展等。要注意,发展路线不同,对其要求也不同。因此,在职业生涯规划中,同学们必须选定自己的职业生涯发展路线,以便使自己的学习、工作以及各种行动沿着职业生涯路线或预定的方向前进。通常选择职业生涯路线时要考虑以下两个问题：我可以往哪些路线发展？哪个路线最适合我，对我的发展最有利？

7. 制订行动计划与措施

在确定了职业生涯目标后，就要按照这个目标制订相应的行动计划，并按照计划开始行动。行动是指落实目标的具体措施，主要包括工作、训练、教育、轮岗等方面的措施。没有达成目标的行动，职业目标只能是一种梦想。要制订周详的行动方案，更要注意去落实这一行动方案。

8. 评估与回馈

要使生涯规划行之有效，同学们就必须不断地对生涯规划进行评估与修订。整个职业生涯规划要在实施中去检验，看效果如何，及时诊断生涯规划各个环节出现的问题，找出相应对策，对规划进行调整与完善。影响职业生涯规划的因素很多，有的因素变化是可以预测的，有的因素变化难以预测。因此，要使职业生涯规划行之有效，就必须根据变化对职业生涯规划进行修订。修订的内容包括：职业的重新选择、职业生涯路线的选择、人生目标的修正和计划及行动的变更。

由此可以看出，整个规划流程中正确的自我评价是最为基础、最为核心的环节，这一环节做不好或出现偏差就会导致整个职业生涯规划各个环节出现问题。

以上是制订职业生涯规划的八个步骤。其实，根据未来职业方向选择一个对自己有利的职业和得以实现自我价值的组织，应该是每个人的良好愿望，也是实现自我的基础，但这一步的迈出要相当慎重。就人生第一个职业而言，它往往不仅是一份单纯的工作，更重要的是它会使同学们初步了解职业、认识社会，一定意义上它是同学们的职业启蒙老师。如同学们欲从事技术工程师工作并想有所作为，同学们可以设定如下自我发展计划：选择一个什么样的组织，预测自我在组织内的职务提升步骤，个人如何从低到高拾阶而上；从技术员做起，在此基础上努力熟悉业务领域、提高能力，最终达到技术工程师的理想生涯目标；预测工作范围的变化情况，不同工作对自己的要求及应对措施；预测可能出现的竞争，如何相处与应对，分析自我提高的可靠途径；如果发展过程中出现偏差，如果工作不适应或被解聘，如何改变职业方向。通过以上不断的强化训练，同学们会发现人生成功的秘密在于当机会来临时自己已经充分地准备好了，机遇只留给有准备的人。

四、职业生涯规划的作用与人生发展

（一）职业生涯规划的作用

1. 职业生涯规划有助于自我定位，发掘自我潜能，经营美好未来

职业生涯时间占据了人一生大多数的时间。从20多岁开始到60岁结束，其职业生涯的时间大约是人生命的2/3。一份行之有效的职业生涯规划将会：①引导同学们正确认识自身的个性特质、现有与潜在的资源优势，帮助同学们重新对自己的价值进行定位并使其持续增值；②引导同学们对自己的综合优势与劣势进行对比分析；③使同学们树立明确的职业发展目标与职业理想；④引导同学们评估个人目标与现实之间的差距；⑤引导同学们前瞻与实际相结合的职业定位，搜索或发现新的或有潜力的职业机会；⑥使同学们学会如何运用科学的方法采取可行的步骤与措施不断增强职业竞争力，实现自己的职业目标与理想。

2. 职业生涯规划可以激励个人觉醒，给自己一个高度，使自己跳得更高

没有制订职业生涯规划的人很容易沉陷于繁杂的事务。精力分散，就很难全神贯注地工作，也很难充分发挥自己的才干。职业生涯规划能够帮助同学们集中精力，为实现自己的职业目标尽可能发挥个人的潜能。其实一个人的潜在能力是无限的，需要我们充分地去挖掘。

3. 职业生涯规划可以增强自身发展的目的性与计划性，提升成功的概率

生涯发展要有计划、有目的，不可盲目地"撞大运"，很多时候我们的职业生涯受挫就是由于生涯规划没有做好。好的计划是成功的开始，古语讲，凡事"预则立，不预则废"就是这个道理。

4. 职业生涯规划可以提升职业竞争能力，取得最佳的职业前程

当今社会处在变革的时代，到处充满着激烈的竞争。物竞天择，适者生存。职业活动的竞争非常突出，同学们要想在这场激烈的竞争中脱颖而出并立于不败之地，必须设计好自己的职业生涯规划，这样才能做到心中有数，不打无准备之仗。而一些应届大学毕业生不是首先做好自己的职业生涯规划，而是拿着简历与求职书到处乱跑，总想着会撞到好运气找到好工作，结果是浪费了大量的时间、精力与资金。这部分大学毕业生没有充分认识到职业生涯规划的意义与重要性，认为找到理想的工作靠的仅是学识、业绩、耐心、口才等条件，这是一种错误的理念，实际上未雨绸缪，先做好职业生涯规划，磨刀不误砍柴工，有了清晰的认识与明确的目标之后再把求职活动付诸实践，这样的效果要好得多，也更经济、更科学。

5. 职业生涯规划是组织中人力资源开发的有效途径

传统的人力资源管理注重的是人职匹配，即将合适的人放在合适的位置上。现代人力资源管理与开发更注重的是人职发展。因此进行职业生涯规划，制订员工的职业生涯规划是一项必须的管理活动。通过职业生涯规划，最大程度发挥员工的潜能，使组织的效能最大化。

6. 职业生涯规划衔接职业、教育和休闲

布利斯写了《你的降落伞是什么颜色的？》和《人生的三个组成部分》，在后一本书中，他分析了教育、工作和娱乐之间的联系。布利斯提出，很多人认为教育、工作和退休是人生的三个不同阶段和组成部分。也有人认为三个阶段是不同的、分开的，个体试图为每个阶段做准备，希望过得更有效，就像它们彼此之间没有联系一样。布利斯认为，今天把教育（学习）、工作（上班）和娱乐（退休）看成人生中三个相互联系的方面更重要。这三个部分在我们一生中是混在一起的，而不是根据年龄来区分为不同部分。

有研究发现，人在从事自己喜欢的工作时，能发挥其潜能的 80%～90%；在从事不喜欢的工作时，只能发挥其潜能的 20%～30%。人生绝不是在自己不感兴趣的事业上，只有想做的事才是真正的天赋所在，才是人生的成功点，才是生命的寄托和精神的家园。

（二）职业生涯规划对人生发展的重要意义

"职业生涯规划"其实就是"人生战略设计"，是对人生未来的发展做出的一种安排。人生命的价值在一定意义上说就在于其职业生涯方面的成就和成功，只有拥有成功的职业生涯才能实现美好的人生。职业生涯虽然只是一种安排，可是有没有这种安排大不一样。没有这样一种安排、一种规划、一种长远发展的战略思考，那就只能率性而为，随机而动，只有到处去寻找机会，把自己的未来和命运建立在一种不可捉摸的偶然性上。在美国一本名为《无限的能力》的畅销书中，提到了这样一个例子：1953年有人对耶鲁大学应届毕业生进行了一份问卷调查："你毕业后的目标是什么？"统计结果有3％的学生有明确的目标，97％的学生基本上没有明确目标。20年以后，有人去追踪所有参加了问卷学生的现状，结论使人十分吃惊，3％的人拥有财富的总和比97％的人的财富总和还多得多。20年前仅是目标的有和无，20年后却形成了如此大的差异。

一个没有规划的职业生涯是迷茫的，没有方向的，有时会走很多弯路，浪费许多宝贵的时光；一份成功的职业规划会帮助一个人实现自己的目标，拥有成功的人生。可以说，事业上的成功是实力和机遇共同作用的结果，而机遇往往倾慕于那些有准备的人。成功的人生需要正确规划。今天站在哪里并不重要，但是同学们下一步迈向哪里却很重要。不仅要知道应该做什么，更要知道不该做什么。

1. 职业生涯规划贯穿人生发展的全过程

职业生涯是一个发展的概念，在不同的生命周期，职业生涯规划处在不同的阶段，每个阶段的规划内容和重点也有所区别，但是各个阶段的职业生涯规划又是连续的、互相影响的，从而形成贯穿人生发展始终的完整的职业生涯规划过程。

大学生的年龄阶段正处于职业生涯发展的探索时期。在这一时期大学生的主要任务是更多、更准确地了解自我，对自己的能力与弱点有更切合实际的判断；发展自我，依照自己的兴趣与能力等个性特质，尽最大努力培养积极适应的态度，发展自己的特长；在各类学习与实践的活动中，作出尝试性的职业决策和职业生涯规划。可见，大学时期的职业定位是否准确、职业能力是否得到提高，对于大学生今后职业人生能否顺利进行至关重要。大学生应当积极将在校期间的职业生涯规划纳入到人一生的职业生涯发展过程中去。通过大学阶段成功的职业规划推动今后的职业生涯良性发展。

2. 职业生涯规划有助于知识和经验的积累

大学生就业时往往在时间、实力和经验方面准备不足。时间准备不足表现为误以为找工作从大三开始准备就可以了，其实对社会的认识、资料的收集、能力的提高需要提早准备。实力准备不足表现为，误认为看得见的准备（比如证书、成绩单）比看不见的素质重要，其实单位看重的是个人长期积累的素质，如合作意识、沟通能力、自我认知等。经验准备不足表现为，误认为有一些社会实践的背景就可以帮助自己找工作，其实经验的获取是需要一段时间，并反复进行的，个别时间的尝试不代表个人拥有有价值的经验。

大学期间正是大学生锻炼、培养各种能力的关键时期。首先，职业生涯规划帮助大学生成功积累人生发展的必备资源。这些资源主要包括：健康的身体、优良的思想道德品质、合理的知识结构、协调的人际关系以及良好的社会适应能力等；其次，职业生涯规划能够培养大学生对这些资源的驾驭能力。比如通过对职业尝试性的定位与选择，反思自己的人生理想和人生态度；通过对个人的评估以及对职业形势的分析培养自己有选择、有目的地完善知识结构的能力；通过参加各类实践活动，锻炼自己的人际协调能力，培养自己在未来人生发展中的分析、观察以及创造能力，等等。

3. 职业生涯规划有助于成功实现自我

追求自我实现、事业成功是许多大学生人生奋斗目标，但是并不是每个人都能够达到人生的最高境界,其差别就在于能不能管理好自己的人生规划。因此,及早进行职业生涯规划是大学生实现自我的有效途径。首先,选择合适的职业为大学生提供自我实现的舞台。大学生最终必将走向社会,他们只有在社会中寻找和争取到最适合自己的位置,最能发挥自己才华的职业,才能充分获得相对竞争优势,才能充分发挥自身的潜能,体现自我价值;其次,对职业生涯规划的不断调整和改进促使大学生取得更大的成功。对于那些能够在人生道路上设计好自己的人生策略,不放松学习,时刻保持一颗进取之心,同时不断总结经验的人,成功就不再是一件难事。大学生对自己的认识是不断深化的,自身的素质也在不断提高,同时周围的环境也时刻在变化,这种变化要求大学生在职业生涯规划过程中不断进行对自身、对职业定位的合理调整,从而使大学生在职业选择中少一点挫折,多一点成功,更快、更好地实现自我。

4. 职业生涯规划有助于明确奋斗目标,增强自身发展

职业生涯规划是人们为自己的成才和发展订立的心理契约,是对自己未来美好的承诺。没有明确的目标,人生是很难成功的。大学生通过职业生涯规划,可以确定自己的人生目标,从而积极主动地充实自己、完善自己。大学生通过职业生涯规划可以更加准确定位职业方向,重新认识自身的价值并使其增值。如职业目标是做政府机关公务员,那么就要加强政策理论水平的修养,加强个人口头表达力、文字处理能力、组织协调能力的训练;职业目标是从事营销工作,就要培养自己的敏锐意识、应变能力以及市场分析、预测能力;职业目标是自己创业,就要培养独立自主、勇于开拓的精神,踏实的工作作风和吃苦耐劳的意志。通过自我评估,可以全面了解自己的优缺点,然后通过反思和学习,不断完善自己使个人价值增值,增强职业竞争力,发现新的职业机遇。

5. 职业生涯规划可以激发个人潜能,增加成功概率

大学生有了职业生涯规划就有了奋斗目标,也就有了前进的动力。在目标的指引下,一个人往往会唤醒自己的潜能,爆发出惊人的力量。

当今社会处于变革的时代,到处充满着激烈的竞争。要想在这场激烈的竞争中脱颖而出并立于不败之地,必须设计好自己的职业生涯规划。只有这样才能做到心中有数,才能在激烈的竞争中好好生存下来。职业生涯规划通常建立在个体的人生规划上,因此,做好职业生涯规划将把个人生活、事业与家庭联系起来,让生活充实而有条理。同时,做好职业规划也有助于大学生扬长避短,发挥职业竞争力;有助于提升个人实力,获得长期职业发展优势;也便于加快适应工作,提高工作满意度,使事业成功最大化。

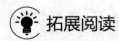

吴艺立的梦想与规划

案例人物:吴艺立,华南理工大学 2010 届化学工程与工艺专业本科生。刚进大学时,吴艺立和绝大多数新生一样按部就班地度过,学习成绩也非常普通。然而到了大三,他发生了巨大的变化,收获了很多。他不仅学习成绩优异,以班级智育总积分和综合测评的双第一获得了国家奖学金,同时也全面发展,获得了本专业唯一一个全国大学生英语竞赛 C 类二等奖,他参加的 SRP 研究项目,研究成果被国际会议收录,借此优异的表现荣获全校"十

大三好学生标兵"称号。到毕业时，吴艺立还成功实现了自己的梦想，出国继续学习。他是如何做到这些的呢？在吴艺立看来，自己之所以能够实现目标，靠的不是天分，而是拥有一个对大学生活和未来人生的良好规划及为之奋斗的不懈努力，拥有愿景、设立目标、采取行动、讲究方法和抓住重点是吴艺立能够成功的关键要素，也是本章所要讲述的职业生涯规划的重要内容。下面是吴艺立的人生规划历程。

　　进入大学的第一学期，我过着和其他大学生一样的日子，学习成绩比较普通。我一度以为自己的大学就会是这样不了了之了。庆幸的是，在大一下学期，我有了出国深造的学习目标。

　　有了目标，我便以此为核心规划自己的大学生涯。要实现留学深造的梦想，我认为首要条件是优秀的学习成绩和英语能力。因此从大二开始，我便在学习上付出了更多的工夫和时间。我开始变得积极主动，也慢慢地适应了紧张而充实的大学学习和生活节奏。每逢遇到不懂的问题我都会主动地去解决，或者查资料或者找同学讨论或者请教老师。这一年，我感觉自己有点像迈克尔·乔丹一样，训练时扎扎实实，比赛时发挥出色，我找到了自己的节奏！有志者事竟成，结果当然是可以预料的，我由大一的智育总积分班级第八，一跃成为班级第一，并获得了当年的国家励志奖学金。

　　站在大一薄弱的起点上，大二的我一心一意地让学习走上了"用劲学好，越好越有劲"的良性循环。而大三这一年，我开始了很大胆的尝试，我计划这年里做好三件事情：保持优秀的学习成绩，通过标准化考试（GRE 和托福），并且做好 SRP。我知道，要达到这个目标，就只有更加严格地要求自己，必须得把事情迅速且有条理地解决，必须得更加准确地分配时间和付出更多的汗水。大三这一年，也是我过得最为充实的一年。在学习上，我取得了班级的智育总积分和综合测评的双第一，拿到了我们专业唯一一个 "2009 年全国大学生英语竞赛 C 类二等奖"，并获得 2009 年度的国家奖学金。在标准考试上，托福和 GRE 也取得了相当有竞争力的成绩。而在 SRP 上，我们的当前研究成果已经被写成英文摘要，并被 PPEPPD2010 的国际会议所接收；研究成果有望在会议上交流，而研究论文已经投稿。优秀的学术背景极大地增强了我在众多的申请学生中的竞争力，我离自己的目标更加接近。

　　然而成绩背后是无尽的汗水与付出。多少个夜晚，我"大战"完当天的课程后又挑灯开始独自奋斗，以薄弱的英语底子，经受着 8000 多单词的"红宝书"的一遍又一遍的打击。背词，忘词，再背，再忘……"单词关就是第一个拦路虎"，我也曾经闪过"就此放弃"的念头，毕竟"刚刚开始的东西放弃了也不太觉伤痛"。但是，我深知这不是真的我！于是，我咬着牙继续坚持，坚持着接受这种"没完没了地忘记"所带来的打击和折磨。这本书伴随着我到了每一个地方——宿舍、教室、食堂、路上……直至有一天，这本书就要被我翻破了，我感到了豁然开朗。我感觉记住单词变得越来越容易。这个甜头也让我看到了希望！让我坚信自己能在这崎岖路上一路走下来。被打击殆尽的信心也慢慢充盈起来，因为我知道自己正在规划的路上不断地前进。每一次的打击，也让自己离目标越来越近！

　　成绩的背后也是不断与诱惑战斗，找回重点和方向的过程。大二下学期，我曾陷入了网络游戏当中。那段"挑灯夜战红宝书，日背单词 300 颗"的生活曾让我一度痛不欲生，我于是幻想可以借助玩一下游戏来让自己得到一点放松，而游戏中每天所能获得的一二十元还不错的"收入"，让我沾沾自喜于自己开始能赚钱养活自己了，我不需要依赖父母的资助。特别是当课程的成绩出来后，我的成绩还居然是班级第一，那时的虚荣心曾经一度膨胀到极点。然而到大二暑假，我再次拿起红宝书想翻翻以前熟悉的单词，却发现阔别大半个学期，这些单词都被我遗忘得干干净净，那种"似曾相识的陌生感"让我泪流满面，我突然意识到，这游戏必然会为我带来的灾难性后果，于是我坚决地与之诀别。我从此把课余时间投入到 GRE 和托福的准备中，投入到"本科生项目研究"（SRP）的研究当中，投入到留学申请的每一步当中，于是才有了我所收获的最充实的大三。

一路走来，我看到就是有得有失，而正确的得失观也能让坚持的品质更加硬朗。我选择了留学深造的道路，是我对自己大学的规划。大学四年，有着许多我想参加的活动，我想参与的比赛，我感兴趣的职务和许多我很想去尝试的事。然而时间有限，精力也有限，要懂得利用有限的资源达到最优的效果。我毅然放弃了许许多多，毅然在这路上继续坚持。

我放弃了我的字典里面"偷闲、休息"等词条；我放弃了在学生会的继续发展；我放弃了许多很感兴趣的活动和比赛，而在我参与的比赛中，我又不得不选择放弃更多精力的投入；我还放弃了很多很美好的东西，如免试保送研究生的资格……但是，有一样东西我始终没有放弃，那就是我一路坚持的目标与梦想！多少次，打球之手发痒，我自岿然不动，继续坚持搞好学习；多少次，浓浓睡意来袭，我自冷水浇头，继续坚持啃掉英语；又是多少次，忍痛放弃各种富有乐趣的校园活动和富有挑战的竞赛，继续坚持枯燥的 GRE 和托福备考。因为有着更大的坚持，所以我勇于去放弃。对我来说，拥有愿景，设立目标，采取行动，讲究方法，抓住重点，这些就是我能够拥有今天的原因。

（案例来源：张振刚，雷育胜.大学生学习与职业生涯规划［M］.北京：清华大学出版社，2014：36-37.编写组略有删减。）

思考与练习

1. 职业生涯发展的影响因素有哪些？
2. 简述职业生涯规划与人生发展的关系。
3. 面对大学学习的特点，作为一名大学生，你打算怎样调整自己的学习习惯来更好地适应大学学习，为自己的职业生涯奠定坚实的基础？
4. 写一篇文章——《我对大学生活的畅想》，字数、文体不限。
5. 请对以下六个问题进行思考。

（1）我将来想做＿＿＿＿＿＿＿＿＿＿＿＿＿＿＿＿＿＿＿＿＿＿＿＿＿＿＿＿＿＿＿＿
（2）我以后会是＿＿＿＿＿＿＿＿＿＿＿＿＿＿＿＿＿＿＿＿＿＿＿＿＿＿＿＿＿＿＿＿
（3）到了一定年龄，每个人都应该有自己的＿＿＿＿＿＿＿＿＿＿＿＿＿＿＿＿＿＿
（4）我最大的期望是＿＿＿＿＿＿＿＿＿＿＿＿＿＿＿＿＿＿＿＿＿＿＿＿＿＿＿＿
（5）我认为成功是＿＿＿＿＿＿＿＿＿＿＿＿＿＿＿＿＿＿＿＿＿＿＿＿＿＿＿＿＿
（6）对我来说职业是＿＿＿＿＿＿＿＿＿＿＿＿＿＿＿＿＿＿＿＿＿＿＿＿＿＿＿＿

第二章
自我认知

学习目标

1. 了解兴趣、性格、能力、价值观对职业生涯的影响。
2. 理解自我认知的培养途径。
3. 通过自我认知的方法,了解自我特性与职业选择和发展的关系,形成初步的职业发展目标。

学习重点

1. 自我认知是大学生职业生涯规划的基础和重要组成部分,在漫长的职业生涯中,能够了解自我的人可以更好地控制自己的生活,从而更容易实现职场上的成功。
2. 人的一生是不断地探索自我和实现自我的一生,一个人不可能完全准确地认识自己,但通过有效、科学的方法可以较为客观地了解自己的兴趣、性格、能力、价值观等方面所呈现的倾向。
3. 兴趣是影响人们工作满意度、职业稳定性、职业成就感的重要因素,同时也是对职业进行分类的重要基础。

案例引导

不负韶华,扬帆远航的追梦人

郑帅,辽宁石油化工大学创新创业学院 2015 级电气工程及其自动化专业的一名本科生。忆往昔,那是在他进入大学后的新生开班典礼,看着台上那位获得众多科技竞赛奖、承担着学校科技部部长职责并成功考取天津大学硕士研究生的优秀学长——刘彩明,郑帅怦然心跳,这是他第一次这么渴望优秀和成长,那一刻留下的感觉,至今仍记忆犹新。

心有猛虎 细嗅蔷薇

他深知,空想并不能实现梦想,需要制订一个个适合自己成长的计划。于是他暗下决心,必须从身边一件件小事做起,努力把握每一次锻炼和成长的机会。记得那是

2015年9月的一天,他鼓起勇气站上了讲台,勇敢地向大家介绍自己,并表达了希望为全班同学服务的愿望。即便那时他还胆小,也不善于表达,但他十分清楚这是他成长中必须要迈出的关键一步。从那一刻起,一份责任和担当被深深地埋藏在心底……

记得那是入学后的第一次晨跑,细心的他想到班级同学可能不清楚晨跑打卡的准确地点,于是他提前一天找准位置,晨跑当天穿上显眼的绿色外套,提前一个小时站在操场入口,通过班级微信群发送定位;在每一次晚自习之前,他都提前赶到教室清扫卫生,开窗通风,确保自习环境的干净整洁;每一次学校和学院下发的通知他都耐心地做好传达。一桩桩关系到同学生活和学习的小事,他都如是做好。这些看似平常但又不平常的事情,班主任老师和同学们看在眼里,记在心上。军训结束后的班委竞选,他被同学们高票推选为双创1505班班长。那一天对他而言,既是过往付出的见证,更是崭新生涯的开始。

在担任班级负责人之后,他常怀感恩之心、敬畏之心,工作中勤奋用心、担当实干,在他的感召和带领下,同学们积极参与"倡导石化无烟、营造清新校园"志愿服务、阳光素质拓展、"青春梦想、志在飞扬"知识竞答、"诵读红色"诗朗诵、"对党说说心里话"主题演讲、"学习雷锋"征文等多项集体活动,双创1505班也因此荣获"2015~2016年度辽宁石油化工大学学风建设先进班集体"称号。

在大学时期入党一直是郑帅梦寐以求的愿望,从小的耳濡目染让他感受到加入中国共产党这个伟大的组织是无比光荣的事情,更是人生中浓墨重彩的一笔,而大学时期的入党更是成绩优异、品学兼优的表征。他时常告诉自己要多做得人心、暖人心、稳人心的工作,不论学习、生活还是工作时刻牢记党员的"带头"的作用。怀揣着这份责任和使命,他一直在生活的各个方面努力践行。终于皇天不负有心人,在2016年10月26日,他光荣地加入了中国共产党,成为一名学生党员。即使在人生的高光时刻,他还在暗下决心:"成为一名党员,只是人生崭新篇章的序言,自身建设没有休止符,为同学服务永远在路上。"

"只要你愿意,学习无处不在。"学业是学习,工作是学习,观察是学习,实践更是学习。大学不仅有博雅众长的智慧课堂,更有融德行、学识、责任和奉献于一体的人生舞台。在保证自己学习成绩的前提下,郑帅通过竞聘进入团委学生会办公室,从一名干事脚踏实地做起,再累的活他愿意担当,再难的事他愿意挑战。铢积寸累,日复一日,对待每一件事情他从未懈怠,就这样金杯银杯不如同学的口碑。2017年3月他成功竞选团委办公室副部长,2017年6月成功竞聘创新创业学院学生会主席,2018年6月任创新创业学院学生党支部组织委员。在此期间,他成功策划了迎新和开学典礼实施方案;筹备了共青团辽宁石油化工大学创新创业学院第一次代表大会;开展了"立足于空白绘生涯之卷"全体学生干部培训会;组织了"对党说说心里话诗朗诵"校级党日活动;创新性地开展了"绿色车厢"志愿服务活动;成功组织了辽宁省大学生志愿者暑期"三下乡"社会实践"辽宁青年·未来希望"专项活动,带领的"青凝Step"团队荣获辽宁省先进团队称号;全面对接抚顺青创商会,与商会成功人士座谈交流;采访优秀创业学长王帅,聆听青创之声;深入盘锦市德胜镇绕阳村、盘山县得胜村进行实地考察,对"互联网+经济、农业、生态"建言献策。为了更好地打造和建设学生干部团队,营造轻松、和谐、向上的工作氛围,他以实践为先导,以思考促提升,撰写的《浅析学生干部工作积极性缺失问题》在《时代教育》杂志发表。他所在的学生党支部被中共辽宁省委教育工作委员会授予 2018 年辽宁省高校"校园先锋示范岗"（集体）称号，被中共辽宁省委教育工作委员会授予辽宁省首批"党建工作样板支部"培育创建单位称号。

2017 年 9 月，郑帅已步入大学三年级，又是一年一度似曾相识的一幕——新生开学典礼。这一次他站上了学校俱乐部的讲台——与当年的优秀学长刘彩明站的是同一个位置。讲台上的他自信、健朗、镇定、谦逊，回想两年来经历的一幕幕，他感情充沛、情真意切："因为梦想，所以践行；因为践行，所以收获；因为收获，所以懂得；因为懂得，所以感恩，我的成长伴随着每一次尝试和探索，更伴随着每一次体验和收获。"

问学穿石　奋斗不止

大学的四年生活，郑帅在做好各项活动的同时，学习是他从不敢马虎和懈怠的一项重要任务，他深知学生的天职是学习，作为一名党员和学生干部要在同学中树立榜样和威望，成绩优异必须首当其冲。于是在紧张繁忙的工作之余，他充分利用好课堂的宝贵时间，认真听讲，做好笔记，课间常与任课教师交流心得。"今日事，今日毕"他不仅这样告诫自己，生活中也在一步一个脚印的努力。大学期间，他顺利通过了英语四、六级和计算机二级考试，获得每年的勤奋奖学金。成功申请实用新型专利 3 项，发表省级刊物 3 篇，荣获 2017 年第十届节能减排大赛校级三等奖、2017 年东三省数学建模校级三等奖、2017 年第八届大学生创新基金校级立项、2017 年第十三届"挑战杯"辽宁省课外学术科技作品竞赛省级三等奖、2018 年大学生创新创业计划训练项目国家级立项、2018 年"创青春"辽宁省大学生创新创业大赛省级铜奖。在这些成绩和荣誉的背后见证着他与学长、教师的广泛交流、积极用心的参与临摹和对学术问题的深入思考。

然而在学习的道路上，郑帅的目标是在专业领域继续深造。在选取目标学校之前，他进行了广泛和细致的调研，当了解到河北工业大学电气工程专业是全国拥有"一流学科"和"国家重点实验室"的 211 学校时，他就明确了要考取河北工业大学的目标。目标一旦确立，必须不遗余力。在经历了大学一、二年级的充分历练后，他投入到了全新的征程——奋战考研。每天伴随清晨的第一缕阳光和路灯下的幽幽夜色，往返于寝室与图书馆之间，无论寒暑，他总能耐得寂寞。2018 年他终于如愿考取了河北工业大学"一流学科"的电气工程专业硕士研究生。

红梅花开　春风自来

时光荏苒，寸暑难留。回望大学四年走过的路，他先后担任双创 1505 班班长、创新创业学院学生会主席、辽宁石油化工大学校学生会副主席、双创 1705 班班导生、创新创业学院学生党支部组织委员等职务，如今他已经成为河北工业大学电气工程专业研究生二年级学生。即使时光变迁，即使场景改变，曾经在辽宁石油化工大学敢想敢做、意气风发、挥斥方遒的郑帅依然在用当年的优秀习惯谱写新征程的新篇章。这正如他在毕业典礼时对学弟学妹们说过的一句话："如果一艘船不知驶向哪里，那它就像一朵随波逐流的浮萍，我们所希望的收获和成长，就在奔向愿景的过程中一步步实现，珍惜和规划好你的大学生活，才能让未来更加清晰而明朗。"

无论课业成绩、学科竞赛，抑或是社会实践、学生工作他都会认真履职，都能下一番心无旁骛、静谧自怡的功夫。这是认识和了解郑帅的老师对他的综合评价。在过往的岁月里，我们目睹了他珍惜韶华、潜心读书、敏于求知、勤奋践行的奋斗历程，坚信在未来的青春旅途上，他也依然会用"优秀"诠释不一样的精彩人生。

案例分析

郑帅，一位从普通学生成长为优秀学生干部的经历，既是他不断尝试新事物的历程，更是他在与外界的互动中不断了解自己的过程。当我们能够真正意识到"你值得被自己认识，因为你很重要"，你在自己的眼里就是宝贵的。著名作家毕淑敏曾说过："我很重要，我们每一个人都应该有勇气这样说。我们的地位可能很卑微，我们的身份可能很渺小，但这丝毫不意味着我们不重要。重要并不是伟大的同义词，它是心灵对生命的允诺。"因此，花时间了解自己，做自己的观察家，用积极的行动去探索未来，感知生命，相信你的人生会因为每一次经历和尝试而拥有属于自己的一面"镜子"。

（案例来源：编写组收集整理。）

自我认知是职业生涯规划的起点，也是职业生涯规划的关键。人本主义心理学家罗杰斯曾表达过一个精辟的观点："一个人只有深深地理解和接受自己，才会深深地理解和接受他人的世界"。然而现实的状况是有些学生在填报志愿时慌乱和迷茫，在考研、择业时纠结和困惑，即使进入工作岗位后依然彷徨和挣扎，对一系列相似的问题进行追根溯源，大多都是对自己不了解而导致的。所以人的一生要了解自己、为自己定位，以找到生命的意义和价值所在，而这正是自我认知的过程。只有客观地认识自己，才能选定适合自己发展的职业生涯路线，才能对自己的职业生涯目标做出最佳选择。对于大学生而言，自我认知帮助他们找到心灵的宝藏，用好属于自己的资源。

第一节 自我认知的概述

按照《孙子兵法》所说"知己知彼，胜乃不殆"。只有真正认识自己，才能在职业的道路上越走越顺畅，大学生在做职业生涯规划时首先应该进行自我认知。

一、自我认知的内涵与功能

（一）自我认知的内涵

在古希腊的阿波罗神庙，刻着为智者所赞同的一句话"认识你自己。"这句话标志着人类自我认知的觉醒，处于萌芽状态的人类开始关注现实人生，开始将对神的崇拜和敬仰转到研究人，关注自己的人生。文艺复兴运动是人类自我认知的开端，法国哲学家笛卡尔则是自我认知的发展与继承者，他最先使用了"自我意识"这一概念，提出了"用心灵的眼睛去注意自身"的精辟论断，揭示了对自我意识的发现途径。笛卡尔之后，有关自我的研究开始得到空前的发展。

1. 几种流派对自我认知的阐述

意识是人脑对客观事物的主观反映。自我认知也称自我意识，是一个人对自己的意识。

自我意识是意识的核心部分，就是对"自我的认知"，或者说自己对自己的认知，包含自我认知、自我评价和自我控制。精神分析学派、新精神分析学派、认知流派、人本主义流派、特质流派等都对自我认知（自我意识）有不同的描述，从中我们可以了解自我认知的含义。

（1）精神分析学派。精神分析学派创始人弗洛伊德提出了"人格结构说"，即本我、自我、超我，从人格的三个维度上研究自我的发展，这是弗洛伊德对自己的人格理论（意识的三个不同水平：意识、前意识、潜意识）做出了较大修改后所提出的。

① 意识是人格的最表层部分，它由人能随意想到、清楚觉察到的主观经验构成，它的特点是具有逻辑性、时空规定性和现实性。

② 前意识位于意识和无意识之间，由那些虽不能即刻回想起来，但经过努力可以进入意识领域的主观经验组成。弗洛伊德认为，意识和前意识虽有区别，但没有不可逾越的鸿沟，前意识的东西可以通过回忆进入意识中来，而意识中的东西当没有被注意时，也可以转入前意识中，其主要起检查作用，即不允许那些使人产生焦虑的创伤性经验、不良情感，以及为社会道德所不容的原始欲望和本能冲动进入意识领域，而把它们压抑到潜意识中。

③ 潜意识是人格的最深层部分，它是不曾在意识中出现的心理活动和曾是意识但已受压抑的心理活动，主要成分是原始的冲动和各种本能、通过遗传得到的人类早期经验以及个人遗忘了的童年时期的经验、创伤性经验、不合伦理的各种欲望和感情，其主要的特点是无矛盾性、无时间性、非现实性、活跃、能量大、易变形和替换等。弗洛伊德曾用冰山比喻：意识只是冰山浮出水面的尖峰，而潜意识则是潜藏于海底的冰体，蕴藏深厚，但不被看到，在他的前期理论中强调了潜意识对人发展的重要性。

（2）新精神分析学派。新精神分析学派强调人的自尊和对自尊心的启发，人的本性是善良的、有理性的，人有能力发展和改变自己，并对未来持乐观的态度，是一种性善论观点。其强调自我的自主性及其整合与调节功能，把自我看作是人格更为独立的部分，强调自我的独立性和自主性。认为自我可以不依附于本我，它具有自己的能量来源、动机和目标，并且在不同的发展进程中都有自己不同于本我的起源，同时把自我看作是负责智力发展和社会发展的一种独立的、理性的指导系统。如埃里克森在承认他的"自我心理学"是建立在弗洛伊德学说的"磐石"之上时，同时也公开宣称他的主要不同之处在于重视自我的独立性。埃里克森认为自我是一种独立的力量，而不是本我和超我压迫的产物。自我是一种心理过程，它包含着人的意识活动，是可以控制的。自我是人的过去经验和现在经验的综合体，并且能够把进化过程中的两种力量，即人的内部发展和社会发展综合起来，引导心理性欲向合理的方向发展，决定着个人的命运。自我具有许多积极的特性，如信任、希望、独立、自主、创造等。他认为，凡是具有这些特性的自我都是健康的自我。

（3）认知流派。认知流派中的沃尔特·米歇尔所提出的社会认知学习理论，其中自我图式是指从过去的经验中得到的、对自我的认知发现，是组织和指导与自我有关信息的加工。自我图式是由自己行为中最重要的方面组成的，并非自己做的每件事都会成为自我图式的一部分。自我图式中的特点是理解个体差异的重要因素。当人们加工的信息与自我图式有关时，他们的反应更快，回忆的成绩越好。

（4）人本主义流派。人本主义流派中，罗杰斯提出了自我实现理论。该理论的基础是现象学，该理论认为我们每个人都有朝着健康、积极的方向发展、成长、变化的潜能。其理论假设基础是：其一，人的行为由他们独特的自我实现倾向引导着；其二，所有人都有积极看待的需要。自我实现倾向是指机体以保持和增强自身的方式发展其所有的潜能，积极看待的需要包含了要求获得他人或自己关注、赞赏、接受、尊敬、同情、温暖与爱。罗杰斯的人格学说中自我的概念有着十分重要的地位。最初罗杰斯认为自我是一个模糊、没有科学意义的术语，然而在治疗过程中他发现来访者表达他们的问题和态度时，倾向于围绕着自我观念来谈话。此后，罗杰斯改变了看法，把自我概念当作自己的人格学的理论基础。在罗杰斯看来，自我的概念代表对自我感知的组织化和一致性的模式，它是指个体对自己心理现象的全部经验。自我是一套有组织的、为自己所意识的、与自己有关的知觉整体。自我作为一种感知的组织化模式，影响着我们如何表现。

（5）特质流派。在特质流派中，奥尔波特的特质理论，为了避免和其他心理学家所使用的类似概念相混淆，提出了"统我"即"自我统一体"的概念，用来描述统一于单一概念下自我的各个方面。完善的统我机能只有从出生到成年经过躯体自我感觉（1岁）、自我同一性的感觉（2岁）、自尊的感觉（3岁）、自我扩展的感觉（4岁）、自我意向的感觉（4～6岁）、理性运用者的自我形成（6～12岁）、追求统我的形成（12岁至青春期）、作为理解者自我的形成（成年）等八个阶段的发展才能形成。

综上所述，自我意识是意识的核心部分，就是对"自我的认知"，或者说自己对自己的认知，包含自我认知、自我评价和自我控制。如果再进一步简化，自我意识是对自己及自己与周围环境关系的认识，包括对自己存在的认识，以及对个体身体、心理、社会特征等方面的认识。这种认识是个体通过观察、分析外部活动及情境、社会比较等途径获得的，是一个多维度、多层次的心理系统。

2. 自我认知的内容

自我认知的内容可以从不同的角度进行分析。从自我认知的形式看，可以分为自我认知、自我评价和自我调节；从自我认知的活动内容看，可以分为生理自我、心理自我与社会自我；从自我认知的四个维度来看，可以分为兴趣、能力、性格和价值观。

（1）自我认知的形式。

① 自我认知。自我认知是主观自我对客观自我的评价，包括自我感觉、自我观察、自我印象、自我分析、自我评价等。自我认知解决"我是一个什么样的人"的问题。自我认知层面还包含现实自我与理想自我的冲突。特别是青年大学生，他们的理想自我一般都比较完美，要高于现实自我，在实际中就会出现对现实自我的不满意而表现出自卑甚至自弃。进行客观、正确的自我评价是一个复杂的过程，人的自我发展也是一个连续的终生的过程，对自我的认知将是人类永恒的话题。

② 自我评价。自我评价是自我认知中最主要的方面，集中反映了个体自我认知乃至自我意识的发展水平，也是自我调节的前提。自我评价是主观自我对客观自我产生的情绪体验，是在自我认知基础之上产生的。自我认知决定自我评价，而自我评价又强化着自我认知，主要集中在"能否悦纳自己""对自我是否满意"等方面。自我评价的内容十分丰富，可以包括义务感、责任感、优越感、荣誉感、羞耻感等。

③ 自我调节。自我调节是对自己行为、思想、言语的控制，以达到自我期望的目标，包括自我激励、自我暗示、自强自律。自我调节是自我中的最高阶段，其核心是"我应该做什么""我应该成为什么样的人""我可以选择如何做"，人们经常讲的"自制力"其实就是自我调节的能力。心理学研究表明自我调节与大脑额叶的发展紧密相关，当我们生理正常时，自我认知与自我评价决定了自我调节，自我调节是自我意识的关键环节。

(2) 自我认知的活动内容

① 生理自我。生理自我是个人对自己生理属性的认识和体验，包括个人对自己的身体、外貌、体能等方面的意识。生理自我是与生俱来的，我们只能接受它不能改变它。随着自我意识的成长，我们逐渐对生理自我有一个明晰的看法与正确的认识，但由于青年时期的不确定性，有的学生对生理自我产生较高的心理关注，如女生关注自己是不是漂亮、迷人、有吸引力；男生关注自己的体形、身高、声音的吸引力等，这些都是因为人正处于青春期乃至青年初期，生理自我处于高度关注时期。

② 心理自我。心理自我是个体对自己的心理活动、个性特点、心理品质的认识和体验，包括对自己的感知、记忆、思维、智力、能力、性格、气质、爱好、兴趣等的认识和体验。随着心理自我的成长，我们的情感、智力、能力、兴趣、情绪等都会发生变化，要学会正确评价心理自我、体验心理自我，如失败体验、成功体验、恋爱体验、失恋体验等。随着自我意识的不断发展，个体的社会角色渐渐浮出水面并占据重要位置，与此相应的责任感、义务感、角色感都会增长。

③ 社会自我。社会自我是个人对自己社会属性的认识，包括个人对自己在客观环境及各种社会关系中的角色、地位、权利、义务、责任、力量等的意识。青年时期的男女常用"我要变得更加成熟，才能更好地融入社会"来表达自己的社会自我，期望社会给予积极的肯定与认可。

生理自我、心理自我与社会自我是相互联系、相互影响的，它们都包含着不同的自我认知、自我体验与自我控制，但由于比例和搭配的不同，构成了个体对个体自我意识之间的差异，也使得每个人都有自己的对人、对己、对社会的独特看法和体验。

(3) 自我认知的四个维度

① 兴趣。兴趣是个人力求接近、探索某种事物和从事某种活动的态度和倾向，亦称"爱好"，是个性倾向性的一种表现形式。兴趣在人的心理行为中具有重要作用。一个人对某事物感兴趣时，便对它产生特别的注意，对该事物观察敏锐、记忆牢固、思维活跃、情感深厚。常言道，兴趣是最好的老师，不论是求学还是就业，能适合自己的兴趣则效率高而且能保持身心愉快，做自己喜欢的事情会感受到生活的意义和自身的价值所在。因此，在专业选择和生涯规划中必须要考虑个人对各种事务或活动的喜好。

② 能力。能力是完成一项目标或者任务所体现出来的综合素质，直接影响活动的效率，并是使活动顺利完成的个性心理特征。因此，能力总是和人完成一定的实践联系在一起，离开了具体实践既不能表现人的能力，也不能发展人的能力。当我们时常问问自己：目前能做什么、不能做什么、在哪些方面比较突出、哪些功课比较强、哪些功课比较弱，我们对自己的能力就会得出相应的判断。一般而言，步入职场以后，社会上多数专门职业的就业能力都需要相当时间的训练。

③ 性格。性格是一个人对现实的稳定态度，以及与之相适应的习惯化了的行为方式中表现出来的人格特征。性格一经形成便比较稳定，但是并非一成不变，而是有可塑性的。性格不同于气质，更多体现了人格的社会属性，个体之间的人格差异的核心是性格的差异。当个人对人、对己、对事物各方面进行反应时，在其行为上能够显示出独特的个性。了解自己的性格特征，甚至于个人的需求，将更有助于清晰且明智地选择职业。

④ 价值观。价值观是基于人的一定的思维感官之上而作出的认知、理解、判断和抉择，也就是人认定事物、辩定是非的一种思维或取向，从而体现出人、事、物一定的价值或作

用。在阶级社会中，不同阶级有不同的价值观念。价值观具有稳定性、持久性、历史性、选择性、主观性的特点。价值观对动机有导向的作用，同时反映人们的认知和需求状况。例如，对于工作你看重什么？是待遇的高低、升迁的机会、继续进修学习、空余的时间……因此，厘清自己对为未来生活形态的理想，有助于做出自己主动的选择。

以上自我认知的四个维度会在第二节自我认知的维度中进行更详细的介绍。

（二）自我认知的功能

我们无法选择我们所获得的东西，但是我们可以选择我们能够创造的。同学们将成为什么样的人，全由自己创造。学会认识自我、激励自我、控制自我、完善自我、超越自我，这才能走向成功和卓越。自我认知具有如下功能。

1. 决定个体行为的持续性与目标性

人的行为既受诸多社会因素影响，又在很大程度上与自我意识相关。每个人的现实行为并不单是由所在的情境决定的，还与对自我的认知、自我的意识密切联系。那些自我意识积极的学生，其成就动机、学习投入和学习成绩明显优于那些自我意识消极的学生；当学生认为自己声名不佳时，他们会放松对自我行为的约束。可以说，个人怎样理解自己是保证个体如何行为及以何种方式行为的重要前提。

2. 决定个体对经验的解释

不同的人可能会获得完全相同的经验，但每个人对这种经验的解释却可能大不相同。解释经验的方式取决于一个人的自我意识。一个自认为能力一般只该获得平均成绩的学生，对于比较好的成绩会认为是取得了极大的成功，感到十分满足；而对于同样的成绩，一个自认为能力优秀、应当获得出众成绩的学生，会解释为是遭到了很大的失败，并体会到极大的挫折。事实证明，当个人的既有自我意识消极时，每一种经验都会与消极的自我评价联系在一起；而如果自我概念是积极的，每一种经验都可能被赋予积极的含义。

3. 影响个体的期望水平

自我意识不仅影响到个体现实的行为方式和个体对过去经验的解释，而且还影响到个体对未来事情发生的期待。这是因为个体对自己的期望是在自我意识的基础上发展起来的，并与自我意识相一致，其后继的行为也取决于自我意识的性质。研究发现，差生的成绩落后并不是孤立存在的，而是他的整个行为动力系统都出现了角色偏离的结果。成绩长期落后对于普通学生是不正常的，但对于差生，由于他们的整个行为动力系统都出现了偏离，并在偏离的状况下形成了一个新的自相一致的系统。换言之，落后的学习成绩正是差生自己"期待"的结果。

二、自我认知的形成与发展

心理学研究表明，个体自我认知从发生、发展到相对稳定和成熟，这个过程大约需要 20 多年的时间。

（一）个体自我认知的形成与发展

自我认知的形成和发展过程正是一个人人格成长的过程，个体自我认知的发展要经历三个重要的时期，忽视了每一阶段的健康成长，往往会给一个人带来一生的困惑。

1. 自我中心期

1岁以前的孩子不能意识到自己和外界事物的区别，还生活在主体与客体尚未分化的状态当中。到1岁后，儿童通过与外界事物反复的相互作用，开始把自己的动作和动作对象区别开来，但其行为都是以自我为中心的。到了2岁左右，儿童逐渐学会用"我"来代表自己。3岁左右的儿童，自我意识有了新的发展。但其行为是以自我为中心的，即以自己的想法解释外部世界，并把自己的想法和情感投射到外界的事物。

2. 客观化时期

一般而言，儿童从3岁到青春期，是个体接受社会文化影响最深的时期，也是学习角色的时期。个体在家庭、幼儿园、学校、游戏、劳动中，通过模仿、认同、练习等方式，逐渐形成各种角色观念，如性别角色、家庭角色、伙伴角色、学生角色等。这一时期，也是获得社会自我的时期，他们开始能够意识到自己在人际关系、社会关系中的作用和地位，能够意识到自己所承担的社会义务和享有的社会权利等。他们对自己的内心世界几乎看不见，以父母、老师对自己的看法和社会的标准来认识和对待自己，具有较大的"他律性"特点。他们虽然已经意识到自己是一个主体，可以充分认识到自己的行为，但却不了解自己的心理状态，他们常常把自己的情绪视为某种客观上伴随行为而产生的东西，而不懂情绪是自己的主观感受；他们还不善于运用自己的眼光去认识世界，而只是照搬成人的观点作为自己对外部世界的认识。

3. 主观化时期

从青春期到成年大约需要10年的时间，个体的自我认知才逐渐成熟。他们将大部分的注意力转向自己的内心世界，转向发展自我、关心自我的存在上来，有了自己的主见。此时，个体的自我意识表现出四个方面的特点：第一，用自己的观点来认识与评价事物，使自我意识成为个体认识外部世界的中介因素，从而使个体的思想和行为带有浓厚的个人色彩；第二，个体会从自己所见到的人格和身体特征出发，强调相应事物的重要性，形成特有的价值体系，以指导自己的言行，提高自己的社会地位；第三，追求生活目标，出现与价值观相一致的理想自我；第四，抽象思维能力大大提高，使自我意识能超越具体的情境，进入精神领域。

（二）大学生自我认知的发展

大学生的自我认知是在儿童、少年和青年初期自我认知的基础上的进一步发展，它既有继承性，又有自身新的特点。这一时期的大学生自我意识已进入了主观化时期，在这个基础上继续发展还要经历三个阶段。

1. 自我认知的分化阶段

进入大学以后，大学生便开始主动、快速地拥有对自己内心世界和行为的新意识，他们开始意识到自己那些从来没有被注意到的"我"的许多方面和细节，重新审视和觉察自我，对自己的意识有了新的认识，能发现自己过去不曾注意到的特点。在这一阶段，大学生的自我反省不断加深，他们做事开始有了自己的思考和想法，不再像初中生那样随心所欲，而是运用自己的大脑对所做的事情进行思考，计划自己应该怎么做，不应该怎么做，常常因为这些事而表现出激动、兴奋、喜悦或者焦虑不安。

一般来说，大学生能够使自己的理想自我和现实自我保持大致的平衡，能以自己的本来面目出现在别人面前,既不必掩饰自己的努力,也不怕暴露自己的缺点。换言之,个体的真正能力、性格、欲望能如实地表现出来,发挥自己的实际能力,朝着理想的目标前进,促进个体健康发展。但有时也会出现理想自我和现实自我的失衡感,现实自我占优势的大学生,特别在意他人的赞许,他们一般虚荣心较强,担心别人会发现自己的缺点,所以会常常在别人面前炫耀自己的才华,害怕别人会歧视自己。理想自我占优势的大学生,又总认为自己事事都做不好,事事不如别人,常常看到的是自己的短处,为自己的不足而感到苦恼,他们一般都想放弃主观努力,自卑感很强。

可见,自我意识的分化能够促进大学生逐渐形成主体性,渐渐地学会用客观的角度评价自己和他人,为正确地、科学地进行自我评价奠定了基础。这一阶段是大学生自我认知分化的必然阶段,同时,也是自我认知开始走向成熟的重要标志。

2. 自我认知的矛盾阶段

由于第一阶段自我意识的分化逐步加深了理想自我和现实自我之间的矛盾,所以大学生对自我的评价常常是矛盾的,对自我的体验常常是起伏不定的,对自我的调控常常是无能为力的。现实的自我总是跟不上理想自我的步伐,理想自我的认识发展水平总会超出现实自我的认识发展水平,当两者不能协调共存时,便在诸多方面出现了矛盾冲突,甚至会有一定的内心痛苦和强烈的不安。面对自我意识中各种各样的矛盾,他们开始通过各种活动来重新认识和探究自我。

(1) 以学习成才为中心的自我探究。主要是针对自己的智力和能力的探究,他们会经常把自己的学习成绩和别人的评价联系起来,逐步形成对自我智力与能力的意识,他们的这种自我意识主要是基于自己的学习成才愿望。

(2) 以社交活动为中心的自我探究。以个体的容貌、个性特征、社会地位和社会威信等为主要内容,进而形成对自我身体和性格等方面的认识。一方面与大学生自身逐渐增长的社会交往需要相联系,在社会交往时,他们会时刻地关注、考虑、在意自己的仪容外貌是否得体、优美。另一方面与大学生自身不断增强的自尊心相联系,他们对别人给予自己的评价比较敏感,往往通过别人对自己的评价结果来描绘自己在别人内心中的形象,经过自我探究,形成反映自我社会地位与威信的角色意识。

(3) 以个人未来的前途与发展为中心的自我探究。此种类型的自我探究主要是个体对个人未来的社会角色、社会义务、社会归属、人生价值等方面的思考。对这些问题探究的水平将会直接影响到他们自身的社会意识和价值观的形成,并最终影响到他们人生观和世界观的形成。

(4) 以自我的社会价值为中心的探究。大学生既力求探究和发现自我的社会价值,又比较明确地意识到自我的社会角色、社会地位、社会归属、社会义务等。他们能认识到自己作为集体中一分子的地位和作用,从而对其作为一个大学生的社会价值更加重视,迫切希望通过自己的努力能够为社会做出贡献。

以上是四种类型的自我探究。一个身心健康、积极向上的个体往往会通过各种社会实践增强自我意识和自我评价的客观性,通过不断的努力使自我意识的矛盾逐渐得以解决,从而使现实自我和理想自我趋向一致。

3. 自我认知的统一阶段

经过了第二阶段自我认识矛盾冲突的艰难过程,大学生通过自身的努力缓解了这些矛盾，自我认知也随之在新的水平上达到了和谐统一。自我统一集中体现在理想自我和现实自我的统一，可以通过三种途径获得。

① 坚持理想自我，努力改善现实自我，使之逐渐接近理想自我。

② 调整理想自我中某些不切实际的过高标准，使之与现实自我的潜能相符，并努力提高现实自我。

③ 放弃理想自我，迁就现实自我。

在获得自我统一的过程中，首先，要解决的问题是正确认识理想自我和现实自我的正确性和可行性；其次，将理想自我与现实自我进行对照，明确两者之间的差异和矛盾；最后，采取有针对性、有计划的步骤去解决这些矛盾，缩小两者之间的距离，以获得自我认知的统一。

因此，个体的自我认知是按照分化、矛盾、统一的循环模式进行的。这一过程中的每一次分化和统一，都会不断地增强大学生的心理成熟度，使他们的自我认知不断走向成熟。青年时期是理想自我与现实自我矛盾突出的时期，也是趋向统一和转化的关键时期。过了青年时期，自我认知就逐渐趋于稳定，再次变化发展也没有原来那样急剧了。一般而言，一年级大学生具有一定的依赖性和盲目性；二、三年级的大学生理想成分较多；四年级的大学生就显得沉着稳重了，这些都表明大学生的自我认知正处在由矛盾向统一转化，并达到日趋稳定的阶段。

在自我统一的过程中，既有可能出现积极的、正确的、有利于心理健康的统一，也有可能出现消极的、错误的、不利于心理健康的统一。这些是大学生在自我认知的发展过程中常常会出现的理想自我和现实自我的矛盾，下面将这一矛盾统一归为五类。

（1）自我肯定型。这类学生的特点是对现实自我的认识比较全面、客观、深刻，不断地完善现实自我，使理想自我与现实自我能够通过积极的努力达到统一。在他们的自我认知过程中，理想自我是比较正确、积极的，既符合社会要求也符合自身实际，是经过努力可以达到的。在通往理想自我的过程中，他们善于总结经验教训，善于对理想自我和现实自我的矛盾进行积极调节。一方面，他们不断考察"理想自我"的正确性，删去那些不切实际或错误的内容，增添新的、积极的因素，使之趋于丰富；另一方面，他们又不断加强对现实自我的观察、分析和评价，将其与理想自我进行对比，坚持正确的理想自我，努力改善现实自我，使两者达到积极的统一。统一后的自我完整而有力，既适应社会发展的需要，又有助于自身的健康成长。例如，一位大学三年级的同学这样分析自己："我向往能干一番轰轰烈烈的事业，但我也明白成功要受许多条件的限制，我不能苛求社会来满足我的要求。每个人都有自己的生活坐标，踏踏实实奋斗，静静地体会，勇敢地把握才是生活的真谛。"

（2）自我否定型。这类学生的特点是对现实自我的评价过低，导致理想自我远远高于现实自我，经过努力仍无法接近目标，或者是距离虽不大，但主观上缺乏自我驾驭能力，心理常呈现出一种消极的防御机制，理想自我与现实自我是一种消极的统一。这些同学只想通过简单的努力去实现理想自我，因而一遇到困难、挫折便会灰心丧气，小小的挫败感经过积累又会转化为自卑感，缺乏实现理想自我的动力和自信心。他们不是通过积极地改变现实自我去实现理想自我，而是通过在一定程度上放弃理想自我去迁就现实自我，屈从现实自我，以求得自我认知的统一。他们自卑感重，对自己缺乏信心，极易悲观失望。由于无力改变现状，进而在一定程度上否定现实自我，并最终走向否定自我。

（3）自我扩张型。这类的学生的自我统一也属于消极的统一。特点是通过对现实自我的过高评价或虚妄的判断，获得与理想自我的统一。自我扩张型的学生过度地高估了现实自我，以至形成虚妄的判断，确立一个不切实际的甚至错误的理想自我，并认为理想自我的实现轻而易举，理想自我与现实自我的统一是虚假的统一。这类学生过分自我欣赏、盲目自信、妄自尊大。一种表现是，在通往理想自我的道路上，偶有一得之见就以为自己很了不起，满是"天将降大任于斯人"之感，忘了现实自我，忘了客观现实对自己的约束，甚至开始整天埋头于虚无缥缈的自我设计中；另一种表现是，将幻想中的我、理想中的我代替现实中的我，自己伪造一个能让人满意的并自我陶醉于其中的典型形象，来充当现实的自我。自我扩张型的大学生很容易产生心理畸形，个别同学还可能用违反社会道德甚至违法犯罪的手段谋求理想自我与现实自我的统一。

（4）自我萎缩型。自我萎缩型的学生表现为理想自我极度缺乏或丧失，对现实自我又极为不满，从而极度自卑，甚至可能出现自我拒绝。而一旦出现自我拒绝，则不仅理想自我和现实自我难以统一，还会出现自暴自弃、自责等状态。他们认为理想自我难以实现，甚至永远都不能实现，而现实自我太不争气甚至无法容忍，但又没法改变。于是要么放弃对理想自我的追求，消极放任，玩世不恭；要么自轻自贱、自怨自艾，出现自我拒绝心理，甚至出现理想自我与现实自我的对抗。

（5）自我矛盾型。这类学生的自我认识难以统一，自我矛盾的强度大、延续时间长，新的自我迟迟不能确立，积极的自我难以产生。主要表现为自我认识、自我体验、自我调节缺乏稳定性和确定性。积极的统一往往使自我意识进一步向健康的、更高水平的方面转化；而消极的统一则向相反的方向转化。在大学的重要转折时期，我们要努力培养积极的自我意识，勇敢地面对生活中的重重困境。

（三）大学生自我认知发展的特点

根据自我认知的形成和发展过程，可以概括出大学生自我认知的发展特点。

1. 强烈关心自己的发展

大学生在校学习的时间是知识技能的准备时间。他们围绕个人发展、个人与社会的关系主动积极地探索自我。心理学家斯普兰格指出青年时期是开始"自我发现"的新时期。大学是进入社会的缓冲阶段，他们有机会和时间经常反思、反省一些有关个人发展、个人与社会的关系问题。

2. 较高的自我评价能力

这一时期大多数学生对自己的认识、分析、评价基本与外界一致，变得更加客观、理性、全面，并且自觉地按照社会的要求来评价自己。但是大学生要摆脱长辈、教师、朋友的影响而进入独立的自我分析和评价，还需要一个艰难的过程，一般要等到大学生的世界观、人生观、价值观基本确立之后，这个过程才算得上相对完成。因为成熟的、独立的自我分析和评价，必须以自己对待世界和人生稳定的态度与评价为前提和依据。据调查，我国大学生的自我概念主要集中在交际、友善、信义、容貌、学业、志向、家庭、成熟、自纳等九个方面，总体来说是积极的。

3. 自我体验丰富复杂

大学生的自我体验既丰富又复杂，这一阶段在他们的一生中是"最多愁善感"的阶段。大多数学生喜欢自己、满意自己，且自尊、自信、好胜。但他们的自我体验也比较复杂，他们十分敏感、闭锁，且伴有一定程度的波动性。凡是涉及"我"和与"我"相联系的事物都常常会引起他们的情绪情感反应，并且愿意把自己的情感体验闭锁于内心，体验带有一定的起伏和波动。

4.自我控制能力的提高

与中学生相比，大学生的自我控制能力有很大提高，自觉性、持久性、独立性和稳定性显著提升，有强烈的自我设计和自我规划的能力。绝大多数同学奋发向上，力争成才，并根据自己设计的目标，自觉调整行为，同时，他们也会强烈要求独立和自治，希望摆脱依赖和管束。

5.自我意识水平存在差异

总体上说，大学生的自我意识水平比较高，但也存在着显著差异，且他们的自我意识发展的趋势与其心理障碍的表现趋势似乎存在某种对应关系。研究表明，大学一、二、四年级的学生自我意识随年级升高而发展，而三年级是大学生自我意识最低、内心矛盾冲突最尖锐、思想斗争最激烈、回顾与展望时间最多的时期。这一时期是大学生自我意识相对稳定阶段中的不稳定时期，同时也是一次新的上升时期，因此，也有人把大学三年级称之为大学生自我意识发展的转折时期。

6.自我意识具有时代特点

我国不断深化的社会变革和社会主义市场经济的初步建立影响着大学生自我意识的发展，并形成了当代大学生自我意识发展的时代特点。

① 他们关心国家振兴、渴望改革成功，特别关心当前社会正在进行的各项改革。

② 思维的独立性和批判性明显增强，强调民主、自由、信任和尊重个性。当代大学生不囿于成见，不轻信盲从；喜欢独立思考人生和社会问题，特别关心我国民主、自由和法制建设。

③ 探求知识，渴望成才。有些大学生强烈的成才意识表现在成才动力上，由以内在压力为主，转变为以外在压力为主；在成才途径上，由过去过分追求分数转变为注重知识水平和创造能力的提高，努力向多途径成才方向发展；在成才模式上，由过去过分关注智力因素发展到现在向德才兼备、学有所长的新复合型人才的方向发展。大学生自我意识的时代特点是丰富多彩的，这从总体上反映了大学生在处理与社会、时代关系的心态走向。

三、自我认知的方式与作用

当前有些大学生不知道如何做才能真正了解自己和认识自己，不知道自己要的是什么，自己的职业兴趣在哪里，面对自己的内在世界时，感到十分茫然。在职业的选择中，客观的自我认知和积极的自我态度本身就是做出合适的职业选择的基础。

(一) 自我认知的方式

1.职场认知体验

缺乏职场历练的机会是大多数学生的现状，这种情况如果不能与某种具体的职业、岗位结合起来，其效果有如雾里看花、隔靴搔痒。人们在寻觅自己时，很多时候忘记了一种最质朴的方法，那就是在现实情景的释放中去认识自己。大学生需要通过直接或间接的方式在职业和自我探索之间建立起对应的关系。

2. 从成长经历中认知自己

每个人的成长都是有积累的,每个人都是背负着成长的经历走到今天。曾经一位心理学家形象地说:"你现在的人际关系是你过去人际影响的全部总和的再现。"从这个角度去认识自己也不乏是一个很好的方法。

3. 适当地利用心理投射测验

在信息传播如此迅速的今天,有一些学生选择网络上的一些投射测试,或者是手机微信上的一些投射测试来了解自己,有部分同学对杂志上的投射测验非常感兴趣,但是投射测验应该需要严肃地选择、应用和解释。所有的心理测验都应该是经过中国心理测量委员会正式出版和声明有效的才可以使用。同时,对心理测验结果的解释非常重要,如果解释不当,则会给人带来负面的暗示,引发负面的情绪。

4. 通过周边的评价来了解自己

美国社会心理学家库利提出镜像自我的概念,是指个体把别人当作镜子来进行自我感知。通过别人对自己的态度和行为的方式来了解自己、判断自己,给出一个客观公正的定位。每个人在社会生活中都会有人告诉自己真实的声音。这些声音在个人的成长中是宝贵的。如同学们有 10 位朋友,他们就像自己的 10 面镜子,从不同的方向映射自己,促进自己的自我完善,不要害怕刺眼,勇敢地正视镜中的自己。

5. 通过正式评估工具——职业心理测评来了解自己

职业心理测评是心理测验一个分支,在学术上被广泛认可的心理测验的定义是"行为样组的客观的标准的测量"。如果真的想借助职业测评达到了解自我的目的,应该选择科学的职业测评。科学的职业测评以特定的理论为基础,经过设计问卷、抽样、统计分析、建立常模等程序编制,必须符合三个条件:效度、信度和常模。前两者分别是测验结果的准确性和稳定性,常模是指有代表性的样本在测验上的分数分布情形;每一位被测试的心理测验都有一个原始分数,通常情况下这个分数没有实际意义,除非这个分数能与别人比较。与此相关的标准便是常模。

(二)自我认知的作用

科学的职业生涯规划取决于对"现实自我"的准确把握,取决于对"理想自我"的合理定位,调节着大学生职业发展的进程和方向。大学阶段是自我认知迅速发展并在自身成长中起关键作用的时期,培养并发展大学生的自我认知能力对促进大学生全面发展意义重大。

1. 影响择业目标的确定

目标是人生发展的导航。一个人要想成就一番事业,就必须从自身的实际出发,确定明确的目标。有了目标,才有发展的方向,才会调动自身的潜能,激发强大的动力。如果一个人自我意识发展不成熟,那么就不可能对自己做出长远规划,更不可能制订奋斗目标。如果一个人处于左顾右盼、无所适从的迷茫状态,缺少了目标,即使拥有才华,也会一事无成。

"天生我材必有用",世界上既没有无所不能的人,也没有一无是处的人,总会有最适合自己干的事情。学生求职择业时,一定要客观地对自己进行全面的评价。过高的评价往往使自己脱离现实,意识不到自身条件的限制,甚至狂妄自大,由自信走向自负;过低地评价自己,往往会忽视自身的长处,缺乏自信,过于自卑。因此大学生要时常用"我能干什么"的眼光全面地审视自己,具有良好自我认知的大学生,能够在准确体察个人潜能和全面衡量社会客观条件的基础上确立自我发展的目标，进而制订出人生发展的具体规划。

2.影响择业策略的选择

大学生一旦确立了正确的择业目标，就要进行自我认知的"HOW"过程。科学的自我认知能及时地评价与反馈个体在行动中的状态和结果，促使个体根据目标不断调控自己的行为和内心体验，运用意志的力量克服行动中出现的退缩、畏难、焦虑等消极的情绪体验，从而激励个体不断朝着既定目标努力。了解自己在各方面的长短优劣，客观地给自己定位，在求职时采取恰当的方法和策略，扬长避短，以图顺利达成自己的就业目标。

3.影响择业心理的发展

大学生选择职业方向必须从自身的实际出发，要对自己的需求动机、能力倾向、气质性格、兴趣爱好有全面客观的认识，才能减少选择的盲目性，在成长的道路上少走弯路。正确地自我认知，对于大学生求职择业时的心里调适具有十分重要的意义。只有通过自我认知，对自己有了正确、客观的了解和评价，才可能避免由失败所造成的挫折和焦虑，不去期待改变那些事实上无法改变的现实。只有实事求是地对待自己，才能心安理得，避免心理冲突，防止心理障碍。

第二节　自我认知的维度

一个人的工作满意度和生活满意度取决于个人如何为自己的兴趣、性格、能力、职业能力的认知、价值观寻找适当的出口，取决于个人能够认同并胜任于某一份工作的场景和生活方式。所以，在职业生涯规划中认识自我是关键。知晓自己喜欢做什么、适合做什么、能做什么、环境需要自己做什么、自己做什么有成就感，其重要性远胜于获得一份工作本身。大学生们对自我了解得越多、越深，知道自己更适合选择哪一条道路，职业发展道路也就更明确。

在大学生职业生涯规划中，通过对兴趣、性格、能力、价值观等维度的探索可以确定每一个维度的职业选择范围，在各维度均重复出现的职业就是最适合从事的职业。具体来说，对兴趣维度的探索，可以明确自身愿意充满热情投入其中的活动；对性格维度的探索，可以理解自身的行为习惯，更好地发挥先天优势；对价值观维度的探索，可以了解自身最看重的事物，在面对选择时知道如何取舍；对能力维度的探索，可以找出目前能够胜任的角色。由此可见，对个人兴趣、性格、能力、价值观等维度进行全面的认识，可以清楚自己的优势与特长、劣势与不足。只有这样，才能避免规划中的盲目性，有效地促进职业发展。

一、兴趣

兴趣是指人力求认识和趋向某种事物并与肯定情绪相联系的个性心理倾向。一般来说，兴趣的产生既受主观因素的影响，也与客观条件有关。个人知识经验的丰富程度、教养水平的高低，这些主观因素对兴趣的产生起到重要作用；有吸引力的事物能够引人注意，这是客观条件的作用，同时兴趣也与主客观特性是否相适应有关。兴趣是活动的重要动力，是成功的重要条件。

按照不同的分类方法，人们把兴趣分为生理兴趣和心理兴趣、物质兴趣和精神兴趣、自然兴趣和社会兴趣、内在兴趣和外在兴趣、个体兴趣和群体兴趣、直接兴趣和间接兴趣、短暂兴趣和持久兴趣、低级兴趣和高级兴趣、积极兴趣和消极兴趣等。

（一）兴趣的特点与品质

1. 兴趣的基本特点

兴趣的基本特点一般包括兴趣的指向性、情绪性和动力性三个方面。

（1）兴趣的指向性特点。任何一种兴趣总是针对一定事件，为实现某种目的而产生的。人们对事物产生的兴趣总是心向神往，积极地把注意力指向并集中于某种活动。例如，在同一个时间内，学校举办了演讲比赛、游泳比赛、羽毛球比赛、乒乓球比赛、足球比赛、辩论会等多种活动，在这些活动的选择中必然伴随着某种情感，促使成员趋向于某种活动，而且在完成之后，心理上会产生一种满意感，这就是兴趣的指向性表现。兴趣的指向性不是偶然的、一时性地倾向于某种事物，而是指经常地、主动地去观察和思考某一事物，并渴望去研究它和获得它。

兴趣的指向性是建立在需要的基础上，但它和由生理需要所引起的对事物的暂时指向性不同。这种指向性是社会实践要求反映在人的头脑中，变成个人的需要，并在它的推动下产生的。兴趣的指向性不仅在需要的基础上产生，也在需要的基础上发展。随着社会的进步和发展，人们在各种需要满足的基础上又产生新的需要，这时兴趣的指向也得到进一步丰富和提升。

（2）兴趣的情绪性特点。所谓"有兴趣"，是由大脑皮层和脑下皮层在生理上实现相应情感的那部分脑组织的兴奋引起的。可见，这是一种伴随或不伴随任何一种活动的情感。王克在《学习心理》一书中提出兴趣是"具有感情色彩的心理状态"。《中国大百科全书·教育卷》也把兴趣看成是"情绪状态"。大量的生活实践证明，人们在从事感兴趣的活动时，往往会感到愉快和满意；从事没有兴趣的工作时，往往会感到无趣和乏味。

（3）兴趣的动力性特点。兴趣在活动中的动力性作用已为心理学家和教育家所承认。杜威把兴趣看成是活动的原动力，他说："除非一个对象或一个观念里面有了兴趣，否则便没有鼓励人去做的原动力"。皮亚杰在论述兴趣的作用时，把它说成是"能量的调节者"，起到发动储存在内心力量的作用。苏联高等学校《普通心理学》教材把兴趣看成是"推动认识的机制"。潘菽在《教育心理学》一书中认为兴趣是学习动机中最现实、最活跃的成分。

无数事实表明，一个人在做他不感兴趣的工作时，很难调动起积极性，当然也不可能出色地完成任务。科学家的发明创造、教育工作者对新人的培养、劳动者的技术革新等，无不是在对本职工作的浓厚兴趣支配下，通过辛勤地劳动才实现的。

2. 兴趣的品质

兴趣对人们获得知识、技能具有重要的意义。人们的兴趣各有特点，差异明显，这种差异可归结到兴趣的品质。

（1）兴趣的倾向性。兴趣的倾向性是指兴趣对象的差异性。人与人之间在兴趣所涉及的对象上有较大差异，不同个体喜欢不同类型的事物，有的喜欢电脑游戏，有的喜欢体育锻炼，有的喜欢读书写字，不一而足。兴趣的倾向性是由人的生活实践和所受教育产生的，并受一定的社会历史条件所制约。兴趣的倾向性不仅决定青年的生活方式，而且还因为兴趣内容的社会制约性，使青年的兴趣具有高尚与低下、健康与庸俗之分。

（2）兴趣的广阔性。兴趣的广阔性是指兴趣范围的广泛程度。在日常生活中，有的青年对于社会上的一切事物兴致盎然，乐于接近和探求；有的青年则把自己局限于狭小的生活圈子里，对很多事物都漠不关心、毫无兴趣，这就是青年在兴趣品质上存在的差异之一。广阔的兴趣可以使青年视野开阔，促使人去接触和注意多方面的事物，增长知识，丰富生活，发展智力，为事业上的成功创造有利的条件。对于当代青年来说，如果个人兴趣极少，孤陋寡闻，视野狭窄，就很难适应未来高技术、快节奏的生活，更谈不上能在未来的事业中尽早尽快地成才。

（3）兴趣的中心性。兴趣的中心性是指在广泛兴趣的基础上对某种兴趣的集中程度。中心兴趣可以促使人目标集中，获得深邃的知识，发展某方面的特殊才能，使活动富有创造性。如果只有广泛的兴趣，而没有一个兴趣的中心（即专一的兴趣），那么，青年的兴趣也只能长期停留在对某一事物或活动的低水平的"有趣"或"乐趣"上，而无法发展到高水平的"志趣"上。因而，"泛而有精"的兴趣对青年在事业上能否取得成功具有重要作用。

（4）兴趣的稳定性。稳定而持久的兴趣可以使人对某一事物认识深刻、了解全面，有利于事业的成功，而兴趣多变或见异思迁的人在事业上很难有所成就。对于每一位当代青年来说，要想使自己在本职工作中有所作为，就必须在其广泛的兴趣和爱好中，选择和确立一个有利于本职工作的中心兴趣，并在自己的工作实践中，力求使自己的中心兴趣具有稳定性和持久性。如果一个人的中心兴趣带有多变性，或时过而趣迁，那么事业的成功也只能成为泡影。

（5）兴趣的效能性。兴趣的效能性是指兴趣对活动所产生的效果。在实际生活中，有些青年不能主动地在某种工作中培养兴趣，在艰巨的任务面前缺乏热情和信心；还有些青年对于某一事物或活动虽然有兴趣，但只是停留在期望和等待的状态，而不表现在行动或创造上，这样的兴趣不产生效能或者是低效能的，是消极的兴趣，无法成为工作、学习或事业成功的推动力。只有在实践中去培养兴趣，用兴趣促进和推动自己的实践，发生实效，才可称为积极有效的兴趣。

（二）职业兴趣

一个人的兴趣范围是多方面的，当其对象指向某一特定职业时，就形成了职业兴趣。职业兴趣是指人们对某种职业活动具有的比较稳定而持久的心理倾向。它是一个人探究某种职业或从事某种职业活动所表现出来的特殊个性倾向，它使个人对某种职业给予优先的注意，并具有向往的情感。由于兴趣爱好不同，人的职业兴趣也有很大的差异。有人喜欢具体工作，例如，室内装饰、园林、美容、机械维修等；有人喜欢抽象和创造性的工作，例如，经济分析、新产品开发、社会调查和科学研究等。职业兴趣对职业选择和职业发展都有一定的影响。

1. 职业兴趣在职业活动中的重要作用

在选择职业时，兴趣是必不可少的重要因素。杨振宁说："成功的真正秘诀是兴趣。"

（1）兴趣影响人们的职业定向和职业选择。兴趣发展一般经历有趣、乐趣、志趣三个阶段。从有趣开始，逐渐产生乐趣，进而与社会责任感、理想、奋斗目标相结合，发展成为志趣，表现出方向性和意志性的特点，使人坚定地追求某种职业，并为之尽心竭力。求职过程中，人们通常会考虑到自己对某方面的工作是否有兴趣。兴趣是强大的精神力量，可以使人集中精力去获得所喜欢的知识，启迪智慧并创造性地开展工作。当一个人对某种职业发生兴趣时，他就能发挥整个身心的积极性；就能积极地感知和关注该职业知识、动态，并且积极思考，大胆探索；就能情绪高涨、想象力丰富；就能增强记忆效果，增强克服困难的意志。

（2）兴趣开发人的能力，激发人们探索和创造。当一个人对于某一职业具有较为浓厚的兴趣时，就会激发主体对寻求该职业相关知识的欲望以及探索热情，并促使其调动全身心的积极性，以饱满的情绪、最佳的智能和体能状态投入到工作之中。这时，他的智力和体力都能够进入最佳状态，从而能最大限度地调动主观能动性和创造性，发挥自身潜能，充分施展才华，取得意想不到的成功。

（3）兴趣可以增强人的职业适应力，提高工作效率。个人在从事某类工作时，会产生强烈的兴趣和满足感，会尽可能发挥全部的才能，并且长时间保持高效率而不知疲倦；反之，有些人对工作不感兴趣时，就会把工作当成苦差，就可能会消极怠工，很容易感到疲劳和厌倦。广泛的兴趣能使人对多变的环境应付自如，即使变换工作性质，也能很快地熟悉和融入新的工作。职业兴趣可以使人更快地熟悉并适应职业环境和职业角色。有关研究资料表明，如果一个人对某一工作有兴趣，他便能发挥其全部才能的80%~90%，并且能够长时间、高效率地工作而不感到疲劳；相反，如果某个人对所从事的工作不感兴趣，他在工作中只能发挥其全部才能的20%~30%，并容易产生疲劳和厌倦。

（4）保持心情愉快，有利身心健康。心理研究证明，当一个人对自己所从事的职业有着浓厚的兴趣时，即使工作再苦再累，他也会感到精神愉快、生活充满乐趣。相反，如果一个人从事一种自己不喜欢的工作，他就不可能积极主动地去做，甚至有时还不自觉地表现出被动的、消极的、拖拉的工作态度，因而常常得不到领导和同事的赞扬，甚至与他们在工作上产生矛盾，进而加剧对工作的厌烦和抑郁不快的心情。

2. 职业兴趣的影响因素

职业兴趣的形成受到诸多因素的影响，它的形成与个人的个性特征、能力素养、实践活动、客观环境和历史条件有着密切的关系。因此，职业规划对兴趣的探讨不能孤立进行，应当结合个人、家庭、社会的因素来考虑。了解这些因素，有利于深入认识自己，有利于职业发展规划。

（1）社会因素的影响。兴趣和爱好在一定程度上受到社会因素的制约，不同的环境、职业、文化层次的人，兴趣和爱好都不一样。一定时期内用人单位可提供的不同职业岗位对从业人员的总需求量是影响个人职业兴趣的客观因素。当职业需求越多、类别越广，个人选择职业的余地就越大。社会的职业需求对个人的职业兴趣具有一定的导向性，在一定条件下，它可强化个人的职业选择，或抑制个人不切实际的职业取向，也可引导个人产生新的职业取向。

（2）家庭环境的影响。家庭作为最基本的社会单元，对每个人的心理发展都产生重要的影响，因此个人职业心理发展具有很强的社会化特征，家庭环境的熏陶对其职业兴趣的形成具有十分明显的导向作用。大多数人从幼年起就在家庭的环境中感受其父母的职业活动，随着年龄的增长，逐步形成自己对职业价值的认识，使得个人在选择职业时，不可避免地带有家庭教育的印迹。家庭因素对职业取向的影响，主要体现在择业趋同性与协商性等方面。

一般情况下，个人对于家庭成员特别是长辈的职业比较熟悉，在职业规划和职业选择上产生一定的趋同性影响，同时受家庭群体职业活动的影响，个人的生涯决策或多或少产生于家庭成员共同协商的基础上。兴趣有时也受遗传的影响，父母的兴趣也会对孩子有直接的影响。

(3) 个人因素的影响。一是个人需要和个性的影响。不管人的兴趣是什么，都是以需要为前提和基础的，人们需要什么也就会对什么产生兴趣。有的人兴趣和爱好的品位比较高，有的人兴趣和爱好的品位比较低，兴趣和爱好品味的高低会受一个人的个性特征优劣的影响。

二是个人认识和情感的影响。兴趣不足与个人认识和情感密切联系。如果一个人对某项事物没有认识，也就不会产生情感，因而也就不会对它发生兴趣。同样，如果一个人缺乏某种职业知识，或者根本不了解这种职业，那么他就不可能对这种职业感兴趣，在职业规划时更无法纳入备选范畴。相反，认识越深刻，情感越丰富，兴趣也就越深厚。

3. 职业兴趣类型与相应职业

加拿大职业分类词典中将职业兴趣分为10类，各种职业兴趣的特点与对应的职业如下。

(1) 愿意与事物打交道。这类人喜欢同事物打交道（比如：工具、器具或数字），而不喜欢从事与人打交道的职业。相应的职业有：制图员、建筑工、出纳员、记账员、会计等。

(2) 愿意与人接触。这类人喜欢与人接触的工作，他们喜欢销售、采访、传递信息一类的活动。相应的职业有：记者、营业员、服务员、推销员、教师等。

(3) 愿意做有规律的工作。这类人喜欢常规的、有规律的活动，在预先安排的条件下做细致的工作。相应的职业有：邮件分拣员、图书馆管理员、办公室职员、档案管理员、统计员等。

(4) 愿意从事社会福利和助人的工作。这类人乐意帮助别人，试图改善他人的状况，喜欢独自与人接触。相应的职业有：医生、律师、护士、咨询人员等。

(5) 愿意做领导和组织工作。这类人喜欢管理事情，希望受到众人尊敬和获得声望，他们在企事业单位中起着重要的作用。相应的职业有：辅导员、行政人员、管理人员等。

(6) 愿意研究人的行为。这类人喜欢谈论涉及人的主题，他们爱研究人的行为举止和心理动态。相应的职业有：心理学、政治学、人类学、人事管理等。

(7) 愿意从事科学技术事业。这类人喜欢分析的、推理的、测试的活动，擅长于理论分析，喜欢独立解决问题，也喜欢通过实验获得新发现。相应的职业有：生物、化学、工程学、物理学、地质学等相关研究及工作等。

(8) 愿意从事抽象性和创造性的工作。这类人喜欢具有想象力和创造力的工作，喜欢独立地工作，爱创造新的式样和概念。相应的职业有：演员、创作人员、设计人员、画家、社会调查、经济分析等。

(9) 愿意做操纵机器的技术工作。这些人喜欢运用一定的技术操纵各种机械，制造产品或完成其他任务。相应的职业有：机床工、驾驶员、飞行员、建筑人员等。

(10) 愿意从事具体的工作。这类人喜欢制作看得见、摸得着的产品，希望很快看到自己的劳动成果，他们从完成的产品中得到自我满足。相应的职业有：厨师、园林工、理发师、美容师、室内装饰工等。

4. 职业兴趣的培养

对于某个特定的职业，人们既有一种感性认识，也会逐步上升为理性认识。从兴趣爱好出发，对职业外部特征的感性认识，激化人们探索职业内涵的欲望，并表示出一种肯定或否定、赞赏或冷淡的态度。当这种认识上升为理性并充分肯定其在社会中的地位和作用时，人们则认为该职业具有一定的职业价值。那么，如何使职业兴趣的培养和建立变成一种主动、自觉、合理的行为呢？

（1）重视培养间接兴趣。直接兴趣是在感性活动中产生的；间接兴趣是在认识了活动意义后产生的。许多人对职业的选择是起始于间接兴趣。例如有的人立志学医，是在了解了从医"治病救人"的重要意义后而产生的兴趣。著名数学家陈景润在高中读书时，听老师讲"自然科学的皇后是数学，数学的皇冠是数论，哥德巴赫猜想则是皇冠上的明珠"这段话后，产生了他对数学的强烈兴趣。

（2）积极参加实践活动。社会实践活动是萌发职业兴趣的摇篮，是培养和发展职业兴趣的基础。它包括参观、访问、社会调查等实践活动。

（3）在广泛的兴趣中，逐渐形成中心兴趣。当认识的职业种类越多，对职业的性质了解得越细致，职业兴趣就会越广泛。职业兴趣越广泛，择业动机就越强，择业余地也会相对宽广。在广泛兴趣的基础上形成中心兴趣，中心兴趣常常是职业兴趣的先导。汉代著名科学家张衡对数学、机械学、地理学都有兴趣，还是东汉六大画家之一，但他的中心兴趣却是在天文学和地震学上，他发明浑天仪和地动仪，对世界天文学和地震学研究做出了卓越贡献。祖冲之喜欢研究数学、天文、历法、哲学、文学，乃至音乐，但他以数学为中心兴趣，最杰出的贡献是求得了相当准确的圆周率。

（4）树立社会责任心。当就业环境和自身素质决定必须做自己不喜欢的工作时，应该拿出必要的对社会负责的态度来培养自己的职业兴趣，即所谓干一行，爱一行。事实上，在就业时，有些人并不总是能够挑选到自己的理想职业，当还不能选择到自己满意的职业时，就必须尽快调整职业期望值，适应就业环境，在不理想的职位上，培养职业兴趣，干出一番理想的事业来。"把没有意思的工作很有意思地去完成"，美国钢铁大王戴尔·卡耐基这样告诫人们。

二、性格

性格是一个人对现实的稳定态度，以及与之相适应的习惯化了的行为方式中表现出来的人格心理特征。性格是在社会生活实践中逐渐形成的，一经形成便比较稳定，它会在不同的时间和地点表现出来。但是，性格具有稳定性并不是说它是一成不变的，而是具有可塑性的。性格在一个人的生活中形成后，生活环境的重大变化通常会带来他性格特征的显著变化。大量研究表明，不同的性格分别适合不同的职业。根据性格选择职业，能使自己的行为方式与职业工作相吻合，更好地发挥自己的聪明才智和一技之长，从而得心应手地驾驭本职工作。

（一）性格特征与类型

性格是一个复杂而完整的系统，它包含着各个侧面，具有各种不同的特征。性格特征在不同的个体身上组成了独具结构的模式。一般情况下，对性格结构的分析着眼于性格的态度特征、意志特征、情绪特征、理智特征四个方面。

1. 性格的特征

（1）性格的态度特征。性格的态度特征是指个体在对现实生活各个方面的态度中表现出来的一般特征。主要表现为对社会、集体、他人的态度特征；对学习、劳动和工作的态度特征；对自己的态度特征。

（2）性格的意志特征。性格的意志特征是指个体在调节自己的心理活动时表现出来的心理特征。表现为对行为目的明确程度的特征，对自己作出决定并贯彻执行方面的特征。

（3）性格的情绪特征。性格的情绪特征是指个体在情绪表现方面的心理特征。主要表现为人的情绪对工作和生活的影响程度和人的情绪受意志控制的程度。

（4）性格的理智特征。性格的理智特征是指个体在认知活动中表现出来的心理特征。主要表现为人们在感知、记忆、思维等认识过程中表现出来的个别差异。

2. 性格类型

性格按照一定的原则和标准加以分类，具有十分重要的理论和实践意义。关于性格类型的划分，研究者有不同的见解，目前比较常见的是瑞士心理学家荣格提出的向性类型说。荣格认为人的性格按照个体心理活动倾向可以划分为外向型、内向型和中间型，具体特点表现如下。

（1）外向型性格的特点。具体表现为：总是注意外界发生的事，追求刺激，敢于冒险；无忧无虑、随和、乐观、爱开玩笑、易怒也易平息，不假思索地行动；有与别人交流的需求，好为人师、易冲动；喜欢变化、有许多朋友；善于交际、不喜欢独自学习。

（2）内向型性格的特点。具体表现为：倾向于事先计划，三思而后行，严格控制自己感情，很少有攻击行为；性情孤独，内省，生活有规律；对书的爱好甚于对人的交往，除亲密朋友外，对人保持距离；很重视道德标准，但有些悲观；安静，不喜交际。

（3）中间型性格的特点。介于外向型和内向型性格之间。

（二）职业性格与职业发展

人的性格千差万别，或热情外向，或羞怯内向，或沉着冷静，或火爆急躁。美国职业指导专家霍兰德揭示了人的性格与职业存在最优匹配关系，性格决定人们的职业。职业心理学的研究表明，不同的职业有不同的性格要求。虽然每个人的性格都不能百分之百地适合某项职业，但却可以根据自己的职业倾向来培养和发展相应的职业性格。对企业而言，不同性格特征的人决定着每位员工的工作岗位和工作业绩；对个人而言，不同性格特征的人决定着自己的事业能否顺利、成功。

1. 性格对职业选择和职业成就的影响

性格中对劳动和工作的态度直接影响到职业的选择和职业的成就。有的人以劳动为荣，把劳动当作自己的需要；有的人把劳动和工作看成自己的负担。有的人积极、主动、肯干；有的人消极、懈怠、懒散；有的人对待工作认真负责、一丝不苟；有的人对待工作则马虎大意，敷衍塞责。因此，性格中的态度成分往往影响到职业的选择和成就。性格中的意志成分也同职业的选择与成就密切相关。如缺乏坚韧性的人不适宜从事外科医生、科学研究人员、资料管理人员、运动员等要求耐力很强的工作。

"职业心理学"认为，性格影响着一个人对职业的适应性，一定的性格适于从事一定的职业。例如，乐观的人适合从事教师、社会工作者等职业；冷静的人比较适合从事会计、科研人员等职业；理性的人适合从事工程师、技师等行业；世故性高的人适合从事心理学家、商人等职业。如果自己的性格和职业的需要相反，那么工作时就会遇到很大的心理冲突，工作上成功的概率也会较小。例如，缄默的人如果担任销售的工作，那么在工作的过程中，就不可避免地产生很多心理冲突。因此，在求职之前，要认清自己的性格。

另外，认识自己的性格有利于反省自己，提高自己的性格修养，使自己更加适应职位，推动自己与周围的人际关系。因为每个人的性格都有积极和消极两个方面。根据木桶原理，一个木桶中水面的高低取决于木桶壁上最低一个窟窿的位置,对人而言就是说每个人的短处也会限制他的发展,因此还要补短扬长。例如,有的人在工作中积极热情、乐于助人,但做事持久性不长,常表现得虎头蛇尾,这类人就应该注意锻炼自己的坚持性和持久性的品格意志;又如,有的人办事热情高、拼劲足、速度快,但有时马马虎虎,甚至遇事就着急,性情暴躁,这类人就应该在发扬其性格长处的同时注意培养其认真仔细的精神,防止急躁情绪;有的人做事深沉、认真、严谨,但有时优柔寡断、办事拖拉,这类人必须经常提醒自己"今日事今日毕",并逐步养成当机立断的性格。

2. 职业性格与类型

职业性格是指人们在长期特定的职业生活中所形成的与职业相联系的、稳定的心理特征。例如,有的人对待工作总是一丝不苟,踏实认真,在待人处事中总是表现出高度的原则性、果断、活泼、负责,在对待自己的态度上总是表现为谦虚、严谨、自信等,所有这些特征的总和就是他的职业性格。近年来,国内一些教育学、心理学研究人员根据我国的实际情况,将职业性格及其适应的职业分为九种基本类型,具体如下。

(1)变化型。变化型的人能够在新的或变化的工作情境中感到愉快,喜欢工作内容经常有些变化,在有压力的情况下工作会做得更出色,追求并且能够适应多样化的工作环境,善于将注意力从一件事情转移到另一件事情。适合的职业:记者、推销员、演员。

(2)重复型。重复型的人适合并喜欢连续不断地从事同一种工作,喜欢按照一个固定的模式或别人安排好的计划工作,爱好重复的、有规则的、有标准的职业。适合的职业:纺织工、机械工、印刷工等。

(3)服从型。服从型的人喜欢配合别人或按照别人的指示去做事,愿意让别人对自己的工作负责,不愿意自己担负责任,不愿意自己独立作出决策。适合的职业:办公室职员、秘书、翻译等。

(4)独立型。独立型的人喜欢计划自己并指导别人的活动,会从独立的、负有责任的工作中获得快感,喜欢对将要发生的事情作出决定。适合的职业:管理人员、律师、警察等。

(5)协作型。协作型的人会对与人协同工作感到愉快,善于引导别人按客观规律办事。适合的职业:社会工作者、咨询人员等。

(6)劝服型。劝服型的人乐于设法使别人同意自己的观点,并能够通过交谈或书面文字达到自己的目的。对别人的反应具有较强的判断能力,并善于影响他人的态度、观点和判断。适合的职业:辅导人员、行政人员、宣传工作者、作家等。

(7)机智型。机智型的人在紧张或危险的情况下能很好地执行任务,在紧急情况下能够自我控制、镇定自若、工作出色。在出现差错时不会惊慌,应变能力强。适合的职业:驾驶员、飞行员、公安人员、消防员、救生员等。

(8)自我表现型。自我表现型的人喜欢表现自己,通过自己的工作和情感来表达自己的思想。适合的职业:演员、诗人、音乐家、画家等。

(9)严谨型。严谨型的人注重细节的精确,愿意在工作过程的各个环节中,按照一套规则和步骤将工作过程做得尽善尽美。工作严格、努力、自觉、认真,保质保量,喜欢看到自己出色完成工作后的效果。适合的职业:会计、出纳、统计员、图书档案管理员等。

三、能力

在职业生涯规划领域里,自我认知的一个重要内容是对自我能力的探索。每个人会有这样或那样的工作偏好，但是兴趣是一回事，能不能胜任又是另一回事。一种极端的观点认为：每个人都可能在任何工作上获得成功，每种工作都可能由任何人做好。然而，这种观点是站不住脚的。另一种极端的观点认为：对于每一个人来说，都存在着一种最佳职业，对于每一种工作来说，都存在着一类最佳人选。这种观点也是经不起推敲的。为了获得职业上的成功，为了生活得更好，有必要更多地了解和更准确地认识自己的心理特点，更多地了解自身的能力。

你有能力做好你感兴趣的事吗？你对自己的能力结构有全盘的掌握吗？你了解你的能力偏好吗？你会有意识地培养某些能力吗？在将来的求职过程中，当你面对自己心仪的公司时，你如何让它相信你具备应聘某个职位所需的能力？这些都是大学生在了解自身能力时应该澄清的问题。

（一）能力的定义

什么是能力？简单地说就是一个人可以胜任某件事情的资质。在心理学中，能力主要是指那些可以使任务得以顺利完成的心理特点，如反应速度、记忆力、运算速度、逻辑推理能力等。能力总是与活动联系在一起，它只有通过活动才能表现出来，并在活动中得到发展。可以肯定的是，每个人都拥有很多种能力，但是为什么有些能力在自己身上表现得很明显，而另一些能力可能一直潜藏，终身未曾得到发掘？

（1）可能是来自遗传，个人从父母或祖先那里获得的基因特点。每个人都有先天的遗传优势和不足，人们可以识别出自己的优势并利用它。虽然先天的不足可以通过强烈的成就动机去征服、补偿和改变，历史上和现实生活中战胜先天缺陷而取得骄人成绩的也大有人在。不过在职业选择中，我们要做的最主要的事情还是发现并使用自己最擅长的能力。

（2）个人的成长环境影响着能力的培养。比如，文化氛围通过人们生活的社会、社区、家庭对个体的能力发展发挥影响作用。成长环境也可能通过不同时期、不同的能力评价标准影响能力的发展。在人们所处的成长环境中，如果某项能力被认为是有价值的，那么大家就会努力地培养和发展这种能力。

（二）能力的分类

一个人的能力可以从各个角度去描述，如观察力、注意力、记忆力、理解力、反应速度、言语运用、计算速度等。心理学家们通过对能力的研究，逐渐发现了人的能力特点与职业成就之间存在关联的规律，构建了与职业成就感和职业满意度相关的能力概念结构，将能力分为三大类：可迁移能力、知识性能力和适应性能力。

1. 可迁移能力

可迁移能力是人们维持工作和生活运转所具备的能力，一般用行为动词来描述，例如沟通、组织、计划、装配、修理、调查、操作等。可迁移的意思是指可以把完成某项活动所具有的能力迁移使用到其他工作中去，一名大学生通过十多年的生活与学习，已经获得和发展了许多可迁移能力。比如说某个大学生也许只是将宿舍里的几个同学组织起来举行一次烧烤活动，但"组织"这个词里所包含的计划、准备、协调等能力可以延伸到他未来的工作领域中去，他可以利用这些能力圆满地完成其他任务，例如，科技创新和社会实践项目。

2. 知识性能力

知识性能力是大学生所拥有的，帮助其在特定工作领域完成任务的知识和技能，一般用名词来描述，例如语文、数学、英语、物理、化学等。要了解自己这方面的能力比较容易，每个大学生进入学校后，学习了许多具体的科目就是他所拥有的知识性能力，例如食品安全检测、发动机如何运转、计算机编程等。这些能力能够帮助大学生在未来的工作领域中从事专业性的工作，它们的特点是不容易迁移到其他工作中去。大学生要具备知识性的技能一般需要通过有意识的、专门的培训，并通过记忆掌握特殊的词汇、程序和学科。

3. 适应性能力

适应性能力是人们进行自我管理的一种能力。人们在面对许多问题时，都需要在情绪、情感信息的参与下解决。有些人能够很好地掌控情绪、情感的信息，进而圆满地解决问题；而有些人则力不从心，最后的结果就大相径庭了。这种对情绪、情感信息加工的能力，被称为情绪智力，又名情商，这是一种新的能力结构假设，一般认为情商由五个部分组成。

① 自我觉察。认识自己，了解自己的各种情绪状态要告诉自己些什么。
② 自我调节。有能力管理和控制自己的情绪状态。
③ 动机。引导自己的各种情绪，让自己能够达成自己的目标。
④ 同理心。能够识别、理解其他人的各种情绪。
⑤ 社会性技能。与别人建立关系并影响他人。

这五个部分彼此之间相辅相成，作为一个系统而存在。首先，人们应该对自己有基本的认识和理解（自我觉察），逐渐读懂自己的各种情绪以及其背后的原因（自我觉察）；然后，慢慢地寻找那些能够恰当地掌控各种情绪的方法和技巧（自我调节），范仲淹的名句"不以物喜，不以己悲"反映的就是自我调节技能的最高境界；在自如掌控情绪的基础上，人们就能够以此为利器，让自己顺势而为（动机），实现自己的目标；有了对自我的充分认识，人们就能理解其他人的情绪状态（同理心），与他人建立友好、真诚的关系，而不是停留在表面的交往（社会性技能）。这就是情商所发挥的重要作用。

高情商的养成，关键是关于如何保持自我控制能力，它包括延迟评判以抑制冲动；搁置问题以转移注意力；坚定果断而非盛气凌人地表达自己的意见；保持灵活性和顺其自然；对事情不要过于强求；管理好非言语沟通。自我调节的大部分（但不是全部）都是防止人们在某一时刻突然情绪爆发，避免给他们带来一些负面的或者是破坏性的结果，而同理心、自我觉察、社会性技能和动机则是有关如何建设性地使用一些相关技能，让自己与他人每天的交往变得更积极、更愉悦及更富有成效。

过去大家觉得在工作环境中只要有心理智力（智商）就够了，但实际上并非如此。如果一个员工只具备专业知识与技能，缺乏情商，那么他就无法摆脱一些负面情绪的困扰，无法积极调和与他人的关系，就算他拥有十八般武艺，也很难在职场中很好地生存和发展。

智商决定处理事务的能力高低，情商决定处理人际关系的能力高低。显然，要想在实际商务运作中获得成功，就必须同时具备高水平的处理事务的能力和处理人际关系的能力，这也就是必须要同时具备很高的智商和情商，才能获得成功。高智商能够帮助一个人以专业人士的身份进入更高的平台，而高情商则帮助一个人以领导者的身份达到更高的位置。

四、职业能力的认知

（一）职业能力的概念和分类

从心理学角度看，职业能力是直接影响职业活动效率和使职业活动顺利进行的一种个性心理特征。职业能力是指从事某种职业必须具备的，并在该职业活动中表现出来的多种能力的综合，不是单一的一种能力，也不是一个个毫不相干的孤立能力的机械相加，而是相互联系、相互影响的有机整体，是各种能力的"综合"。职业能力也常被称为跨岗位、跨职业的能力，即要求劳动者不会因为原有的专门知识和技能对新的职业不再适应时而茫然不知所措，而是能够在变化了的环境中重新获得职业知识和技能的能力。这种能力不仅包括技能，还包括了胜任工作所需要的其他各项条件，例如动手能力、思考能力、交往能力、组织能力等，其中任何一个孤立的能力要素都难以完成职业活动，它是劳动者知识、技能和态度等素质要素的整合。

与职业选择、职业发展相关的能力可分为：一般能力、管理能力、人际交往能力、特殊能力。

1. 一般能力

一般能力是与各种职业活动相关的基本能力，主要包括语言理解能力、判断推理能力、数量关系的把握能力，反映了一个人在职业发展方面的潜力，它是介于智力与具体知识技能之间的心理特征。与知识技能相比，能力具有更广泛的影响，影响到人们更广泛的职业活动。

2. 管理能力

管理能力即组织大家一起做事的能力，从职业发展角度来说，管理能力如何是职业选择应考虑的一个重要因素。没有管理欲望和技能的人到管理职位上去发展只会事倍功半，自我价值也得不到很好体现。因此正确认识自己的管理欲望和潜能对于规划自己的职业发展之路十分重要。

3. 人际交往能力

人际交往能力是与人打交道的意识与技巧，不同职业对这一能力的要求不同。谈判家、公关人员、营销人员等需要具备很高的人际交往能力，并在这方面花很多精力和时间。

4. 特殊能力

特殊能力是在某些特殊领域的活动中所表现出来的能力。如节奏感、色彩鉴别力、准确估计比例关系等就属于特殊能力。这些能力相互作用，构成有机整体，保证有效地完成某项活动。

（二）职业对能力的要求

在今天日新月异的时代，任何职业都需要具备以下几种基本能力。

1. 实践能力

实践能力是指人们运用专业知识解决实际问题的能力。现在用人单位比较看重这个能力，当具备一定的实践能力，就业者可以无须培训直接上岗。这正是当前大学生所缺少的，也就是我们所说的不具备工作经验。大学生可以通过参加各类社会实践活动来增强自己的实践能力，也就是解决问题的能力。

2. 管理能力

管理能力也叫组织能力或领导能力，是指人们成功地运用管理者的知识和能力影响机构的活动，并达到最佳的工作目标。目前组织管理水平的高低已经成为衡量一项工作、一个部门、一个单位工作好坏的重要指标。现代社会表明，管理能力不仅领导干部应该具有，其他的专业人员也应该具备。虽然不是每个就业人员将来都会从事管理工作，但是每个人在今后的工作中都会不同程度地用到组织管理能力。

3. 表达能力

表达能力是指人们运用语言和文字阐明自己的观点、抒发思想和情感的能力。这种能力是人们之间交往的基本能力，不仅是将来从事推销职业的人不可缺少的，也是每个求职者就业后经常用到的能力。例如，在年终总结、工作计划、工作汇报、工作报告等方面都需要表达能力，大学生要重视和培养自己的表达能力，这在将来的求职中是一个非常重要的指标。

4. 人际关系能力

人际关系能力就是与他人相处的能力。卡耐基曾经说过："一个人的成功的85%来自他的人际交往和处世技巧，另外15%是他的专业知识。"人际关系的处理是就业者在职场的最直接表现。正确地处理和协调好人与人之间的关系，直接关系到就业者的适应能力、工作效率、心理健康和快乐甚至是事业的成功与否。

5. 适应能力

适应能力包括两个方面：一是对环境的适应；二是对周围人的适应。大学毕业生刚入职场，面对新的工作环境，与之前的学校环境截然不同，不但要培养自己适应新职场的工作能力，还要培养自己与同事的人际交往的适应能力。只有正视适应的问题，才能在不断变化的环境中培养自己较强的适应能力。

6. 创造能力

创造能力是指人们在运用多种能力发展的基础上，利用已知的信息，创造新颖独特、具有社会价值的新理论、新思维、新产品、新创意的能力。创造能力是一种综合性的、高层次的思维能力和行动能力。创新能力包括很多方面，比如：强烈的好奇心、细微的观察力、深刻的洞察力、勇于探索的精神以及提出问题、研究问题、解决问题的能力。大学生要培养自己的创新能力，这是在职业岗位上有所作为的坚实基础。

7. 终身学习能力

终身学习能力是指学生走进社会以后具备获得新知识的能力，对文献、资料过硬的查阅能力和检索能力，对信息的收集、处理能力，对中外文的阅读能力和语言交流能力、敏锐的逻辑思辨能力等。终身学习是求职者在瞬息万变的社会中保持自己与时俱进的非常重要的能力。

8. 心理调适的能力

心理调适的能力是指人们面对困难、挫折、失败和意外事件时，能够自我调适心理压力的一种能力。这种能力对求职者来说是一个必不可少的能力，因为我们的生活和工作都会面临这样或那样的问题，只要工作一天就有一天的问题，如果求职者不具备这样的心理调适能力，会很容易丧失自己，甚至会遇到挫折萎靡不振，影响和耽误了自己的美好前程。只有直面这些问题，培养自己的心理调适能力，才能适应社会的发展。

除了以上几个基本能力外，不同的职业还需要具备各自的职业能力。

① 教师、营业员、服务员和演员等职业要具备较强的语言表达能力。

② 会计、出纳、统计、建筑师和工业药剂师等职业要具备较强的计算能力。

③ 与工程、建筑打交道的职业，以及牙科医生、内外科医生等职业需要高的空间判断能力。

④ 生物学家、建筑师、测量员、医生、画家、理发师和无线电修理工等职业需要较强的形态知觉能力。

⑤ 统计员、经济学家、记账员、出纳员、办公室职员和打字员等职业需要具备符号知觉能力。

⑥ 飞行员、驾驶员、外科医生、雕刻家、运动员、舞蹈家需要具备动作协调能力。

⑦ 纺织工、打字员、裁缝、外科医生、护士、雕刻家和画家需要具备手指灵活的能力。

（三）职业能力对大学生择业的影响

大学生对自己职业能力的认识和评价对职业定向与职业选择起着筛选和定位的作用。

1. 职业能力类型必须与职业类型相吻合

不同的职业类型具有不同的特殊性，对从业者的能力要求也不同。在职业定向上，职业能力因素起筛选作用，个人根据职业能力的高低和能力优势确定其职业意向。因而，大学生在进行职业选择时，要注意能力类型与职业类型相吻合。如擅长形象思维的人比较适合从事写作、音乐、绘画等文学艺术方面的工作；擅长逻辑思维的人比较适合从事哲学、数学等理论性较强的工作；擅长行动思维的人比较适合机械、修理等动手能力强的工作。

2. 在择业过程中发挥能力优势原则

每个人都具备多种能力，但这些能力是不均衡的，某些能力相对突出，某些能力相对较弱。选择合适自己的工作，就是要选择发现自己能力优势的职业。

（四）职业能力的培养

1. 通过专业知识的学习来培养职业能力

专业知识是指在特定行业、环境、工作、活动等特定条件下，履行岗位职责，完成工作任务所必需的知识，与所从事的职业密切相关，具有一定的针对性和适用范围，包括专业理论、专业技术等方面的知识。专业能力是职业能力的核心内容，随着职业的日益分化、细化，大学生无论从事何种工作，都必须具备过硬的专业能力，否则就无法履行自身的岗位职责。一个人的专业能力越强，在职业活动中所发挥的作用就越显著。专业知识是职业能力，尤其是专业能力形成的基础，那么大学生应通过怎样的途径和方法来获得专业知识和提升专业能力呢？

（1）要努力学习专业课程。虽然大学生目前在就业时已经淡化了专业的概念，并且在现实中也有很多毕业生从事着与自己的专业不甚相关的职业，但这并不意味着大学生就可以不学习或不努力学习专业知识，专业知识的学习和掌握在就业中仍占有重要的地位。①成绩的好坏仍是专业型用人单位选择的重要标准；②当前社会需求的是复合型人才，毕业生在专业能力的基础上拥有合理的知识结构无疑会在就业市场中赢得更多的就业机会。

（2）要加强自己的理论研究能力。学海无涯，专业理论的学习绝不能停留在课程学习的层面上，纸上谈兵远不能满足飞速发展的社会对毕业生专业理论的要求。职业能力需要在工作和学习中得到体现和提高，只有在在校期间对理论知识集中学习的基础上，大学生才可以继续学习工作中要求更高的专业知识，进而通过社会培训和参加社会实践来培养自己的专业能力。总之，努力学习专业知识，提高专业能力对于大学生增强自身竞争力和个人发展具有重要的意义。

2. 通过通识知识的学习来培养职业能力

通识知识是指在普遍的条件下进行与工作相关的生活、学习等方面所必须具备的基本知识，是一个人开展工作和活动的前提，具有普遍的适用范围。通识知识是一个人基本能力形成的基础。随着职业要求的不断提高，单纯的专业能力不能满足工作的发展需要，因此需要从业人员具有广博的综合知识和基本能力，能够辅助工作顺利开展。通识知识的学习能够培养大学生适应社会的能力、组织管理能力、沟通协调能力、创新能力等。

通过通识知识的学习来培养职业能力可以从以下两个方面着手。

（1）要积累知识，离开知识积累，能力就成无源之水。因此大学生在校学习期间一定要注意拓宽自己的知识面，勤奋学习、不耻下问，正如王充所说"智能之事、不学不成、不问不知"。一个人才能的大小首先取决于掌握知识的多寡、深浅和完善程度。

（2）要适当地去发展个人兴趣。兴趣对培养能力相当重要，古今中外许多著名的科学家、文学家、艺术家，都是在强烈的兴趣驱动下取得事业的成功。因此大学生要围绕所学专业发展自己的兴趣爱好，并以这些兴趣为契机，加强相关知识的学习，注意发展自己的优势能力。

3. 通过加强社会实践来培养自己的职业能力

南宋诗人陆游有一传世名句"纸上得来终觉浅，绝知此事要躬行"，可见实践对于培养一个人能力的重要性。对于大学生来说，社会实践就是青年学生按照学校培养目标的要求，利用节假日等课余时间参与社会政治、经济、文化生活等活动。

社会实践活动对于培养一个人的能力具有重要作用，它能够积累社会经验，提高基本能力，还能够加强实际应用能力，提高专业技能。通过社会实践活动，能够促进学生的专业理论学习与实践更紧密地结合，使学生更系统地了解领域的知识结构，巩固和拓宽所学的专业知识，培养分析问题和解决问题的能力，提高专业知识的应用能力、实践动手能力和创业能力，使学生对本专业建立感性认识。

参与社会实践活动主要有三种形式。

（1）最主要的是参与社团活动。学生社团是高校校园文化的重要载体，是高校第二课堂的重要组成部分。参与学生社团是学生丰富校园生活、培养兴趣爱好、参与实践活动、扩大求知领域、增加交友范围的重要方式。

（2）通过勤工助学参与社会实践。这不仅能够获取劳动报酬，减轻家庭的经济负担，还能接触社会，也为将来就业打下基础。因此，勤工助学也是一种主要的社会实践方式。

（3）毕业实习是在校学习期间的最后一次实习作业，是一门必不可少的必修课。通过实习，大学生可以了解行业、单位的业务内容和工作方法，向有经验的工作人员学习先进的工作经验。

此外，大学生在实践的过程中要有明确的目标，并且心态要积极，沟通要主动，准备要充分，实践要勤奋等。职业能力的培养要求学生有扎实的专业基础知识，以适应将来的发展；还要有广博的知识即通识知识和能力，为专业能力的发展添枝加叶，更好地发挥自己的专业能力；同时这些知识和能力的获得还需要通过实践得到巩固和发展。因此，三者在一个人职业能力培养中发挥着重要作用，培养职业能力是当代教育的根本，立德立本才能更好地为祖国建设做贡献。

五、价值观

当我们探究了兴趣、性格、能力之后,就会进入自我探索中最深邃的领域,这就是价值观。说它深邃,是因为人们极少讨论它,如果不刻意地察觉,很难感受它的存在,但它又实实在在地存在,并影响着人们的行为。

(一) 价值观的特征和作用

1. 价值观的含义及特性

价值观就是对事物的意义和重要性所赋予的评价和判断,是一套关于事物、行为优劣的最基本的信念和判断,是人们根据需要来断定客观事物有无价值及价值大小的根本观点和评价标准。价值观是决定人的行为的心理基础。价值观具有三方面的特性。

(1) 价值观因人而异。由于每个人的先天条件和后天环境不同,人生经历也不尽相同,每个人价值观的形成会受到不同因素的影响。因此,每个人都有自己的价值观和价值观体系。在相同的客观条件下,具有不同价值观和价值观体系的人,其动机模式和产生的行为都不尽相同。

(2) 价值观相对稳定。价值观是人们思想认识的深层基础,它形成了人们的世界观和人生观。它是随着人们认知能力的发展,在环境、教育的影响下逐步培养起来的。人们的价值观一旦形成,便是相对稳定的,具有持久性。

(3) 价值观在特定的环境下又是可以改变的。就社会和群体而言,由于环境的变化和人们生活群体的变化,价值观念也在不断地变化。虽然人们一旦形成的固定传统价值观念不易改变,但当传统观念遭遇新价值观的挑战时,其冲突结果往往是前者逐步让位于后者。

2. 价值观的作用

价值观对人们自身行为的定向和调节起着非常重要的作用。价值观决定人的自我认识,直接影响和决定一个人的理想、信念、生活目标和追求方向的性质。价值观的作用大致体现在以下两个方面。

(1) 价值观对动机有导向的作用。人们行为的动机受价值观的支配和制约,价值观对动机模式有重要影响。在同样的客观条件下,具有不同价值观的人,其动机模式不同,产生的行为也不相同。动机的目的方向受价值观的支配,只要那些经过价值观判断被认为是可取的部分,才能转换为行为的动机,并以此为目标引导人们的行为。

(2) 价值观反映人们的认知和需求状况,价值观是人们对客观世界及行为结果的评价和看法。因而,它从某个方面反映了人们的人生观和价值观,反映了人的主观认知世界。从改造活动来说,道理也相同。

(二) 职业价值观

人们在选择职业的过程中所表现出来的职业价值观对职业选择、工作目标、努力程度、自我实现等有着重大影响,直接关系到青年的社会化进程和人生观的确立,也关系到整个社会的发展与变革。因此,在做职业生涯规划之前,一定要清楚和明确自己的职业价值观。价值观和职业价值观决定了哪些因素对自己是重要的,哪些是不重要的;哪些是自己要优先考虑和选择的,哪些不是。

1. 职业价值观的含义

价值观所体现的是主体需要与客体属性之间的关系,因客体不同形成各种价值关系。在职业选择方面，职业能够满足人或社会的需要，就是有价值的。因而，人们对职业满足个人或社会某种需要所做出的评价就称为职业价值观，职业价值观是价值观在职业选择领域的延伸或具体化。

职业价值观是人们对待职业的一种信念和态度，是在职业生活中表现出来的一种价值取向。简言之，职业价值观是一种外显或内隐的有关什么职业"值得做"的看法，是个人或群体的特征。俗话说："人各有志"。这个"志"表现在职业选择上就是职业价值观，它是一种具有明确的目的性、自觉性和坚定性的职业选择的态度和行为，对一个人职业目标和择业动机起着决定性的作用。

每种职业都有各自的特性，由于个人的身心条件、年龄阅历、教育状况、家庭和环境影响以及兴趣爱好的不同，人们对各种职业的主观评价也不同。职业价值观决定了人们的职业期望，影响着人们对职业方向和职业目标的选择，决定着人们就业后的工作态度和劳动绩效水平，从而决定了人们的职业发展情况。哪个职业好？哪个岗位适合自己？从事某一项具体工作的目的是什么？这些问题都是职业价值观的具体表现。

2. 职业价值观对职业选择的作用

职业价值观对职业选择具有决定性的作用。在进行职业选择时，人们面对多种选择机会，不同的人选择不同的行业或职业，其归根结底取决于自身的价值观。每一位求职者由于其所受教育的不同和所处环境的差异，在职业取向上的目标和要求也是不相同的。在许多场合，我们往往要在一些得失中做出选择，而左右我们选择的，往往就是职业价值观。例如，求职者是要工作舒适轻松，还是要高标准的工资待遇；要成就一番事业，还是要安稳太平，当两者产生矛盾冲突时，最终影响求职者决策的是存在于内心深处的职业价值观，而求职者有时对自己的价值观并不是很清楚。

此外，职业价值观对职业选择还具有评价和反馈的作用。选择某种职业后，个体的价值观会根据切身的体会对该职业做出实际的评价，并与期望值进行比较，从而检验该职业是否如其所愿，是否使个体感到较为满足。

3. 职业价值观的树立

价值观的形成与发展与特定的社会环境分不开。因此，也必然受到社会价值观的影响。人们在从自身价值观出发进行职业选择时，都会不自觉地受到社会价值观的影响。

职业价值观是一个复杂的多维度的心理因素，对职业的选择和衡量有多种要素的参与，但各要素起的作用是不同的。将不同职业价值观的内容加以归结，根据自身所体现的主要方面来确定职业价值观中主要的因素。张再生教授把这些因素总结为三类，并认为职业价值观的分析可以从以下三个方面展开。

（1）发展因素。包括符合兴趣爱好、机会均等、公平竞争、工作有挑战性、能发挥自身才能、工作自主性大、能提供培训机会、晋升机会多、专业对口、发展空间大等，这些职业要素都与个人发展有关，因此称之为发展因素。

（2）保健因素。包括工资高、福利好、保险全、职业稳定、工作环境舒适、交通便捷、生活方便等，这些职业要素与福利待遇和生活有关，因此称之为保健因素。

（3）声望因素。包括单位知名度、单位规模、行政级别和社会地位等，这些职业要素都与职业声望的地位相关，因此称之为声望因素。

从当前调查的实际状况显示，大学生的职业价值观越来越重视发展因素，而对声望因素和保健因素的重视程度则因人而异，差别较大。大学生进行职业选择时，一方面，要积极树立服务社会的职业价值观，因为社会为大学生提供了职业选择的各种可能性，为社会服务是每一位个体应尽的义务；另一方面，要将实现个人价值与社会价值有机统一起来。社会发展的最终目的是实现人的全面发展，个体在实现社会价值的同时也要努力提升自身价值。只有这样，才能更大限度地实现社会价值与个人价值的统一。

第三节　自我认知的培养

每个人都拥有巨大的潜能，每个人都有自己独特的个性和长处。能否正确进行自我认知，在很大程度上影响或决定着一个人的前程和命运。要采取有效方法去认知自我、认可自我、完善自我，才能选择我们最擅长的职业，走向自己最佳的职业生涯。

一、全面认识自己

如果一个人能够全面的、正确地认识自己，客观地、准确地评价自己，就能够量力而行，确立合适的奋斗目标，并为实现这一目标而不懈努力。因此，大学生只有打破自我封闭，拓宽生活范围，增加生活阅历，扩展交往空间，积极参加社会实践，才能找到多种参考系，才能凭借参考系来多方面、多角度地认识自我，做到不自卑也不自负，充分发挥自己的聪明才智，实现人生价值。因此，可以通过以下方法来认识自我。

（一）比较法

大学生通过与他人的比较来认识自我。他人是反映自我的镜子，人总是不由自主地将自己和他人进行比较，在比较的过程中发现自己的优势，明白存在的问题，认识自己能力的高低、道德品质的好坏、追求目标是否恰当等。因此，学校在对大学生进行自我意识的培养时要敢于同周围的强者比较。大学生在比较的过程中可以认清自己的优势和劣势、长处和短处，达到取长补短，缩小差距的目的。

因此，学校对大学生自我意识的培养，一方面应鼓励学生超越自我，不要满足于现有的成绩；另一方面也要引导学生确立理想抱负，从自己的发展历程中进行比较，从比较中认清自我。

（二）经验法

常言道"不经一事，不长一智"。然而，成败得失的经验价值也会因人而异。对聪明又善用智慧的人而言，成功或失败的经验都可以促使他再成功，因为他们了解自己，有坚强的人格特征，善于从经历中不断学习，因而可以避免再蹈失败的覆辙；而对于某些比较脆弱的人，失败的经验却使其一蹶不振，因为他们不能从失败中学到教训，改变策略，而经历挫败后却形成了怕败心理，不敢面对现实去应对困境和挑战，甚至失去许多良机。

（三）反思法

古人曰"吾日三省吾身"指的是通过自我反思和自我评价来认识自我。大学生已经具备了一定的自我反思和自我批判能力，尤其是高年级的大三、大四学生。在自我认知的培养中，学校要教育和引导他们不断地对自己的心理活动进行反思和分析，勇于解剖自己，敢于批评自己，在自我解剖和自我批评中加深对自我的认知，通过反思自己的活动表现和成果来认识自我。大学生在从事各方面的活动中展现自己的聪明才智、情感取向、意志特征和道德品质，通过活动认识自己，用"实践是检验真理的唯一标准"来检查自己。因此，学校要引导大学生正确分析自己的活动表现和成果，客观地认识自己的知识才能和兴趣爱好，进一步发挥自己的长处，弥补自己的短处。

（四）测验法

心理学家常用心理测验来测量评估人们的某种行为，将其作为判断个体心理差异的工具。科学的心理测验是客观化和标准化的，它的科学性、客观性、可比较的功能是其他自我了解的方法所不具备的，得到了职业指导机构的广泛推行和使用。

1. 自我测试法

自我测试法是一种比较简便经济的自我分析法。测试题目是心理学家们经过精心的研究后设定的，只要如实回答，就能大概了解自己。这里所提的如实回答，是指在自测时，大学生认为怎么答就怎么答，而不是参照他人的看法去回答，这一点应特别值得注意。否则，自测结果就不能反映自己的真实情况，失去自测的意义，更为严重的是，以不真实的自测结果为基础去设计自己的人生，将起到误导的作用，导致自己的事业发展失败。因此，大学生在自测回答问题时，不要考虑别人会怎么认为，别人会怎么想，怎么答才算正确，怎样答才符合社会常理等。大学生一定要凭第一感觉回答问题，按照自己的认识，自己的习惯去答，这样自我测试法才有实际意义。若能如实回答，就能大概了解自己。

2. 计算机测试法

计算机测试法是现代常用的测试手段，比较科学准确。如已经开发的职业兴趣测评、能力倾向测验（包括记忆力测验、创造力测验、观察力测验、应变力测验、想象力测验、智能测验、技能测验、分析能力测验、行动能力测验、管理能力测验、情绪测验、人际关系测验）、价值观测评、人格测评等。

二、积极认可自己

大学生如果以积极的态度认可自己，便会形成自尊，如果以消极的态度拒绝自我，便会形成自卑。自卑者往往片面地夸大自身的缺点和短处，甚至否认自我存在的价值，从而极大地阻碍正确自我认知的形成。

（一）积极而准确地评价自我

认识自我是种境界，是我们在现代社会应具有的素质，积极而准确地评价自我是促使自己产生自尊感，克服自卑感的关键。主要包括两个方面。

1. 接受自己的全部

俗语云："金无足赤，人无完人。"每一个人都有自己的优点和缺点，长处和短处，对自己的长处要充分发挥，对自己的短处要正确对待，既不能护短，也不能因某些短处而灰心。一般来说人的短处有两种：一种是可以改变的，如不良习惯、脾气不好、缺乏毅力等，对此要有闻过则改的精神；另一种是无法补救的，如先天因素造成的，对此要面对现实，有勇气接受自己的缺憾。同时大学生要注意提高自己的内在修养，在学问上狠下功夫，培养内在的心灵美。

2.悦纳和肯定自己的价值

大学生要学会充分地悦纳自我，生活中有价值感、自豪感、愉快感和满足感；要性情开朗，对生活乐观，对未来充满憧憬；要树立远大的理想，并以此激励自己不断地克服消极情绪。

(二) 正确对待挫折和失败

一个人在成长过程中难免会有失败，要有勇气面对挫折，认真总结教训，树立不达目的不罢休的信心，增强自尊和自信，使自己有为实现理想自我而努力的更强大的动力，激励自己不断奋进。巴尔扎克说："挫折就像一块石头，让你却步不前，你软它就硬，对于强者却是垫脚石，使你站得更高。"牛顿曾说过"如果你问一个善于溜冰的人是如何获得成功的，他会告诉你，跌倒了，爬起来。"在大学生择业时会遇到许多挫折，如果我们不能够正确对待挫折、面对挫折，那么必将造成心理上和行为上的偏差，甚至会导致意志薄弱者一蹶不振。

1.正视挫折，勇敢面对

挫折对人的成长具有积极与消极的两重性。以利而言，挫折能激发人的内在潜能，增强其韧性和解决问题的能力；以弊而言，挫折会使人产生一种害怕的心理，不能勇于面对挫折。如果一个人整日把自我看得很重，患得患失，忧心忡忡，那么空想和沮丧就会久居自己的脑海，产生自卑的心理。

做任何事情都要有接受成功和失败两种结果的心理准备，不要因成功而忘乎所以，因失败而丧失自信。成功了要善于总结经验；失败了更要认真吸取教训，分析失败的原因，寻找成功的窍门。要自觉矫正对"挫折"的理解，强化对"挫折"的体验；真正认识到"挫折"对人成长发展的重要性，采取积极有效的方法策略，敢于面对。

2.目标明确，量力而行

一般来讲，如果一个人的期望值过高更易遭受挫折。预设的目标远远超越了自己的实际能力，不但容易遭受挫折，而且还会无法承受挫折，出现难以想象的后果。

有研究表明，在任何任务中都会存在一个难度上的"中间地带"。科学、合理的目标就应该落在这个"中间地带"。因为一件过于简单或过于困难的任务，都不会给人以挑战性的刺激。没有人会因为完成一项很容易的任务而产生成功感，也没有人因为不能完成一项极其困难的事情而产生失败感。我们制订的目标要长短结合，量力而行。挫折有时是由于自己制订的目标过高而引起的，当预定的目标没有实现时，我们应该及时地反省目标是否科学、合理。将自己制订下来的目标细化，把目标落实到每一周或每一天。这样通过一个个任务的完成，就可以战胜困难，最终实现近期目标。

3.自我调节，释放能量

当遇到困难时，人不能一味地责怪自己。学会自我安慰、自我暗示、自我激励，以此来改变自己的不良心境。一般要采取合理有效的方法宣泄情绪。当大学生遇到挫折时，可以向自己信任的老师、同学倾诉，同家人友好交谈，并接受他人的劝解；或者参加体育锻炼，把压抑的情绪释放出来，并寻求正确对待的方法。大学生将消极的状态转化为积极的心理状态可以促进健康人格的发展。

大千世界，变幻无常，万事称心如意只是理想状态。困难总是暂时的，只要坚持不懈地努力,做生活的强者,就能把挫折化为成功的垫脚石。大学生遇到挫折时,应该努力寻找补救的方法,理智地分析出现的问题的根源,将挫折化为成功的动力,同时要认识自己、了解自己和勇于面对现实。

三、努力完善自己

自我完善是个体在认识自我、认可自我的基础上,自觉规划行为目标,主动调节自身行为,积极改造自己的个性,使个性全面发展,以适应社会要求的过程。

1. 确立正确的理想自我

正确的理想自我是在自我认识、自我认可的基础上,按社会需要和个人的特点来确立自我发展的目标。大学生要积极探索人生,理解人生,树立正确的人生观、价值观和世界观,为理想自我的确立寻找合适的人生坐标,从个人与社会的联系中认识有限人生的价值和意义,并通过实现这一目标而努力地完善自我。

2. 努力提高现实自我

大学生要不断战胜旧的自我,重塑新的自我,既要努力发展自己,又绝不能固守自我,要积极主动地为社会服务,勇于承担重任;既注重自我价值的实现,又不仅仅追求个人价值,在为他人和社会服务、为国家和民族作贡献的过程中实现自我价值。当然提高现实自我是一个长期的过程,必须坚持不懈,持之以恒,才能使现实自我不断地向理想自我靠拢,并最终实现自己的人生目标,这一过程,就是大学生努力完善自我的过程。

3. 逐步获得积极的自我统一

自我统一意味着"主体我"和"客体我"的统一,是自我认识、自我体验和自我调控的统一。大学生在认真探索人生的过程中,逐步获得积极的自我统一,实现自身的价值。大学生在获取自我统一的过程中,首先要分析和确认理想自我的正确性和可行性,然后与现实自我相对照,最后有针对性地、有计划地解决二者之间的矛盾,缩小差距,最终获得统一。

在诸多因素的影响下,就业难、难就业已经成为越来越严重的社会问题,大学生能否找到称心如意的工作,既需要学生具有就业的坚实基础——优良的综合素质,更需要学生在求职择业过程中充分发挥自己的主观能动性,为达成自己的求职择业目标而积极推销自己。自我认知是发挥学生主观能动性的基础。正如著名的成功学大师拿破仑·希尔所言:"一切的成就,一切的财富,都是始于自我认知。"大学生只有在实事求是地认识自己的基础上,才可能迅速、准确地捕捉和把握就业机遇。

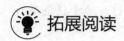 拓展阅读

求知若饥,虚怀若愚
——乔布斯在斯坦福大学毕业典礼上的演讲

我今天很荣幸能和你们一起参加毕业典礼,斯坦福大学是世界上最好的大学之一。我从来没有从大学中毕业。说实话,今天也许是在我的生命中离大学毕业最近的一天了。今天我想向你们讲述我生活中的三个故事。不是什么大不了的事情,只是三个故事而已。

第一个故事是关于如何把生命中的点点滴滴串连起来。

我在 Reed 大学读了 6 个月之后就退学了，但是在 18 个月以后——我真正作出退学决定之前，我还经常去学校。我为什么要退学呢？

故事从我出生的时候讲起。我的亲生母亲是一位年轻的、没有结婚的大学毕业生。她决定让别人收养我，她十分想让我被大学毕业生收养。所以在我出生的时候，她已经做好了一切的准备工作，能使得我被一个律师和他的妻子所收养。但是她没有料到，当我出生之后，律师夫妇突然决定他们想要一个女孩。所以我的生养父母（他们还在我亲生父母的观察名单上）突然在半夜接到了一个电话："我们现在这儿有一个不小心生出来的男婴，你们想要他吗？"他们回答道："当然！"但是我亲生母亲随后发现，我的养母从来没有上过大学，我的父亲甚至从没有读过高中。她拒绝签这个收养合同。只是在几个月以后，我的生养父母答应她一定要让我上大学，那个时候她才同意。

在 17 岁那年，我真的上了大学。但是我很愚蠢地选择了一个几乎和你们斯坦福大学一样贵的学校，我父母还处于蓝领阶层，他们几乎把所有积蓄都花在了我的学费上面。在 6 个月后，我已经看不到其中的价值所在。我不知道我想要在生命中做什么，我也不知道大学能帮助我找到怎样的答案。但是在这里，我几乎花光了我父母这一辈子的所有积蓄。所以我决定要退学，我觉得这是个正确的决定。不能否认，我当时确实非常的害怕，但是现在回头看看，那的确是我这一生中最棒的一个决定。在我做出退学决定的那一刻，我终于可以不必去读那些令我提不起丝毫兴趣的课程了，然后我还可以去修那些看起来有点意思的课程。

但是这并不是那么罗曼蒂克。我失去了我的宿舍，所以我只能在朋友房间的地板上面睡觉，我去捡 5 美分的可乐瓶子，仅仅为了填饱肚子。在星期天的晚上，我需要走 7 英里的路程，穿过这个城市到 Hare Krishna 寺庙（其位于纽约 Brooklyn 下城），只是为了能吃上饭——这个星期唯一一顿好一点的饭。但是我喜欢这样。我跟着我的直觉和好奇心走，遇到的很多东西，此后被证明是无价之宝。让我给你们举一个例子吧：

Reed 大学在那时提供也许是全美最好的美术字课程。在这个大学里面的每个海报、每个抽屉的标签上面全都是漂亮的美术字。因为我退学了，没有受到正规的训练，所以我决定去参加这个课程，去学学怎样写出漂亮的美术字。我学到了 San serif 和 Serif 字体，我学会了怎么样在不同的字母组合之中改变空格的长度，还有怎么样才能做出最棒的印刷式样。那是一种科学永远不能捕捉到的、美丽的、真实的艺术精妙，我发现那实在是太美妙了。

当时看起来这些东西在我的生命中，好像都没有什么实际应用的可能。但是 10 年之后，当我们在设计第一台 Macintosh 电脑的时候，就不是那样了。我把当时我学的那些东西全都设计进了 Mac，那是第一台使用了漂亮的印刷字体的电脑。如果我当时没有退学，就不会有机会去参加这个我感兴趣的美术字课程，Mac 就不会有这么多丰富的字体，以及赏心悦目的字体间距，那么现在个人电脑就不会有现在这么美妙的字形了。当然我在大学的时候，还不可能把从前的点点滴滴串连起来，但是当我 10 年后回顾这一切的时候，真的豁然开朗了。

再次说明的是，你在向前展望的时候不可能将这些片段串连起来，你只能在回顾的时候将点点滴滴串连起来，所以你必须相信这些片段会在你未来的某一天串连起来。你必须要相信某些东西：你的勇气、目的、生命、因缘。这个过程从来没有令我失望，只是让我的生命更加地与众不同而已。

第二个故事是关于爱和损失的。

我非常幸运，因为我在很早的时候就找到了我钟爱的东西。沃兹和我在 20 岁的时候就在父母的车库里面开创了苹果公司。我们工作得很努力。10 年之后，这个公司从那两个车库中的穷光蛋发展到了超过4000名的雇员、价值超过20亿美元的大公司。在公司成立的第9年，我们刚刚发布了最好的产品，那就是Macintosh。我也快要到30岁了。在那一年，我被炒了鱿鱼。你怎么可能被你自己创立的公司炒了鱿鱼呢？嗯，在苹果快速成长的时候，我们雇用了一个很有天分的家伙和我一起管理这个公司，在最初的几年，公司运转得很好。但是后来我们对未来的看法发生了分歧，最终我们吵了起来。当争吵不可开交的时候，董事会站在了他的那一边。所以在30岁的时候，我被炒了。在这么多人的眼皮下我被炒了。在而立之年，我生命的全部支柱离自己远去，这真是毁灭性的打击。

在最初的几个月里，我真是不知道该做些什么。我把从前的创业激情给丢了，我觉得自己让与我一同创业的人都很沮丧。我和David Pack和Bob Boyce见面，并试图向他们道歉。我把事情弄得糟糕透顶了。但是我渐渐发现了曙光，我仍然喜爱我从事的这些东西。苹果公司发生的这些事情丝毫没有改变这些，一点也没有。我被驱逐了，但是我仍然钟爱它，所以我决定从头再来。

我当时没有觉察，但是事后证明，从苹果公司被炒是我这辈子发生的最棒的事情。因为，作为一个成功者的极乐感觉被作为一个创业者的轻松感觉所重新代替：对任何事情都不那么特别看重。这让我觉得如此自由，进入了我生命中最有创造力的一个阶段。

在接下来的5年里，我创立了一个名叫NeXT的公司，还有一个叫Pixar的公司，然后和一个后来成为我妻子的优雅女人相识。Pixar制作了世界上第一个用电脑制作的动画电影——"玩具总动员"，Pixar现在也是世界上最成功的电脑制作工作室。在后来的一系列运转中，苹果公司收购了NeXT，然后我又回到了苹果公司。我们在NeXT发展的技术在苹果公司的复兴之中发挥了关键的作用。我还和Laurence一起建立了一个幸福的家庭。

我可以非常肯定，如果我不被苹果公司开除的话，这其中一件事情也不会发生的。这个良药的味道实在是太苦了，但是我想病人需要这个药。有些时候，生活会拿起一块砖头向你的脑袋上猛拍一下。不要失去信心。我很清楚唯一使我一直走下去的，就是我做的事情令我无比钟爱。你需要去找到你所爱的东西。对于工作是如此，对于你的爱人也是如此。你的工作将会占据生活中很大的一部分。你只有相信自己所做的是伟大的工作，你才能怡然自得。如果你现在还没有找到，那么继续找、不要停下来、全心全意地去找，当你找到的时候你就会知道的。就像任何真诚的关系，随着岁月的流逝只会越来越紧密。所以继续找，直到你找到它，不要停下来！

第三个故事是关于死亡的。

当我17岁的时候，我读到了一句话："如果你把每一天都当作生命中最后一天去生活的话，那么有一天你会发现你是正确的。"这句话给我留下了深刻的印象。从那时开始，过了33年，我在每天早晨都会对着镜子问自己："如果今天是我生命中的最后一天，你会不会完成你今天想做的事情呢？"当答案连续很多次被给予"不是"的时候，我知道自己需要改变某些事情了。

"记住你即将死去"是我一生中遇到的最重要的箴言。它帮我指明了生命中重要的选择。因为几乎所有的事情，包括所有的荣誉、所有的骄傲、所有对难堪和失败的恐惧，这些在死亡面前都会消失。我看到的是留下的真正重要的东西。你有时候会思考你将会失去某些东西，"记住你即将死去"是我知道避免这些想法的最好办法。你已经赤身裸体了，你没有理由不去跟随自己的心一起跳动。

大概一年以前，我被诊断出癌症。我在早晨七点半做了一个检查，检查清楚地显示在我的胰腺有一个肿瘤。我当时都不知道胰腺是什么东西。医生告诉我那很可能是一种无法治愈的癌症，我还有3~6个月的时间活在这个世界上。我的医生叫我回家，然后整理好我的一切，那就是医生准备死亡的程序。那意味着你将要把未来10年对你小孩说的话在几个月里面说完；那意味着把每件事情都搞定，让你的家人会尽可能轻松地生活；那意味着你要说"再见了"。

我整天和那个诊断书一起生活。后来有一天早上我做了一个活切片检查，医生将一个内窥镜从我的喉咙伸进去，通过我的胃，然后进入我的肠子，用一根针在我的胰腺上的肿瘤上取了几个细胞。我当时很镇静，因为我被注射了镇静剂。但是我的妻子在那里，后来告诉我，当医生在显微镜底下观察这些细胞的时候，他们开始尖叫，因为这些细胞最后竟然是一种非常罕见的可以用手术治愈的胰腺癌症。我做了这个手术，现在我痊愈了。

那是我最接近死亡的时候，我还希望这也是以后的几十年最接近的一次。从死亡线上又活了过来，死亡对我来说，只是一个有用但是纯粹是知识上的概念的时候，我可以更肯定一点地对你们说："没有人愿意死，即使人们想上天堂，人们也不会为了去那里而死。但是死亡是我们每个人共同的终点。从来没有人能够逃脱它。也应该如此。因为死亡就是生命中最好的一个发明。它将旧的清除以便给新的让路。你们现在是新的，但是从现在开始不久以后，你们将会逐渐地变成旧的然后被清除。我很抱歉这很戏剧性，但是这十分真实。"

你们的时间很有限，所以不要将他们浪费在重复其他人的生活上。不要被教条束缚，那意味着你和其他人思考的结果一起生活。不要让其他人喧嚣的观点掩盖你真正的内心的声音。还有最重要的是，你要有勇气去听从你直觉和心灵的指示——它们在某种程度上知道你想要成为什么样子，所有其他的事情都是次要的。

当我年轻的时候，有一本叫作《整个地球的目录》的振聋发聩的杂志，它是我们那一代人的圣经之一。它是一个叫Stewart Brand的家伙在离这里不远的Menlo Park书写的，他像诗一般神奇地将这本书带到了这个世界。那是60年代后期，在个人电脑出现之前，所以这本书全部是用打字机、剪刀还有偏光镜制造的。有点像用软皮包装的Google，在Google出现35年之前：这是理想主义的，其中有许多灵巧的工具和伟大的想法。

Stewart和他的伙伴出版了几期的《整个地球的目录》，当它完成了自己使命的时候，他们做出了最后一期的目录。那是在70年代的中期，你们的时代。在最后一期的封底上是清晨乡村公路的照片（如果你有冒险精神的话，你可以自己找到这条路的），在照片之下有这样一段话："常保求知若饥，常存虚怀若愚。"这是他们停止了发刊的告别语。"常保求知若饥，常存虚怀若愚。"我总是希望自己能够那样，现在，在你们即将毕业，开始新的旅程的时候，我也希望你们能这样：

Stay Hungry, Stay Foolish.

求知若饥，虚怀若愚。

非常感谢你们！

（案例来源：古典，陈少平.大学生职业生涯发展与就业指导［M］.北京：光明日报出版社，2017：15-18.）

兴趣与投入是人生幸福感的来源

美国芝加哥大学心理学教授米哈利花30多年时间对几百位各行各业的人进行了访谈，研究是什么东西真正令人们感到幸福和满足。他发现，和人们通常想象的不同，不是在人们很放松、什么事也不做（例如看电视）的时候，而是当人们专心致志地从事某种活动，甚至忘我地完全沉浸在这种活动中的时候，他们感到最为愉快和满足。对不同的人而言，幸福和满足可能是跳舞，可能是演奏乐器、绘画，也可能是阅读、写作或即兴演讲等。

米哈利将这种状态称之为"flow"（它的原意是"流动"，也被译为"沉浸"或"心流"状态），因为这个时候人们的体验好像是被一股潮流往前推动，一切都很平稳而自然地发生了。在这种状态下，人们没有考虑到做这样事情可能带来什么样的回报或担心自己的表现如何，而是整个人都忘情地投入其中，享受从事这个活动过程本身带来的快乐。而且这种活动通常对我们的体力和智能有一定的挑战，同时人们也在最大限度地使用自己的技能。

米哈利的这一发现表明，人们的满足感、幸福感往往来源于从事某种活动，而不是无所事事或单纯地享乐游玩。他一直强调要做自己最喜爱的事情，才能获得快乐，而这也正是工作原本的意义所在。对大多数人而言，工作占据的是他们一生之中、一天之中最好的时光。

（案例来源：王彤，沈文华. 大学生生涯规划与就业指导教程［M］. 北京：北京理工大学出版社，2012：34.）

思考与练习

1. 经过学习本章后，你对自己有了客观积极的自我认知吗？自我认知的方法有哪些？

2. 寻找三个人，包括学长、朋友、家长，他们就读的专业或所从事的职业不是自己的兴趣所在，采访他们，了解他们是如何应对这个困局的，有怎样的经验和教训？

3. 请在你的朋友圈发出"邀请"，请熟悉你的朋友们，让他们对你拥有的才能进行夸赞，至少说出 3 项他们认为你拥有的才能。你可以参考以下语术，或者自己编写信息。

参考语术：我正在学习生涯规划的课程，请大家帮我完成一个探索自我的练习。在您眼中，我最优秀的地方是什么（是某种性格、某种能力、某种品质……）？为了帮助我更好地了解自己，请举一个例子说明一下。

然后把你收到的评价写下来，并看看哪些才能是你以前从未发现的，并把它们圈出来。

第三章
职业认知

学习目标

1. 了解未来职业的发展趋势。
2. 掌握职业探索的维度和方法。
3. 理解大学生加强职业道德修养的方法和途径。

学习重点

1. "知己知彼，百战不殆"。在职业发展的过程中，除了要进行系统的自我认知，还必须对外部的职业环境进行全面了解。只有在充分了解外部背景环境的基础上，才能在职场上"攻无不克，战无不胜"。

2. 大学生要学会从哲学的层面去正确理解社会和人生，树立正确的理想信念、锻炼高尚的道德情操、形成良好的行为规范、培养健全的情感人格、养成担当的社会责任，最后成长为一个有益于自我、有爱于家庭、有利于社会、有为于国家的栋梁之材。

3. 当代大学生所面对的是一个新旧交替、科学技术飞速发展的全新的历史时期，肩负着建设中国特色社会主义和谐社会、中华民族伟大复兴的时代使命，大学生要施展才华就一定要清楚未来职业的发展趋势和职业世界的用人需求，做到未雨绸缪。

案例引导

谭木匠的企业经营之道

看起来虚无缥缈的价值观对于一个企业到底意味着什么？它源自创始人自身的道德和信仰，也是后来一切商业行为的出发点和奠基石。

2009年岁末，登陆香港市场的最后一只新股是一家卖木梳子的内地公司。它的品牌你应该不会陌生——谭木匠。没错，创始人就是那位秃顶、留着两撇粗胡子、长得很像艺术家的残疾人谭传华。小店门脸上还总挂着"我善治木"的牌子。

虽然谭木匠年营收不过1亿多元人民币，但这家公司却以黑马姿态在上市首日涨了52%，总市值接近10亿港币。

你可能会好奇：木梳镜子这些小物件没什么技术含量，非常容易仿造。全中国做木梳的成规模的企业超过 200 家，偏偏只有谭木匠产品的毛利率超过 55%，纯利率不低于 30%，这快赶上软件业的暴利了，而且不打广告甚至从不降价。

谭木匠用十年时间织就了一张遍布全国 31 个省市 853 家特许加盟店的销售网络。事实上，谭木匠并非什么百年老字号，谭传华夫妻 1997 年才开始干。那么，谭木匠又是怎么做到上述这两点的呢？答案其实也被写在招股说明书的显著位置，就六个字："诚实、劳动、快乐"。这正是谭传华倡导的"企业价值"。

"诚实是赢取客户信任的最佳方法之一"。税该交多少一点不少。使用的是普通木头绝不写成紫檀。因为"谭木匠"梳子是纯天然的，容易因为使用不当而发生损坏，于是谭传华干脆将产品弱点直接印在了产品包装上，以昭示顾客，"买者慎买用者慎用"。

"皮之不存，毛将焉附？"谭传华很清楚自己和加盟商的关系。在谭木匠，所有的加盟商统一叫店长。一年之内，凡是店长觉得不好卖的货都可以原价退货。"实事求是公平合理地处理总部和加盟商之间的关系，这也是一种企业的诚实。"谭传华认为。

"每个人都应该勤奋工作，以及获得受聘机会"。谭木匠的每一把梳子都是新的，但齿没有棱角，好像已经梳了十年、二十年，这不是靠打磨，这就是谭木匠的绝活。现在，谭木匠在一把小小梳子上已经拥有 66 项专利，开发出了 2400 多种款式。

谭木匠创立至今，一半工人属肢体伤残、听障或视障等残疾人士，主要内地加盟商都是个体商贩，这些人皆非社会上流阶层。"提供可靠的产品与优质服务，在满足客户需要的同时，给予特许加盟商、员工及本集团工作上的满足感"，此谓"快乐"。

企业对店长好，店长就对员工好，员工就对顾客好，顾客就对企业好……这是谭木匠的自循环系统。按松下幸之助的说法，"诚实的行为才能走得更远"。

为什么很多老字号收归国有或者被职业经理人接管后，如今日薄西山了，说一千道一万，就是因为经营者非所有者，只是在使用这个品牌，走得太远就忘记了当初出发的原因。

当然，一个系统的正常运转有赖于制度而非道德原则。但这个系统的缔造者如同一个造钟的人，他从第一天起怀着什么样的心态和感情来对待这份工作，用什么样的方式选择组合这些零件，他和后来的使用者用什么样的标准手段来维护保养这些个体，决定了这个钟能运转多久，能创造多大价值。

中国绝大多数搞连锁经营的，为了统一品牌、控制品质、保证回报，恨不得用上最先进的 IT 系统、标准化管理手册、厚厚的法律合约，就这样还宁愿直营不愿搞加盟，为什么呢？

谭木匠的招股书里坦言"本集团对其特许加盟商的不当行为及滥用本集团品牌并无控制权……"也就是说，如果没有共同价值观做纽带，其他的一切东西都弱不禁风。

价值观问题，一直是商业社会的大问题。

案例分析

谭木匠的成功是中国连锁隐形冠军的成功。所谓"隐形冠军"就是专注于消费者的一个细分需求，立足于一个细分市场，最终达到行业领先甚至垄断的市场地位，这是企业真正的核心竞争力，是真正具备基业长青的能力。

孔子把"仁"作为最高的道德原则、道德标准和道德境界。谭木匠以诚信赢得口碑，以仁爱关怀员工，它的经营理念让我们看到了企业家的职业道德和职业准则，让我们领悟了"治大国，若烹小鲜"的深刻意涵，更让我们明白了为什么一把小小的木梳能够支撑起享誉全国的品牌。在一个追求"短、平、快"商业世界，工匠精神不仅仅是一种情怀、道德和操守，让工匠精神回归，恰恰是现代工业文明的开始，而围绕"诚实、劳动、快乐"的企业价值观不仅实现了谭木匠的致富梦，也让千千万万的百姓有机会享有自己的"大国品牌"。

（案例来源：南都周刊，编写组略有删改。）

众所周知，职业是参与社会分工，利用专门的知识和技能，创造物质和精神价值，获得合理报酬，满足物质生活、精神生活的一种社会交换方式。职业会随着时代的发展而变化，然而不论是职业的产生还是职业的发展都与人类的生活密不可分。因此，认知职业世界是个体进行职业生涯规划的重要环节之一。

第一节　职业认知的概述

职业活动与社会分工的关系极为密切，人类的生存和发展离不开社会生产劳动。由于社会生产劳动的需要，必然会出现社会分工，而社会分工的出现，必然促进职业的产生。因此，职业就是一种以社会分工和劳动分工为纽带的社会形式和社会关系。

一、职业的产生

社会分工是职业产生的基础。在人类社会的原始氏族公社初期，生产力很低，劳动过程中只有简单的自然行为方面的分工，谈不上什么职业。后来由于需要、偶然性、天赋等，出现了自发地或自然地产生的分工，从事于某种工作，如采集野果、上山打猎、下河捕虾等。这种自然地产生的社会分工或从事于某项工作，还不是真正意义上的职业，准确地讲还是一种低级的、原始的、不固定的职业分工。真正意义上职业的产生，是在原始社会末期才出现的。在原始社会末期，由于劳动生产方式的进步、人口的增长引起了三次大分工的出现。

第一次社会分工是农业和畜牧业的分离，形成了专门从事农业、畜牧业的劳动者；第二次社会分工是指手工业从农业中分离出来，出现了专门从事工艺技术的工匠师傅和独立的手工业者；第三次是商业的出现，产生了专门从事商业活动的商人。在三次社会大分工过程中，逐步形成了物质生产劳动和精神生产劳动、体力劳动者和脑力劳动者的分离。此时，开始形成和产生实质性的、真正意义上的职业。

社会大分工的形成经过了漫长的历史演变，在现代社会达到了极大的广泛性和普遍性，没有社会大分工就没有生产、财富和人类社会的向前发展。分工一方面在生产者中趋向于细密、专门、单一化；另一方面在管理者中趋向于整体、统观、综合化。这种职业不再是按性别（男耕女织）和年龄特点来划分，也不是仅仅局限于家庭范围内的物质生产劳动的分工，而是依照劳动者的类型、形式在全社会范围内来划分；这种职业也不是偶然存在的社会性分工。这就进一步表明了社会上的每一种职业都是社会发展过程中长期形成的一种分工形式，是根据一定社会意义运用相应的知识、技能、习俗和个人经验所进行的劳动。职业的形成以劳动分工为基础。

二、职业的发展

随着社会的发展和进步，特别是现代科学技术的迅猛发展，新产品的运用，新工艺的推广，经济的增长和社会的综合与协调发展，社会职业的发展变迁也出现了不断加快的趋势。主要表现在以下几个方面。

（一）职业分类频率增大

在职业产生初期，种类少，发展缓慢。随着社会的发展，职业种类增加的速度逐渐加快。据有关统计，我国封建社会初期（周朝），社会职业与行业是同义语，只被分为六大类，即王公（发号施令的统治者）、士大夫（负责执行的官员）、百工（各种手工业工匠）、商旅（商人）、农夫（种田人）、妇功（纺织、纺织的妇女）。所谓"百工"就是技艺匠人的总称。当时木工7种，金工6种，皮工、染色工各5种，还有其他各种工匠，加起来也不过三四十种，十分简单。到了隋朝，增加到100个行业，比周朝增加了一倍多，到了宋朝达220个行业，又比隋朝多一倍多。到了明朝增至300多个行业，当时人们把社会职业分工统称为360行。新中国成立后，全国各种工种岗位的总和已发展到10000种左右。1982年，我国第三次人口普查使用的《职业分类标准》，将职业划分为8个大类、64个中类、301个小类；1993年，原劳动部发布的《中华人民共和国职业工种分类目录》将职业划分为46个大类、4700多个工种；1999年，劳动和社会保障部组织制定《中华人民共和国职业分类大典》，将我国职业分为8个大类、66个中类、413个小类、1838个系类（职业）；2015新版《中华人民共和国职业分类大典》的职业分类结构为8个大类、75个中类、434个小类、1481个职业，与1999版相比，维持8个大类，增加9个中类和21个小类，减少547个职业。可见，职业种类的变化十分迅速。

（二）职业结构变迁速度加快

1.增长和发展中的职业

（1）生产领域。尽管第一产业、第二产业的职业数量在减少，从业人员总量和比例也在减少，但由于在这两个产业中生产知识和技术密集程度的提高，还是出现了一些新的职业或者职业群。典型的有第一产业中的基因和转基因工程师、遗传工程师、细胞工程师、生态农业技师和技工；第二产业中的加工中心工程师和技师、环境监测工程师、计算机辅助设计工程师和技师（CAD）、计算机辅助制造技师和技工（CAM）、纳米材料生产技师和技工，以及航空航天技师和技工等。

（2）服务领域。由于生产活动方式的变化，以及生活内容的增加，新产生的职业数量远远大于生产部门职业数量。这些新职业主要集中在信息服务业、管理和咨询服务业以及社会服务业三个方面。

① 信息服务业。信息产业是发展最快的产业，与信息产业相关的职业也是发展速度最快的职业群。据经济合作与发展组织统计，信息职业已占各种新生职业总和的40%以上。另据美国的统计，美国从事信息和知识生产、分配与传递的人数已超过全部从业人员的半数。信息和通信技术的急剧扩张，导致了社会对计算机工程师、计算机系统分析师及计算基础科学和各个领域的应用专家与操作技术人员的大量需求。有些专家认为，信息产业有可能从第三产业领域独立出来，成为第四产业。

② 管理和咨询服务业。由于管理和咨询活动对于经济、生产、社会生活甚至个人生活的影响越来越大，它们已成为第三产业领域另一个发展最快的职业群。在这个职业群的发展中，专业管理人员和专业咨询服务人员的功能划分更加细化，在社会组织中的责任、地位和声望日益提高。金融分析师、投资咨询师、心理咨询师、人力资源管理师、保险评估师、保险精算师、税务代理师、理财代理师等都已成为最新的热门职业。

③ 社会服务业。在第三产业领域，提高居民生活质量、满足居民消费需求的服务性职业也有了突破性的发展。家政服务、旅游、康乐、健身、医疗以及其他生活服务领域，都有许多新职业涌现出来。家政服务助理、养老护理师、育婴师、形象设计师、健身教练、室内装饰设计师等职业的出现，反映了人们对生活质量的要求越来越高，服务性消费需求越来越丰富化。

2. 衰落和消退中的职业

衰落和消退中的职业主要集中在第一、第二产业。在结构调整中，第三产业也有部分职业消退，这种职业的衰落和消退往往与技术或产品的更新使某种职业失去市场有关，或由于制度和政策的限制，禁止使用某种材料或工艺，致使某些职业难以为继。例如，在英国的工业转型过程中，曾经作为产业革命标志的煤矿工人和纺织工人几乎消失殆尽。随着数控机床的普及，传统的通用机床操作工正在迅速减少。在第三产业，传统的机械打字员、铅字排字工等职业也已消失。

3. 调整和变化中的职业

三个产业部门中，有许多传统职业在新的条件下发生了较大调整和变化。在第一产业，传统的农民转化成为农机师、农艺师或者从事专业性更强的无土无害栽培工作的现代农艺师。采煤、采油等技术向高科技化转变，产生了新型的煤炭液化气化职业，以及海洋石油开采等职业。在第三产业，变化发展更迅速，过去的理发员转变为形象设计师，销售库管人员转变为物流配送师等。事实上，几乎所有的职业都会随着生产技术的进步而发生一些调整和变化。还需要指出的是，在现代职业的发展与变动中，中间层次和中等地位的职业发展较快，例如，第一、第二产业中生产部门和实验部门的技术技能人员，第三产业中的助理医师、助理律师、服务技师和个人助理或家政助理等，在欧美国家都是需求增长很快的职业。与此相对，高层次的职业（科研学术等）和低技能的职业需求发展都较缓慢，许多低技能职业甚至出现停滞或负增长。

（三）职业活动内容不断更新

同样的职业，在不同的时代，工作内容会有很大变化。旧的业务知识、技术方法过时了，就会被新的业务知识、技术方法所取代。比如刑事警察这种职业，远比19世纪的一般侦探要求要高得多。完成任务需要掌握现代知识和掌握使用现代工具的本领。要通晓法学、法律和犯罪心理学，掌握侦探技术、电子技术、鉴定技术、擒拿技术、驾驶技术等。职业没有变，但内容已更新。再如设计院的工程师，以前是使用图版、尺子、画图笔画出图纸，而随着计算机的广泛应用，运用CAD技术画出的图纸美观、准确、奇妙无穷，告别了尺子加图纸的时代，大大提高了工作效率。同样是做设计工作，所凭借的工具发生了革命性的变化。

（四）职业的专业化、综合化和多元化

随着科学技术的发展，有些职业的专业化越来越强，若不具备一定的专业能力，达不到职业的要求，就不能适应职业的需要。比如邮电行业，由于新技术的广泛应用，缺乏现代化电子技术的人就难以胜任工作的要求。职业除了专业化越来越强以外，开始向综合化、多元化的方向发展，打破了以往每种职业都有相对固定范围的界限，职业与职业之间相互交叉延伸，界限模糊。就从业者来说，以前的研究人员只管科研成果，但现在的很多研究人员，既是研究者又是市场开拓者，有的还是管理者。从生产部门来说，现在很多企业变成以一业为主，兼营别业，这些企业的工作人员在一个职业岗位却同时具有几种职能、几种身份。

（五）职业流动速度增强

在工业化程度较高的国家，由于自动化技术的发展和广泛运用，职业的更新与流动增强。据统计，在1950～1966年的15年时间里，大约有8000种职业从西方劳动力市场上消失，同时又出现6000多个新的职业工种。经合组织的职员平均每5年要更换一次工作。美国人平均每人一生的职业流动达12次，在16～65岁的美国人中，有36%处于"实际的"职业转移或"期待中"的职业状态。由此可见，现代职业结构随着技术的不断更新，呈现出极强的智力性和流动性特点。北京大学人力资源开发与管理研究中心和上海市对外服务有限公司共同发布的《中国人力资源服务业白皮书》指出，多次就业代替一次就业成为主流。未来社会中，一辈子做一份工作的概率大大降低。一方面，企业会优中选优；另一方面，一些大学生因为找不到工作，而不得不暂时性地选择就业，然后再寻求职业发展。当代社会职业的迅猛发展，势必对大学生就业产生多方面的深刻影响。大学生在求职择业和进行就业准备时，必须审时度势，充分考虑当代社会职业发展新趋势。

三、未来职业的发展趋势

（一）与高科技相关的职业不断发展

第二次世界大战以后。重视技术开发和技术创新成为世界各国普遍关注的焦点。一批新兴的尖端技术在自然科学最新研究成果的推动下不断涌现，汇集成高新技术的革命潮流，在世界范围内产生了较为广泛的影响。今天，电子和计算机技术、自动控制技术、能源新技术、激光技术、新材料技术、航天技术、生物技术、海洋技术成为引领现代高技术革命潮流的"弄潮儿"。这些新技术、高技术的发展极大地推动了传统产业革命的现代化，不仅产生了巨大的社会经济效益，而且也带来了产业结构、劳动力结构和社会职业结构的变化。所以，随着新技术革命的不断深化，高新技术产业开发区的逐渐增加，以及高技术公司企业的日渐增多，与这些领域、行业相关的职业将得到进一步发展。

（二）第三产业的职业渐趋增加

第二次世界大战前，职业兴衰起伏的过程较为缓慢，三大产业结构之间的比重升降也不剧烈，随着科学技术水平的提高，不少职业的寿命相对缩短，职业之间的地位兴衰不断变迁，尤其是第三产业的职业数量增加迅速，就业人口显著增多。以往人们认为第三产业是服务性行业，并没有得到足够的重视，许多经济学家也认为第一产业和第二产创造财富，第三产业不创造财富。因此，一些国家和地区在制定经济发展战略时优先发展第一产业和第二产业，忽视发展第三产业；而现在第三产业则受到了前所未有的重视，其在国民经济发展中的作用越来越大。据亚洲开发银行报告，1990年第三产业在国民生产总值中所占的份额，中国的香港地区已达到了70%，中国的台湾地区为52.3%，而在国家层面，新加坡为63.8%，泰国为50.1%。第三产业从业者占全部从业者的比例，在发达国家均已超过50%。

据国际劳工组织出版的《劳动统计年鉴1998》显示,第三产业从业者的比例,美国和加拿大最高,为69%,其后依次为澳大利亚(68%)、英国(66%)、法国(63%)、日本(58%)、德国(54%)。中国社会主义市场经济体制的建立,要求我们必须对计划经济体制下的经济结构进行战略性调整。在未来经济结构的调整中,加快第三产业的发展将成为经济发展的主要目标,交通运输业、邮电通信业、商业、服务业、金融保险业、卫生、体育、教育和文化艺术等行业将为就业者提供较多的职业岗位和发展空间。

(三) 对从业者素质要求不断提高

随着科技转化为生产力周期的缩短化、体力劳动的脑力化、职业技术发展的快速化以及职业任务的细分化,对从业人员的素质要求会相应提高。不论从事何种职业,职业世界对于从业者的素质要求都有一个通行的标准。

1. 提高运用和掌握信息技术类知识的能力

信息社会的到来,特别是"信息高速公路"的联网,多媒体技术的广泛应用,引起了通信、自动化、传感、机器人、电子等领域人才的大量需要。只有掌握了信息技术,从业者才能在未来社会中通过网络化、智能化的信息系统,在最便利的环境中享有多种信息和知识资源。

2. 注重创新素质的培养

从业者要尽可能地拓宽知识面,为创造性思维的形成提供信息积累;要注重自信、激情、好奇心、毅力、开拓精神等良好的心理素质的培养;要重视创新思维方法的训练,特别注意对思维自由度和速度、思维的定向力、思维的广度和开放性等方面的训练。

3. 注重终身学习和自学能力的培养

当今社会,知识经济已经开始占据国民经济的主导地位,教育在社会发展和个人生活中的地位越来越重要,终身教育和终身学习已成为开启21世纪大门的钥匙。学会学习是21世纪人才的首要能力。当代大学生的自学能力主要体现在:更新自己原有专业知识的能力、学习新知识的能力、综合各门学科知识的能力。

大学毕业生踏上工作岗位后,往往认为学习生涯已终结,有的甚至天真地认为在大学里所学的知识完全能够应对工作中遇到的问题和发生的事情。这种认识非但有害,而且危险,无论对个人的发展,还是对适应社会来说都是不利的。其实,由于知识老化加速,在人的一生中,大学阶段只能获得需用知识的10%左右,而其余90%左右的知识都要在工作中不断学习获得。因此,只靠在校学习的"一次教育"的观念已经过时,通过"二次教育""终身教育"才能建立一个不断演进的知识体系。否则,即使大学毕业后一时光彩逼人,终会难免江郎才尽。

4. 注重综合文化素质的提高

随着职业的精细化、综合化和多元化发展,以及职业流动速度的加快,既拥有专门知识又视野通达的复合型人才愈发受到社会职场的欢迎。有人将之形象地比喻为"T"型人才:"一"代表广博宽厚的基础知识,"丨"代表精深实用的专业知识和技能。美国曾对1311位科学家进行了长期调查,结果发现有成就的科学家很少是仅仅精通一门专业的"专才",而是博学多才的"通才"。比利时根特大学认为要培养"能看到最不同的学科领域间的相互关系的人,而这种人又应是普通文化科学和自然科学的内行"。

过去，大学生学习时过分强调"专业"，就业时过分强调"对口"。在新的历史条件和社会环境下，大学生要转变观念，超越所学专业，拓宽知识面，在学好专业知识、培养专业技能的基础上，尽可能多地涉猎各学科知识，培养组织管理、综合思维、人际交往、语言表达等多种能力，以适应社会对复合型人才的要求，增强就业适应能力。

5. 注重思想品德素质的培养

如果说智能才学是人才培养中的"硬件"，那么思想品德就是人才培养中的"软件"，两者相互结合、相得益彰。进入 21 世纪以来，人们已经形成了一种共识：当今社会的竞争是以经济和科技为中心的综合国力的竞争，但归根到底是教育的竞争，而教育的竞争归根到底又取决于学生质量的高低。一个人有着怎样的思想品德，便有着怎样的人生。21 世纪人才素质的核心应该是学会做人。要学会做人，就必须具备优良的道德品质。道德素质应包括社会公德、职业道德、伦理道德、与人为善等。马克思主义认为人是一切社会关系的总和，作为社会人，任何人都时时刻刻生活在与他人交织在一起的巨大社会关系网络中。所以，在青年成长的过程中不免会受到各种各样行为的影响和诱惑，正是在这些精神支柱的约束下，青年才能规范自己的行为，朝着既定的目标前进。

四、职业世界的用人需求

职业世界对人才的要求随着时代的发展而变化。近年来，社会用人需求出现了新的特点：由操作型向智能型转变，由单一型向复合型转变，从职业型向社会型转变，从就业型向创业型转变，由阶段性学习向终身性学习转变。

（一）最受欢迎的五类人才

从长远来看，社会需要的人才不仅要拥有高学历、高学识，同时还要懂技术、会操作，且擅长于经营，精于管理。统计显示，以下五种类型的人才是最受欢迎的人才。

类型一：胆识卓越，思维敏捷，善于综合，长于用人的领导型人才。

类型二：知识渊博，视野广阔，善于思考，甘为人梯的导师型人才。

类型三：目光敏锐，胆大心细，善于开拓，精于市场的经理型人才。

类型四：治学严谨，勇于探索，敢于创新，专于发明的专家型人才。

类型五：不辞劳苦，遵章守纪，善当参谋，精于理财的管理型人才。

（二）不同职业或岗位对任职者的核心素质要求

企业或者用人单位需要什么样的人才？这不仅是求职者非常关心的问题，同样也是各类企业组织自身非常关心的问题，当然这也是一个仁者见仁、智者见智的问题。由于所处行业、组织的不同，即使是同一个行业，不同职业或岗位对从业者的素质要求也会有所差异。包括岗位的职责、对工作技能的要求，形成了各类职业的素质要求。大学生应提早了解职业和岗位对我们的素质要求，这是我们做到职业生涯规划的第一步，即知己知彼的前提条件。

1. 公务员

公务员，全称为国家公务员。在中国，公务员是指依法履行公职、纳入国家行政编制、由国家财政负担工资福利的工作人员。公务员按职位的性质、特点和管理需要，划分为综合管理类、专业技术类和行政执法类等类别。公务员对个体的素质要求包括政治素质、专业知识、智力素质、心理和身体素质。其中,对政治素质的要求特别高,通常要求任职者对党和国家的方针政策具有较准确的把握度,对时事政治和国家大事必须具有一定的关心度,还应该具有敏锐的政治嗅觉和政治洞察力。

2. 工程技术人员

工程技术人员是指能够应用基础科学和工程科学理论知识与方法及各种专门技能,将设计、规划、决策物化为工艺流程、物质产品、实施方案,并能在工程一线进行生产、维护等实际操作的专业技术人才。在我国高校里,工科类大学生毕业后大部分将从事工程技术工作,工程技术人员的核心素质要求包括以下几个内容。

① 扎实的专业知识和技术。
② 分析和综合能力。
③ 卓越的动手实践能力。
④ 突出的创新创造能力。
⑤ 良好的合作精神。

3. 科研人员

科研人员是指专门从事科学研究的从业人员,主要分布在高校、企业的研发部门、研究所等。科研人员可分为自然科学研究人员和社会科学研究人员两大类。两类科研人才对素质的要求有共通点,也有各自的特色。其中自然科学研究人员特别需要数理能力、动手能力和严谨的思维;社会科学研究人员特别需要语言和文字表达能力、想象力和直觉敏感性、抽象思维和推理判断能力。两类科研人员的共性是均需要具有逻辑思维能力和判断能力、雄厚的基础理论知识和专业知识、强烈的好奇心、创新能力和协作精神、获取和更新知识的能力,同时要求不浮躁,能够沉下心来做研究。

4. 管理人员

管理是一种用计划、组织、监督、控制、激励等手段通过他人做好工作,实现组织目标的活动。管理工作又具体分为经营管理、技术管理、行政管理。经营管理是指在企业中为使生产、采购、物流、营业、人力、财务等各种业务,能按经营目的顺利地执行、有效地调整而进行的系统运营和管理活动。技术管理通常是指在技术行业当中所做的管理工作,管理者一般具有较高的技术水平,同时带领自己所管理的团队完成某项技术任务。行政管理是指运用行政权力对组织(国家、企事业单位等)的行政事务开展的管理活动。

(1) 经营管理。经营管理者具有:强烈的市场和用户观念;既是本行业生产技术的内行,又有比较宽广的知识面;综合分析能力;控制能力;应变能力;决策和辅助决策的能力;良好的谈判和社交能力。

(2) 技术管理。技术管理者具有:较强的技术和经济观念;既精通专业知识,又有宽广的知识面;周密的思维能力;对新技术和新产品有敏感性和较强的鉴别能力;信息观念和信息沟通能力;社交能力。

(3) 行政管理。行政管理者具有:较强的法治观念、纪律观念和群众观念;较强的办事能力、工作忙而不乱,并能处于公心而公道处事;良好的分析、综合、比较、抽象等思维能力;较强的组织管理、协调能力和决策能力;信息观念强,具有接受反馈、适时反应的应变能力;较强的调研能力和政策水平;善于处理人际关系,兼具原则性和灵活性。

5. 商业人员

商业人员可以分为三种：销售人员、市场人员、外贸人员，下面介绍三种不同类型商业人员的素质要求。

（1）销售人员。销售人员具有：善于换位思考，及时抓住客户的关注点；抗挫折能力强，不怕被拒绝；较强的社交能力和干练的办事能力，能够承担风险；机敏的反应能力，勤思考、善分析。

（2）市场人员。市场人员具有：能在市场调研和信息采集基础上，组织分析、比较和选择市场销售方案，进行资源整合以把握市场时机；头脑清醒、思维敏捷；团队意识强，能够接受新的信息、观念和想法；强烈的时间概念，能够正确认识危机，有快速应变能力。

（3）外贸人员。外贸人员具有：反应灵敏、待人热情，有较强的社交、涉外能力；外语水平高，语言表达能力强；扎实的外贸专业知识和较宽的知识面；较强的协调能力和合作共事的能力。

6. 专业服务人员

专业服务人员是指一种利用专门知识和技能为他人提供专业帮助、解决其实际问题的高素质人才，专业服务人员分布在经济、科技、法律、金融、贸易等各个领域。专业服务人员不同于一般服务人员的特征在于其不容易被替代的专门知识和技能。随着服务业在我国国民经济中的地位越来越重要，专业服务人员的社会地位和薪资都将得到了较大提高。专业服务人员包括咨询师、鉴定师、评估师、理财规划师、律师等。这些职业的共性是要求从业者具备以下素质：实事求是、客观公正；拥有扎实的专业知识和宽广的知识面；责任心强，慎重细致；严守纪律，保守商业秘密；较强的逻辑思维和判断能力。

7. 创意人员

创意人员是指以自主知识产权为核心，以"头脑"服务为特征、以专业或特殊技能（如设计）为手段的高素质人才。常见于动漫、广告、艺术表演、电视广播、建筑、设计、时装、古玩艺术品、电影、音乐、出版、软件与电脑服务等行业。创意产业的从业人员在很多方面是相似的，比如敏锐的洞察力、持续的创新能力、融会贯通的能力、高超的学习能力、丰富的想象力等。

第二节　职业探索的维度和方法

在前文中已经对职业的产生和发展等内容进行了介绍，但是在探索职业世界的过程中，大学生最关心的，或者说与找工作最直接相关的还是应聘的职位和具体的用人单位。

一、职业探索的维度

通常来讲，职位会明确规定出对应聘者的能力素质要求，具体考察一个人是否胜任一项工作；而单位（公司、企业）中的文化特征决定了一个人未来的工作环境和发展路径。因此，对岗位与工作单位的了解对于职业探索而言显得更为重要，下面将结合职位分类及单位属性，介绍职业探索中更为细化的维度。

（一）关于组织

1. 组织文化

组织文化是指组织成员共享的价值观体系。它使组织独具特色，区别于其他组织，是组织在长期的生存和发展中形成的。正所谓"小型企业靠领导、中型企业靠行业、大型企业靠文化"，组织文化是组织最宝贵的无形资产，是塑造员工、凝聚员工最重要的法宝。很多知名企业以其独特的企业文化而著称。

华为总裁任正非创建了生生不息的华为文化，以企业文化为先导来经营企业，是任正非的基本理念。他认为资源是会枯竭的，唯有文化才能生生不息。他说："人类所占有的物质资源是有限的，总有一天石油、煤炭、森林、铁矿会开采光，而唯有知识会越来越多。以色列这个国家是我们学习的榜样。一个离散了两个世纪的犹太民族，在重返家园后，他们在资源严重贫乏，严重缺水的荒漠上，创造了令人难以相信的奇迹。他们的资源就是有聪明的脑袋，他们是靠精神和文化的力量，创造了世界奇迹。"华为企业文化的核心是以客户为中心，以奋斗者为本。在全球化竞争中奠定了基础，提高了科学管理能力和运行效率，合理降低了内部成本，促进新生的优秀干部快速成长。

海尔从一个亏损的企业发展成为今天的国际化大公司，走过了"名牌战略""多元化战略""国际化战略"三大阶段，但其赖以发展的基石是"海尔文化"，其中最关键的部分是海尔的"愿景"和"使命"。当张瑞敏被问到最终理想是什么时，他回答道："成为一个真正的世界品牌，不管走到世界任何地方，大家都知道海尔是一个非常好的、令人喜欢的品牌。"这就是海尔的愿景，海尔的企业使命则是"敬业报国"，海尔的核心价值观是创新。

由此可见，组织文化就是一个单位的"家风"，了解组织文化的差异，进而做到个人与组织文化相匹配，会对一个人的职业发展产生较大的影响。艾莫瑞大学的杰弗里·桑南菲尔通过对组织文化的研究，确认了四种组织文化类型，即学院型、俱乐部型、棒球队型、堡垒型。学院型的特点是喜欢雇用年轻的大学毕业生，并为他们提供大量的专门培训，然后指导他们在特定的职能领域内从事各种专业化工作；俱乐部型的特点是非常重视适应、忠诚度和承诺，在俱乐部型组织中，资历是关键因素，年龄和经验都至关重要，与学院型组织相反，它们把管理人员培养成通才；棒球队型的特点是鼓励冒险和革新，招聘时从各种年龄和经验层次的人员中寻求有才能的人，薪酬制度以员工绩效水平为标准，由于这种组织对工作出色的员工给予巨额薪酬和较大的自由度，员工一般都拼命工作；堡垒型的特点是着眼于公司的生存。这类公司以前多数是学院型、俱乐部型或棒球队型，但在困难时期衰落了，现在尽力来保障企业的生存。人们常说，通过观察外表、行为举止、交谈、相处等方式，可以由外到内了解一个人的秉性。同样，通过观察、交谈和相处可以对一个组织的文化进行由表及里的认识。组织文化包括四个层面：物质层面、制度层面、行为层面、精神层面，这四个层面呈同心圆。

（1）物质层面。组织文化的表层，包括设备、产品和生产环境，以及视觉形象、厂房外观、颜色、服装、车辆等。

（2）制度层面。组织文化的浅层，包括管理体制、规章制度、经营机制、奖惩办法及行为准则、道德规范等。

（3）行为层面。组织文化的中层，包括会议、活动、典礼仪式、领导风格、行为、语言及习惯等。

(4) 精神层面。组织文化的核心层，包括企业愿景、经营理念、价值取向、标语口号等。精神层面的核心是企业的核心价值观，即企业全体员工共同信奉的价值标准和基本信念，也可称作企业的基本信仰。价值观是企业文化中最稳定的内容。随着企业内外环境的改变，企业的竞争战略与策略、经营手段和管理模式可以变化，但核心价值观不会轻易变化。比如，宁波雅戈尔集团的"装点人生，服务社会"，大连燃料总公司的"燃烧自己，温暖他人"，既有行业特点，又有其独特的文化底蕴。

物质层面、制度层面和行为层面是组织的显性组织文化。显性组织文化是组织精神的物化产品和精神行为的外在表现形式，人们通过直观的视听就能感受到；而精神层面是组织的隐性组织文化，是组织文化的根本。

2. 组织结构

如果说组织文化是从精神层面影响一个单位的工作氛围、员工处事风格和人际关系状况，那组织结构则是从工作实施的层面对工作任务进行具体分工、分组和协调。组织结构是企业的基本架构，相当于人体的骨骼系统，是企业管理的重要组成部分，是企业运行发展的基础和有力支撑。单位组织结构的类型较多，在此仅介绍几种常见的形式。

(1) 简单型组织结构。又称直线型结构，就是经常说的扁平式结构，简单到无法通俗地去解释。它通常只有2~3层垂直层次，员工之间的联系比较松散，决策权集中在一个人身上。

(2) 职能型组织结构。在组织内设置若干职能部门，并都有权在各自业务范围内向下级下达命令，也就是各基层组织都接受各职能部门的领导，但是在现代企业一般都不采用职能制。

(3) 直线-职能结构。在组织内部，既设置纵向的直线指挥系统，又设置横向的职能管理系统，以直线指挥系统为主体建立的两维的管理组织。

(4) 事业部制。又称分部型结构，即在直线职能制框架基础上，设置独立核算、自主经营的事业部，在总公司领导下，统一政策，分散经营，是一种分权化体制。其标志是主要按产品、顾客或地域划分事业部，必备的三个基本要素是独立的市场、独立的利益、独立的自主权。

(5) 矩阵型组织结构。由纵、横两套管理系统组成：一套是纵向的职能领导系统；另一套是为完成某项任务而组成的横向项目系统，横向和纵向的职权具有平衡平等性。也就是说，它既有按职能划分的垂直领导系统，又有按项目（或产品）划分的横向领导系统的结构，矩阵结构创造了双重指挥链，这是对古典的统一指挥原则的违背。

(6) 虚拟组织结构。虚拟组织结构是一种以项目为中心，通过与其他组织建立研发、生产制造、营销等业务合同网，有效发挥核心业务专长的协作型组织形式。虚拟组织有时也被称为"动态网络组织"，又称"虚拟公司"或"影子公司"，它是产业合作网络中具有代表性的一种经营形式，是指企业在组织上突破有形的界限，虽有生产、设计、销售、市场、财务等完整的功能，但企业体内却没有完整地执行这些功能的组织。

3. 职业生涯发展通道

职业生涯发展通道是组织为内部员工设计的自我认知、自我成长和晋升的管理方案。职业生涯发展通道可以显示出员工的晋升方式、晋升机会的多少、如何晋升等，从而为那些渴望获得职位提升的员工指明努力的方向。通过为员工设置职业生涯发展通道，一方面组织可以留住优秀员工，另一方面员工可以满足组织自身的职业发展需要。

（1）按照职业生涯发展的宽度、速度和长度共分成三种类型。

① 职业生涯发展通道的宽度。要求员工在多个职能部门、多个工作环境轮换工作的职业生涯发展通道是宽职业生涯发展通道，要求员工在有限职能部门和工作环境中工作的职业生涯发展通道是窄职业生涯发展通道。宽通道要求员工具备高度综合能力和适应能力，窄通道要求员工具备有限专业经验和技能。

② 职业生涯发展通道的速度。晋升速度比较快的职业生涯发展通道为快通道，晋升速度比较慢的职业生涯发展通道为慢通道。

③ 职业生涯发展通道的长度。职业生涯发展通道的等级在4级及以下的为短通道，10级以上的为长通道，在5~10级的为中等长度职业生涯发展通道。

（2）按照职业生涯发展通道的模式而言，它可以分单阶梯模式、双阶梯模式和多阶梯模式。

① 单阶梯模式。这种职业生涯发展通道模式往往只存在于性质比较单一的组织中，绝大部分组织采取双阶梯或多阶梯模式。

② 双阶梯模式。在组织中，存在着两个职业生涯发展通道，如管理系列和专业技术系列。沿着管理系列可以达到高级管理职位，沿着专业技术系列可以达到高级职位系列。在双阶梯模式中，同一等级的管理人员和技术人员在待遇与地位上是一样的。贝尔阿尔卡特移动通信公司的职业生涯发展阶梯是典型的双阶梯模式。技术人员的职业生涯发展阶梯共分为6级，由低级到高级依次为职业技师、助理职业工程师、三级职业工程师、二级职业工程师、一级职业工程师、专家。管理系列分为7个级别，依次为初级职员、中级职员、高级职员、主任职员、三级经理、二级经理、一级经理。

③ 多阶梯模式。在组织中，存在着三个或三个以上职业生涯发展通道，如管理系列、专业技术系列、业务线系列。相对于双阶梯模式，多阶梯模式可以为员工提供更大的发展空间。

（二）关于岗位

按照所从事工作的内容进行划分，人们将岗位分成技术岗和非技术岗两大类。技术岗顾名思义就是指具有特定专业技术需求的岗位，此类岗位要求从业者拥有特定的专业技术，并以其专业技术从事专业工作，像产品生产、研发、各类项目工程师等都属于技术类岗位。而非技术类岗位主要指担负领导职责或管理任务的工作岗位，这一岗位的设置要适应增强单位运转效能、提高工作效率、提升管理水平的需要，具体从事规划、咨询、决策、组织、指挥、协调、监督及机关内部管理工作的岗位，通常说的管理（行政）、销售、售后、财务均属于非专业技术岗。通常在大学生进行职业选择的过程中，首先要选择的就是毕业后是从事技术类岗位还是非技术类岗位，由于两类岗位在职业能力需求上存在明显差异，因此直接决定了后续求职过程中应如何准备简历、笔试及面试。

1. 技术岗位

技术岗通常侧重于专业技术，即使没担任过学生干部、很少参加学生活动，但只要具有用人单位希望应聘者具备的专业技能，那应聘者就有机会；相反，如果专业成绩平平、没参与过任何科研项目、没发表过任何学术论文，甚至不会应用相关专业的基本软件，那就要考虑远离技术岗，或是继续努力学习，达到相应岗位的需求。此外，技术岗位也有很多种，如果想成为一个单位的技术大牛，掌握单位最核心的技术和算法，那本科学历恐怕就显得捉襟见肘，没有知名院校博士学位或留学经历，想掌握500强企业的技术核心还是有难度的。但如果想从事技术周边或技术服务类的工作，硕士或是顶尖院校的本科生也可以。

2. 非技术岗位

非技术岗则侧重于非学术能力，即综合能力。学生可以成绩平平，也可以不是家长和老师眼中的好学生，只要某一方面的能力足够强，那也是有机会的，而这些能力的提升多源于学生干部、校园活动和社会实践经历。很简单的道理，人力资源人员有理由相信一个能管理好校级社团的学生，具有成为优秀管理人才的潜质，即使其成绩并不是名列前茅。相反，如果没担任过主要学生干部、没组织参加过学生活动、没参与过任何社会实践活动，那就很难在简历和面试中证明自己。从学历层次来看，非技术岗通常不需要硕士、博士那样的高学位，因为非技术岗需要的核心能力不是在实验室和图书馆学到的，如果学生善于运用大学的资源和平台，并且有那么一点儿"悟性"，本科四年将为一个人成为一名出色管理或销售人员奠定坚实的基础。

二、职业探索的方法

根据信息收集的方式，人们将探索职业世界的方法分为直接接触法和间接接触法，其中直接接触法获得信息较为直接，信息准确度也相对较高，但实施难度相对较大；间接接触法灵活多样，通常实施简单，但对于信息的准确性较难把握。大家可根据实际情况选取合适方法进行职业探索。

1. 体验式探索

（1）生涯人物访谈。生涯人物访谈是大学生获得比较全面、真实工作世界信息的最有效的方法，在效率和信息的真实性上有较好的平衡。这种方式是指大学生对身居自己感兴趣职位的人进行采访。接受访谈者应是称之为生涯人物的人，在这个职位上已经工作了三至五年甚至更长时间。为防止访谈中的主观影响，应至少访谈两人以上，如既有成绩卓然者，也有默默无闻者，这样访谈的效果会更好。访谈时，大学生应明确访谈的目的是收集供职业生涯决策的信息，而不是利用生涯人物来找工作，以免引起双方的尴尬。建议学生在正式进行访谈前，至少做两件事：一是为自己准备一个"30秒广告"，因为在访谈过程中，对方可能会问到自己的职业兴趣和目标；二是对需要提出的问题做一些准备，这样有助于访谈的深入进行，能够取得较高的效率。访谈中，学生可能提出的问题包括如下。

① 在这个工作岗位上，您每天做些什么？
② 您是如何找到这个工作的？
③ 您是如何看待该领域工作将来的变化趋势的？
④ 您的工作是如何为实现组织的总体目标或使命贡献力量的？
⑤ 您所在领域有"职业生涯道路"吗？
⑥ 本职业需要什么样的人？
⑦ 到本领域工作所需的基本前提是什么？
⑧ 就您的工作而言，您最喜欢什么？最不喜欢什么？
⑨ 什么样的初级工作最有益于学到尽可能多的知识？
⑩ 本领域初级职位和略高级别职位的薪水是多少？

⑪ 本领域有发展机会吗？
⑫ 本工作哪部分让您最满意？哪部分最有挑战性？
⑬ 什么样的个人品质或能力对本工作的成功是重要的？
⑭ 您认为将来本工作领域潜在的不利因素是什么？
⑮ 以您所见，您在本领域工作遇到了什么样的问题？
⑯ 对于一个即将进入该工作领域的人，您愿意提出特别的意见吗？
⑰ 本工作需要特别的知识、技能和经验吗？
⑱ 这种工作需要什么样的教育或培训背景？
⑲ 公司对刚进入该工作领域的员工提供哪些培训？
⑳ 还有哪些方法能帮助我深入了解该工作领域？
㉑ 您的熟人中有谁能作为我下次的采访对象吗？
㉒ 根据您对我教育背景、技能和工作经验的了解，您认为我在作出最终决定之前还应在哪个领域、什么样的工作上进行深入的调查研究呢？

当然，大学生可以根据自己的需要对以上这些问题再做整理，但对生涯人物关于工作的主观感受应该在访谈的范畴。比如："就您的工作而言，您最喜欢什么？最不喜欢什么？"这常常能让学生更立体地了解一种工作。另外，给生涯人物留出提供其他信息的机会，说不定会获得意想不到的收获。最后，不要忘记感谢接受访谈的生涯人物，最好在访谈结束当天发一份电子邮件或一条微信以表谢意。

可能很多学生会有这样的困惑：如何找到生涯人物？即使身边有这样的人，他们愿意接受自己的访谈吗？要知道学生对生涯人物访谈的另一个好处是拓展自己的人际关系网络。每个学生拥有那么多已经毕业的师哥师姐，还有专业课教师，他们都是很好的访谈对象。大多数有多年工作经验的人都非常愿意帮助学生了解各种工作的特点，所以大胆开口就好，毕竟这关系到自己的未来发展。

（2）工作跟随。生涯人物访谈一般是在一个固定的时间、地点与对方交谈，很难观察到对方工作时的具体情况。为克服这个不足，学生可以采取工作跟随的方式获取职业世界的信息，即跟随一名在职人士，通过观察其工作，直观地了解从事该职业的人员是如何工作的。当然，工作跟随除了像"影子"一样跟随对方、观察对方之外，还需要与对方进行深入交谈。通过工作跟随，可以更实际地观察其工作情形和工作内容等，以评估自己对该类工作的喜好或适合程度。

（3）社会实践。社会实践包括兼职、实习、社会活动、校园活动等。很多大学生只是想通过兼职来赚钱或锻炼能力，其实兼职还有另外一个重要的功能——了解职业世界。现在很多企业尤其是大型企业，针对在校大学生设立了很多暑期实习岗位，这些岗位分布在企业的各个部门、各个环节。通过暑期实习，大学生一方面可以锻炼自己多方面的能力；另一方面还可以丰富自己对职业世界的认知，特别是针对感兴趣的行业和职业。大学生要善于通过网络、校园招聘等途径获取企业实习岗位的信息，亲自走进企业、了解企业。除此之外，还有一些政府组织、社会团体、媒体或学生社团组织的各种活动，如"职业生涯规划大赛""职场精英挑战赛"等对大学生了解职业世界也是有帮助的。因为这些活动一方面会尽量模拟一个真实的职业环境；另一方面会邀请一些职场人士做点评嘉宾，透过他们了解职业世界也是一种比较有效的职业探索方法。

2. 间接性探索

（1）网络。网络是最为便利的获取工作世界信息的方式。到中华人民共和国人力资源和社会保障部网站、各行业协会主办的行业网站、猎头网站、调查网站、搜索引擎网站、用人单位网站等上可以找到非常丰富的职场信息。不过，很多人会陷入信息海洋中，而不知道如何整理和使用网络信息。其中，主要有两个网站是专门针对职业信息进行介绍的：Jobsoso中文职业搜索引擎（http://www.jobsoso.com）和麦可思中国职业信息数据库（http://www.mycos.com.cn）。

（2）视听资料。包括电影、网络学堂及各类有关电视节目在内的许多视听资料包含了很多有关工作世界的信息。比如，《劳动·就业》是直接针对工作世界而创办的栏目；《职来职往》是江苏卫视和中国教育电视台联合打造的，旨在帮助求职者正确对待自己与职场，为多样的职场精英提供就业机会的国内首档职场类娱乐真人秀节目。该节目囊括各行各业、人生百态，通过行业达人和求职者之间的对话，反映当下最热点的行业话题并产生观点的碰撞；通过不同行业、职位的人群，不同的思维与视角展示社会的本来面目，通过理性、客观、全面、真实的分析，展示真正的职场。当然，还有很多其他视听资料，大学生可以根据需要，通过百度视频、优酷等网站搜索相关视频。

（3）出版物。《中国大学生就业》是一本大学生可以方便获得的杂志，是全国唯一的为大学生就业提供指导与服务的专业性月刊。其办刊宗旨是为学校、毕业生和用人单位提供沟通交流渠道和信息咨询服务，宣传国家有关毕业生就业的方针、政策，加强毕业生就业指导，宣传和介绍企业，提升企业形象。《中国大学生就业》设有"特稿·专访""名企点击""求职体验""择业指导""学子心语""企业信息"等主要栏目，通过它可以获得丰富的行业、企业等方面的信息。

第三节 职业道德和社会责任

职业道德是同人们职业活动紧密联系的符合职业特点所要求的道德准则、道德情操与道德品质的总和，它既是对本职人员在职业活动中的行为标准和要求，同时又是职业对社会所负的道德责任和义务。职业道德和社会责任不仅关系到个人的名誉和形象，同时也关系到社会的持续发展。

一、职业道德

良好的职业道德是每一位员工都必须具备的基本品质，是企业对员工最基本的规范和要求。那么，怎样才能是具备良好的职业道德呢？下面阐述职业道德的主要内容。

（一）职业道德的主要内容

随着现代社会分工的发展和专业化程度的提升，市场竞争日趋激烈，整个社会对从业人员的职业观念、职业态度、职业技能、职业纪律和职业作风的要求越来越高。要大力倡导爱岗敬业、诚实守信、办事公道、服务群众、奉献社会为主要内容的职业道德，鼓励人们在工作中做一个好的建设者。

1. 爱岗敬业

爱岗敬业是对人们工作态度的一种普遍的要求，在任何部门、任何岗位工作的公民，都应爱岗、敬业，从这个意义上说，爱岗敬业是社会公德中一个最普遍、最重要的要求。爱岗，就是热爱自己的本职工作，能够为做好本职工作尽心尽力；敬业，就是要用一种恭敬严肃的态度来对待自己的职业，即对自己的工作要专心、认真、负责任。爱岗与敬业是相辅相成、相互支持的。

大学生要达到爱岗敬业的职业道德要求，第一，要有献身事业的思想意识。人是为生活而工作的，也是为工作而生活的，应当把自己的职业当成一种事业来看待。献身于事业就是要把自己的才华、能力以至于生命都投入到事业当中去，认认真真、毫不马虎。只有具备这样的思想意识，才能以从事本职工作为快乐。第二，要培养干一行、爱一行的精神。只有干一行、爱一行，才能认认真真"钻一行"，才能专心致志地搞好工作，出成绩、出效益。随着市场经济的完善和人才的相对饱和，用人单位会倾向于选择那些踏踏实实工作、有良好工作态度的人，所以，干一行、爱一行在今天仍有特别重要的意义。第三，爱岗敬业要贯穿于工作的每一天。提倡爱岗敬业，并非说一个人一辈子只能待在某一个岗位上，而是一个人无论身在什么岗位，只要在岗一天，就应当认真负责地工作一天。岗位、职业可能有多次变动，但对自己工作的态度始终都应当是勤勤恳恳、尽职尽责。

2. 诚实守信

诚实守信，是为人处世的基本准则，是一个人能在社会生活中安身立命之根本。诚实守信也是一个企业、事业单位行为的基本准则。企业若不能诚实守信，它的经营则难以持久。诚实守信也是社会主义社会公民的职业道德之一，每一位公民、每位企业主、每位经营者，都要遵守这一基本准则。诚实是人的一种品质。这种品质最显著的特点是，一个人在社会交往中能够讲真话。他能忠实于事物的本来面貌，不歪曲事实，不隐瞒自己的真实思想，不掩饰自己的真实情感，不说谎，不作假。守信也是一种做人的品质，就是讲信用，讲信誉，信守承诺，忠实于自己承担的义务，答应了别人的事一定要去做。其中"信"字也是诚实不欺的意思。

要在全社会发扬诚实守信的职业道德，扭转一些人不诚实、不守信的行为。第一，要靠教育；第二，要靠自我养成，从说真话、守时间、讲信誉等一点一滴的小事做起；第三，要发挥道德舆论的力量，对不讲信誉、不讲真话的行为予以批评、谴责，使他们脸上无光、心中内疚；对于讲信誉、以诚待人的公民要予以赞扬，号召向他们学习。我们也要看到，道德教育不是万能的，仅用道德手段还不能完全解决问题。必须在发挥道德作用的同时，与完善法纪、加强管理、改革用人制度等措施相配合。

3. 办事公道

办事公道是很多行业、岗位必须遵守的职业道德，其含义是以国家法律、法规、各种纪律、规章以及公共道德准则为标准，秉公办事，公平、公正地处理问题。其主要内容有：第一，秉公执法，不徇私情，坚持在法律面前人人平等的原则，正确处理执法中的各种问题；第二，在体育比赛和劳动竞赛的裁决中，提倡公平竞争，不偏袒，无私心，作出公平、公正的裁决；第三，在政府公务活动中对群众一视同仁，不论职位高低、关系亲疏，一律以同志态度热情服务，一律照章办事；第四，在服务行业的工作中做到诚信无欺、买卖公平，称平尺足，不能以劣充优、以次充好。同时，对顾客一视同仁，不以貌取人，不以年龄取人。

4.服务群众

服务群众是为人民服务的道德要求在职业道德中的具体体现,是国家机关工作人员和各个服务行业工作人员必须遵守的道德规范。其主要内容有:第一,树立全心全意为人民服务的思想,热爱本职工作,甘当人民的勤务员;第二,文明待客,对群众热情和蔼,服务周到,说话和气,急群众之所急,想群众之所想,帮群众之所需;第三,廉洁奉公,不利用职务之便谋取私利;第四,对群众一视同仁,不以貌取人,不分年龄大小,不论职位高低,都以同志态度热情服务;第五,自觉接受群众监督,欢迎群众批评,有错即改,不护短,不包庇,不断提高服务水平。

5.奉献社会

奉献社会是社会主义职业道德的最高要求,是为人民服务和集体主义精神的最好体现。每个公民无论在什么行业、什么岗位,从事什么工作,只要爱岗敬业,努力工作,就是在为社会做出贡献。如果在工作过程中不求名、不求利,只奉献、不索取,则体现出宝贵的无私奉献精神,这是社会主义职业道德的最高境界。奉献社会职业道德的突出特征是:第一,自觉自愿地为他人、为社会贡献力量,完全为了增进公共福利而积极劳动;第二,有热心为社会服务的责任感,充分发挥主动性、创造性,竭尽全力为社会做贡献;第三,不计报酬,完全出于自觉精神和奉献意识。在社会主义精神文明建设中,我们要大力提倡和发扬奉献社会的职业道德。

(二)职业道德的社会作用

职业道德是社会道德体系的重要组成部分,它一方面具有社会道德的一般作用;另一方面它又具有自身的特殊作用,具体表现在以下四个方面。

1.具备调节职能

职业道德的基本职能是调节职能。它一方面可以调节从业人员内部的关系,即运用职业道德规范约束职业内部人员的行为,促进职业内部人员的团结与合作。如职业道德规范要求各行各业的从业人员,都要团结、互助、爱岗、敬业、齐心协力地为发展本行业、本职业服务。另一方面,职业道德又可以调节从业人员和服务对象之间的关系。如职业道德规定了制造产品的工人要怎样对用户负责,营销人员怎样对顾客负责,医生怎样对病人负责,教师怎样对学生负责等。

2.有助于维护和提高行业的信誉

一个行业、一个企业的信誉,也就是它们的形象、信用和声誉,是指企业及其产品与服务在社会公众中的信任程度。提高企业的信誉主要靠产品的质量和服务质量,而从业人员职业道德水平高是产品质量和服务质量的有效保证。若从业人员职业道德水平不高,很难生产出优质的产品和提供优质的服务。

3.促进行业的发展

行业、企业的发展有赖于好的经济效益,而好的经济效益源于具有较高素质的员工。员工素质主要包含知识、能力、责任心三个方面,其中责任心是最重要的。而职业道德水平高的从业人员其责任心是极强的,因此,职业道德能促进行业的发展。

4.有助于提高全社会的道德水平

职业道德是整个社会道德的主要内容。职业道德一方面涉及每个从业者如何对待职业,如何对待工作，同时也是一个从业人员的生活态度、价值观念的表现；也是一个人的道德意识、道德行为发展的成熟阶段，具有较强的稳定性和连续性。另一方面，职业道德也是一个职业集体甚至一个行业全体人员的行为表现，如果每个行业、每个职业集体都具备优良的道德，对整个社会道德水平的提高一定会发挥重要作用。

（三）大学生加强职业道德修养的重要意义

大学生加强职业道德修养的重要意义要从社会和个体两个视角进行阐述。

1. 对社会的意义

（1）加强大学生职业道德修养是社会主义道德建设的突破口。随着人们物质文化生活的日益丰富，加强社会主义道德建设也变得十分必要。人们一般将人类社会生活分为家庭生活、职业生活和社会公共生活等不同领域。与此相适应的社会道德就有家庭道德、职业道德和社会公德。职业道德是一般社会道德在职业生活中的具体体现，是道德的一个特殊且十分重要的领域。因为人们崇高的道德品质的形成主要依靠在职业生活实践中锻炼和习得，所以，可以说职业道德建设是整个社会道德建设的突破口。当代大学生虽然不再是过去的"天之骄子"，但依然是社会中最有活力、最有影响力、最受关注的庞大群体，他们的行为习惯和道德水平引领着社会道德建设的主方向，加强大学生的职业道德教育，提高大学生的职业道德修养就是为社会造就有理想、有道德、有文化、有纪律、有情操的社会主义新人。

（2）加强大学生职业道德修养是实现社会主义现代化的有力保证。大学生是社会主义事业的接班人和建设者，是实现社会主义现代化建设的主力军。良好的职业道德修养能使大学生自觉地认识到自己将来所从事职业的社会价值，使他们深刻感受到自己肩负的社会责任和时代使命，从而热爱本职工作，忠于职守，积极工作，自觉为社会主义现代化建设多做贡献。

（3）加强大学生职业道德修养可改善社会关系和社会风气。将具有较高职业道德修养的大学毕业生充实到各个职业岗位中，对改善社会关系和社会风气起到巨大的推动作用。因为大学生本身具有较大的影响力，能够促使人们紧密协作、互相学习，整个社会就会形成健康、团结、和谐的良性循环状态，势必改善人与人之间的关系、改善整个社会的道德面貌，推动整个社会主义精神文明建设。

2. 对大学生个体的意义

我们的一生中，从20多岁到60岁，最宝贵的时间都是在职业中度过的，职业道德与我们的生活和个人幸福有很大的关系。

（1）职业的生存与安全离不开职业道德。现代生活中，人们分工精细，我们的衣食住行都来自他人的职业活动，我们希望有清洁的水、健康的食品、安全的居住环境。如果回家发现电路故障没有电，此时电工说："我们今天休息，明天再说吧"，可想而知我们的生活状态。因此，是否遵守职业道德对我们的生活有很大影响。

同时，如果一个人不遵守职业道德，他的职业很有可能陷入不安全的境地，以至于造成职业生涯的毁灭。2014年7月，原中国足球裁判员陆俊出狱，回归社会，引起了社会广泛的关注。陆俊从19岁开始足球裁判生涯，逐步成为国际级裁判员，两度当选亚足联颁发的年度最佳裁判，是中国足坛首位在世界杯和奥运会决赛阶段执法的裁判，尽管过去的职业生涯如此辉煌，但是一旦违背了应有的职业道德，不仅受到法律的惩罚和制裁，而且终身禁赛，他个人作为裁判的职业生涯也就此结束。

（2）社交与尊重的需要离不开职业道德。如果一个人身边的人讲职业道德，诚实守信，待人宽厚，与身边的人打交道就会感觉轻松愉快，人际关系融洽和谐，社交的需求才能得到充分的满足。如果一个人工作马马虎虎，做人斤斤计较，唯恐自己吃亏，失信于人，这样相处起来就会让别人很困扰，同事和周围的人都不会愉快，也就不能幸福地生活。遵守职业道德可以获得社会的尊重、同事的尊重，感受到别人的正向反馈，满足了自己的尊重需要。

（3）人生价值的实现离不开职业道德。人生价值的实现是指人的个性、智慧、潜力的充分发挥，以实现自己的理想和抱负，人生价值的实现是人生的崇高境界，具有高尚职业道德情怀的人，才能实现这一人生目标。我们所熟知的白求恩大夫，以医疗为职业，对技术精益求精，请求到前线离火线最近的地方。一开始白求恩去前线的要求并没有得到八路军卫生部的同意，原因是担心他的安全。白求恩知道后激动地说："我不是为了享受生活而来的。什么咖啡、嫩牛肉、冰激凌、席梦思，这些东西我早就有了！但是为了理想，为了信念，我都抛弃了。现在需要照顾的是伤病员，而不是我！"我们从他的言语和行动中看到他的这种职业道德精神，支持着他在艰苦的环境中践行职业理想，实现人生价值。只有职业道德修养达到一定的境界，人才能在职业中充分发挥个人的智慧和力量，在职业中充分体验到人生的幸福。

（4）大学生个人成才离不开职业道德。成才是每位大学生成长的目标。新时代合格的社会主义人才不仅要有坚定的政治方向，而且要有良好的道德观念；不仅要掌握科学的理论知识、娴熟的职业技能和良好的文化修养，而且需要有主动的服务意识、灵活的应变能力和人际沟通能力，热情、富有亲和力的团队精神，应对挫折的能力等，最不可或缺的是较高的职业道德品质。"为我国社会主义事业培养德、智、体全面发展的具有创新精神和实践能力的高级专门人才"是高等教育的根本任务。因此，高校必须加强职业道德教育，大学生必须加强职业道德修养，才能使自己不断进步和成才。

（5）大学生的成功离不开职业道德。成功就是达成预先所设定的目标，在某种意义上就是寻求幸福和快乐，这是每个人一生的追求和梦想。成功不可能一蹴而就，俗话说万丈高楼平地起，大学生要想成功必须热爱本职工作、忠于职守、遵守职业纪律、敬业奉献。因此，大学生在校期间加强职业道德修养至关重要。作为当代的大学生，应该从现在就开始培养自己的职业道德素质。这不仅是提高个人素养、专业水平的需要，也是整个社会精神文明建设的需要，是个人在社会上取得成功的法宝。

（四）大学生加强职业道德修养的方法和途径

1. 自觉加强自身的职业道德修养

自觉性是进行职业道德修养的关键因素。"修"有修明、整治、提高之意，"养"有养成、涵养、培育之义。"修养"既是社会对个体的要求，也是个体自我提高和自我完善的要求。在一定的客观社会因素制约下，大学生的职业道德修养能否取得成效，除受客观因素的制约外，关键在于自身的自觉性，职业道德修养是大学生人格的自我完善，必须依靠每个大学生的自律，自觉性是其原动力。因此，大学生应充分意识到在职业道德修养过程中自觉的重要性，勇于剖析自己，敢于自我批评，善于主宰自己，保持自我的道德评判和选择能力，不断提高职业道德修养的自觉性。

（1）自觉提高对职业道德的认识。职业道德理论是马克思主义理论的重要组成部分，也是提高社会主义职业道德修养的指导思想。只有学习职业道德理论知识，包括对职业道德的基本理论、职业内部和外部关系及调节这些关系的道德原则、规范的认识、理解和接受，才能树立和把握正确的善恶评价标准，增强明辨是非的能力。没有正确的职业道德认识就不可能形成正确的职业道德观念和道德判断能力，就不可能有正确的行为选择和行为习惯，提高自身的职业道德修养就将成为没有根基的空中楼阁。

（2）自觉加强职业道德理论学习。学习职业道德理论是提高自身职业道德修养的前提和方法。如果说专业课程教给大学生如何做事，职业道德课程则教给大学生如何做人。要学会做事，必先学会做人。要学会做人首先得认真学习职业道德课程基本的理论。职业道德的基本理论包括职业道德的起源、本质和发展规律，职业道德的特点和社会作用，职业道德的理论基础，职业道德的基本原则、基本规范等。大学生应自觉学习这些理论知识，并转化为自己的思想觉悟和品德，增强善恶、是非、荣辱观念，保证自己职业道德行为方向的正确性，即学会做人。

（3）自觉学习具有高尚职业道德的生活榜样。对于在校大学生来说主要是通过广泛地阅读道德模范人物的光辉事迹，从中去体会、感受模范们的伟大和崇高，使自己的内心得到高尚职业道德的熏陶和感染，以提高自己的职业道德修养。近些年，每年都评选出全国道德模范人物，其中有著名的科学家、企业家，但更多的是我们身边平凡的人，如乡村小学教师、偏远山区的乡邮递员、乡村敬老院的护理人员、乡村法官、居委会办事员、最普通最朴实的农民和村主任等。他们的身影虽弱小，但他们的形象是光辉巨大的。只因为他们有强烈的事业心和责任感，勤勤恳恳、任劳任怨，几十年如一日坚守在平凡的工作岗位上，无私奉献，不图名利，做人做事，无愧于心。人生的辉煌就是崇高的职业道德在平凡中的展示。

2．学以致用，理论联系实际，在实践中提高职业道德修养

理论联系实际、积极实践是塑造良好的职业道德品质和达到高层次的道德境界的根本途径。道德实践是道德的归宿，修养从根本意义上说不仅仅是一个理论问题，而且是一个非常现实的实践问题。一个人只有积极投身于道德实践中，才可能真正理解道德的内涵，才能培养发自内心的道德情感，形成坚定的道德意志和信念，养成相应的道德行为习惯。大学生学习职业道德理论的目的是为了去分析和解决职业过程中的实际问题。在校大学生虽然没有直接从事职业的真实实践，但可以尽可能地在现实生活、学习过程中培养与职业有关的道德修养。努力完善自我，学习专业知识，着实提高职业技能。职业技能是职业道德的重要组成要素，着力提高职业技能是加强职业道德修养的重要方面。在校大学生的主要任务是学习，学好专业知识，为较高的职业技能夯实基础。

二、社会责任

社会责任是指个体或组织对社会应负的责任。企业社会责任通常是指组织承担的高于组织自己目标的社会义务。如果一个企业不仅承担了法律上和经济上的义务，还承担了"追求对社会有利的长期目标"的义务，我们就说这个企业是有社会责任的。它往往包括企业环境保护、社会道德以及公共利益等方面，由经济责任、持续发展责任、法律责任和道德责任等构成。

在企业初创阶段，它从社会中获取市场、资金和人才，这是索取阶段。当企业成长壮大之后，它就要考虑如何去回报滋养与承载企业发展的社会，这就是企业为什么要对社会尽一

份公民职责的道理。因为企业是由人组成的,这是人的天性。同样道理,我们年幼时会从社会、父母那里索取食物营养、教育呵护,成人之后,我们会回报社会,呵护并帮助他人,这是我们需要承担的责任。

(一)个人的社会责任

对于个人而言,社会责任不是高不可攀的东西,而是可以实实在在去实践的。

① 要能独立生活,有一份职业来养活自己和家人,慢慢可以养活自己的后代,如果是创业的话,可以养活自己的雇员,保证股东的利益,这是个人的经济责任。

② 在社会上生活,守法、纳税、爱护公物,不违反法律也是我们社会责任的一部分。

③ 参加志愿者活动、环保、扶贫、支教,这也体现出我们在社会回报方面的社会责任。

④ 做好本职工作,发挥个人能力创新、改进,推动企业的发展、科技的进步,也体现了个人在社会发展中社会责任。

(二)大学生应该养成的社会责任

1. 政治方面

大学生是构成国家主人的重要组成部分,是文化层次较高的公民,是社会力量中最积极、最有生命力的力量,担负着开拓未来的光荣使命,因此有责任和义务参与政治。作为一名大学生,我们要时刻关注国家大事,不只是大事,还有一些关于国家发展的要事,都要学会主动关注、主动参与,主动思考当中的意义和价值所在。

2. 公益方面

社会公益实践的核心是"人",既是服务"人"的公益行动,也是培养"人"的有效方法。社会公益促成大学生亲身参与社会服务,达到深入社会、了解社会的目的,从而实现培养大学生的担当精神、探索精神、创造精神和实践能力的目标。服务和学习有机结合在一起,形成"双螺旋结构",可以体现出"作育英才、服务社会"的人才培养主旨。

3. 理想方面

理想信念是人生的精神支柱,是社会责任感的源泉和精神动力,社会责任感是实现理想的条件。理想与责任是互相联系的,远大的共产主义理想信念能激励当代大学生自觉承担应尽的社会责任,认真完成本职工作和学习任务。学校培养大学生的社会责任感就要从具体工作做起,从一点一滴做起,在具体的活动中培养。

4. 集体主义精神

坚持国家、集体和个人的利益相结合,促进社会和个人的和谐发展,倡导把国家、集体利益放在首位,充分尊重和维护个人的正当利益。当国家、集体和个人利益发生冲突时,个人利益应服从国家和集体利益。大学生应该树立起主人翁和集体主义价值观的意识。

5. 艰苦奋斗的社会责任感

长期以来,艰苦奋斗作为我们党的优良传统和作风,作为马克思主义政党的政治底色,又是凝聚党心、民心,激励全党和全体人民为实现国家富强、民族振兴共同奋斗的强大精神力量,是我们党保持同人民群众血肉联系的一个重要法宝。大学生是民族的希望,是祖国的未来,正确认识社会发展规律,认识国家的前途命运,认识自己的社会责任,有助于为实现中华民族伟大复兴的共同理想和信念,不断追求更高的目标。

拓展阅读

未来发展趋势中的八大职业

比尔·盖茨谈到对机会的四大标准时说："机会就是最大的趋势、最大的市场、最少的竞争和最小的风险。趋势就是现在没有将来会有，现在少将来会多，现在多将来会普及的东西。"那在未来的发展趋势中有哪些职业会成为热点呢？

（1）金融分析师：即CFA，他们是一些接受良好教育，具有优秀金融理论素养，经过专业认证的高级金融人才。随着经济的高速发展，商业银行、保险公司、证券公司、基金管理公司等金融机构的不断涌现，金融分析师这一类人才十分抢手。以上海为例，未来2年上海对CFA的需求是3000人，而2016年上海拥有CFA资格只有几十人左右。所以高薪、争抢就在所难免。

（2）律师：伴随经济的迅速发展，相关的各种经济纠纷及贸易摩擦也越来越多。而随着社会法律体系的完善，人们也越来越意识到通过法律途径来保障自己合法权益的重要性。所以，律师的需求越来越旺盛。

（3）健康管理师：它的准确定义为从事个体或群体健康的监测、分析、评估以及健康咨询、指导和危险因素干预等工作的专业人员。国家正在推广实行的"全民健康管理工程"，是一项系列化、数字化的庞大工程，是必须由国家、集体、个人共同完成，其具体工作须由健康管理师来完成。保守估计至少需要200万个专业的健康管理师，而2016年我国专业健康管理方面的从业人员只有10万人左右，人才缺口非常大。

（4）心理咨询师：是指运用心理学以及相关学科的专业知识，遵循心理学原则，通过心理咨询的技术和方法，帮助解决心理问题的专业人员。在这个领域，增长最快的三类人才分别是心理健康顾问、心理健康和药物滥用类社工及婚姻和家庭治疗师。随着社会竞争的激烈和人们工作节奏的加快，心理健康问题已经成为影响人们身心健康和社会稳定的因素之一。在发达国家平均每千人就有一个心理咨询师，如果以这种1∶1000的比例推算，中国至少需要140万名心理咨询师，而2018年全国取得心理咨询资格证书的还不到3000人。随着生活水平的提高，人们对自我健康越来越重视，心理咨询师这一职业前景普遍看好。

（5）职业规划师：就业问题已越来越成为社会关注的焦点。一方面就业难，一方面招工难，突出反映着人们在求职应聘、职业选择及职场发展面前越来越无所适从，因此，职业咨询已成为社会迫切需求。而现有的职业规划师已经远远不能满足社会需求。

（6）传媒人士：伴随互联网的勃兴，新媒体不断涌现，传媒行业目前人才需求出现多样化和市场化趋势。专题编导、演艺经纪、制片、录音师等职位也呈现出多媒体发展的特色。而中国作为全球传媒业受众最多的国家，占世界受众的20%，电视观众超过9亿人，预计每年还会以一千万户的速度增加。随着国内行业准入许可度的加大，外资公司进入传媒业数量将越来越多，传媒行业的人才竞争与需求也会越来越大。

（7）网商：是指运用电子商务工具，在互联网上进行商业活动的个人，包括企业家、商人和个人店主。从2004年有此概念以来，"网商"已经作为一个新的商人群体的代名词。这一群体不断壮大，也缔造了无数商业奇迹。未来中国哪个行业会"像子弹一样飞"，增长最快？据瑞士信贷公布的报告预测，可能是电子商务。也有数据显示，中国电子商务的发展速度是 GDP 的 10 倍，网上零售增长率以每年 100% 的速度增长。可见势头强劲，锐不可当。

（8）景观设计师：随着市民对居住质量要求的提高，景观设计师逐渐成为职场新宠。目前，我国从事景观设计的人员几乎都是从建筑、园林等专业转行过来的，真正的景观设计出身的人非常少。这个岗位要求有深厚的理论基础，这类专业人才严重稀缺，目前供不应求。

（案例来源：古典，陈少平.大学生职业发展与就业指导［M］.北京：光明日报出版社. 2016：221-222.）

思考与练习

1. 请简要阐述探索职业世界的方法有哪些。
2. 试论述如何培养大学生的职业道德。
3. 请你针对自己的目标职业，选取一位有经验的职业人，做一期目标职业访谈，充分认识你的职业目标以及目标职业的社会需求标准，做好求职准备。完成一份访谈报告。

第四章
大学生职业生涯规划的制订

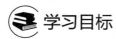 学习目标

1. 理解职业志向的重要性。
2. 掌握职业生涯目标设计的方法。
3. 掌握职业生涯规划书的撰写和修订。

学习重点

1. "规划引领人生"是本章的主题,大学生如何把目标、规划与行动恰当地统一起来,以赢得成功,获得预期结果,正是人生面临的重大课题。一般来说,正确的目标、科学的规划加上有效的行动,可以带来预期的效果。

2. 大学生在大学期间要形成初步的职业发展规划,用本章习得的方法确定人生不同阶段的职业目标及对应的生活模式,可以起到事半功倍的效果。

3. 虽说计划永远没有变化快,但没有计划,人生就会一片混乱。大学四年的学业生涯也是如此,没有规划就会漫无目的地虚度光阴,给自己设一定目标,定一个计划,为自己增加动力,这就是大学生学业规划的目的。

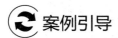 案例引导

目标分解,化整为零

1984年,在东京国际马拉松邀请赛中,名不见经传的日本选手山田本一出人意料地夺得了世界冠军,当记者问他凭什么取得如此惊人的成绩时,他说了这么一句话:"凭智慧战胜对手。"

当时许多人都认为,这个偶然跑在前面的矮个子选手是故弄玄虚。马拉松是考验体力和耐力的运动,只要身体素质好又有耐性就有望夺冠,爆发力和速度都在其次,说用智慧取胜,确实有点勉强。

两年后,在意大利国际马拉松邀请赛上,山田本一又获得了冠军。有记者问他:"上次在你的国家比赛,你获得了世界冠军,这一次远征米兰,你又压倒所有的对手取得第一名,你能谈一谈经验吗?"

山田本一性情木讷，不善言谈，回答记者的仍是上次那句让人摸不着头脑的话："用智慧战胜对手。"这回记者在报纸上没再挖苦他，只是对他所谓的智慧迷惑不解。

10 年后，这个谜团终于被解开了，山田本一在他的自传中这么说："每次比赛之前，我都要乘车把比赛的线路仔细看一遍，并把沿途比较醒目的标志画下来，比如第一个标志是银行，第二个标志是一棵大树，第三个标志是一座红房子，这样一直画到赛程的终点。比赛开始后，我就以百米冲刺的速度奋力向第一个目标冲去，等到达第一个目标，我又以同样的速度向第二个目标冲去。四十几公里的赛程，就被我分解成这么几个小目标轻松地跑完了。起初，我并不懂这样的道理，我把我的目标定在四十几公里处的终点线上，结果我跑到十几公里时就疲惫不堪了，我被前面那段遥远的路程给吓倒了。"

山田本一说的不是假话，心理学家做的实验也证明了山田本一的正确。

这个心理实验是组织三组人，让他们分别向着 10 公里以外的三个村子进发。

第一组的人既不知道村庄的名字，又不知道路程有多远，只告诉他们跟着向导走就行了。刚走出两三公里，就开始有人叫苦不迭；走到一半的时候，有人几乎愤怒了，他们抱怨为什么要走这么远，何时才能走到头，有人甚至坐在路边不愿走了。越往后走，他们的情绪也就越低落。

第二组的人知道村庄的名字和路程有多远，但路边没有里程碑，只能凭经验来估计行程的时间和距离。走到一半的时候，大多数人想知道已经走了多远，比较有经验的人说"大概走了一半的路程"。于是，大家又簇拥着继续向前走。当走到全程的四分之三的时候，大家情绪开始低落，觉得疲惫不堪，而路程似乎还有很长。当有人说"快到了！"大家又振作起来，加快了行进的步伐。

第三组的人不仅知道村子的名字、路程，而且公路旁每一公里就有一块里程碑。人们边走边看里程碑，每缩短一公里大家便有一小阵的快乐。行进中他们用歌声和笑声来消除疲劳，情绪一直很高涨，所以很快就到达了目的地。

心理学家得出了这样的结论：当人们的行动有了明确目标，并能把自己的行动与目标不断地加以对照，进而清楚地知道自己的行进速度和与目标之间的距离，人们行动的动机就会得到维持和加强，就会自觉地克服一切困难，努力达到目标。

确实，要达到目标，就要像上楼梯一样，一步一个台阶，把大目标分解为多个易于达到的小目标，脚踏实地向前迈进。每前进一步，达到一个小目标，就会体验到"成功的喜悦"，这种"感觉"将推动同学们充分调动自己的潜能去达到下一个目标。

在生活中，之所以很多人做事会半途而废，往往不是因为难度较大，而是觉得距离成功太遥远。他们不是因失败而放弃，而是因心中无明确而具体的目标，产生懈怠而导致失败。如果我们懂得分解自己的目标，一步一个脚印地向前走，也许成功就在眼前。

📖 案例分析

目标是一切动力的来源。生涯路上会有很多的不确定与未知，但如果同学们心中有方向，眼中就有路，就不会被未知的不确定性影响而迷失了方向。当我们基于自我探索、外界探索的结果，确立了一个职业生涯的总目标时，为了更好地实现这一目标，我们可以通过目标分解构建一个个职业生涯的子目标。正如几十公里的赛跑路程被分成了不同的赛程，这是将目标量化为可操作的阶段目标的有效手段，这也是将目标清晰化、具体化的过程。因此，设定目标后，如果不能将它分解，或者分解后无法从现在做起，脚踏实地去落实每一个目标，那这个目标即使再宏伟，最终也只能成为一个抽象且空洞的幻影，可遇不可求。

（案例来源：编写组收集整理。）

从走上职业岗位前的学习教育到离职退休，每个人的职业活动几乎贯穿自己一生，并左右着人们的生活质量和生命价值。大学学习阶段是职业生涯的准备期，因此确定自己的目标职业和方向，并制订符合自身情况的行动方案，对于大学生实现职业理想乃至人生理想都非常重要。

第一节　大学生职业生涯规划的定位

大学生正处在生涯探索期和生涯建立期的转换阶段，主要的任务是通过生涯探索，明确发展的方向，寻找适合自身发展需要的职业，实现个人与职业的匹配，完成具体的发展计划和知识储备，体现个体价值的最大化。这对职业的选择和今后职业生涯的发展具有十分重要的作用和意义。

一、职业志向

（一）职业志向的内容

所谓志向，就是一个人的行动方向。职业志向表面上是大学生对未来职业发展所设立的具体职业类型和方向，以及职业发展所达到的高度，从深层次看，其不仅是单纯的职业方向，更是人生发展道路的选择。

职业生涯规划的核心是确定职业志向。职业志向可以通过很多方式影响个人的行为和表现：它可以刺激高水平的努力，可以给高水平的努力固定方向；可以提高朝向目标努力的坚持性，有助于形成实现目标的战略；可以衡量行为结果的有效性，向个体提供积极的反馈。

职业志向的树立包括以下方面的内容。

① 确定的目标。
② 充分的资源，包括人力、物力、财力。
③ 可行的概念，其特点是可行、有长久性，可以继续开发。
④ 基本的技能。
⑤ 掌握与行业有关的知识。
⑥ 才智，不一定要有高智商，但要能够善于把握时机，进而做出明确的决定。

以上职业志向包含的信息中传递了确定目标的重要性。大学生的职业目标的确定包括人生目标、长期目标、中期目标与短期目标的确定，它们分别与人生规划、长期规划、中期规划和短期规划相对应。首先要根据个人的专业、性格、兴趣、能力和价值观以及社会的发展趋势确定自己的人生目标和长期目标，然后再把人生目标和长期目标进行分化，根据个人的经历和所处的组织环境制订相应的中期目标和短期目标。人生目标的制订是职业生涯规划的重要组成部分，时间长达四十年左右，构成整个人生的发展目标。

（二）职业志向的重要性

职业志向是个人一生职业发展的方向和理想归宿。一个人事业的成败，很大程度上取决于有无正确的职业志向。目标在职业发展与规划中具有以下重要意义。

1. 方向作用

职业志向是建立在大学生充分认知自己、了解职业的基础上做出的选择，对个体职业发展具有导向作用，它规定和引导着个体职业发展的未来趋势。一个人的职业志向会促使他沿着指定的方向做出自己的努力。志向是成功的向导，是生命奇迹的源泉，志向远大的人最容易成功。

细数身边有所成就的人，无不是从小立下志向、拥有梦想的人。对于有志成才的人来说，很难想象没有梦想的人生会是什么样子。比尔·盖茨从小酷爱读书，除了童话故事，他最喜欢的书要数《世界图书百科全书》。他常常一读就是几个钟头，对书的迷恋和狂热无人能比。盖茨从小就表现出强烈的进取心，这在同龄人中是罕见的，无论游戏还是比赛，盖茨总要争个高低。比尔·盖茨就读的中学是美国最先开设计算机课程的学校。在这里，他如鱼得水，求知欲得到极大的满足。凡能获得的计算机书刊和资料，盖茨总是百读不厌，还能举一反三。同窗好友常向盖茨发难和挑战，坚强的意志力和强烈的进取心使他们成为知己。好友曾说："我们都被计算机能做任何事的前景所鼓舞……盖茨和我始终怀有一个伟大的梦想，也许我们真的能干出点名堂。"从比尔·盖茨的青少年时代我们就可以看出，也许盖茨最早所具有的梦想与一般人相差无几，财富、成功、金钱对一般人只是一个抽象的概念，但盖茨却能够将这一梦想与从事计算机的职业联系在一起，这就使得他的梦想有了坚硬的基石。正是在这一伟大职业志向的催生下，微软公司诞生了，正是在这个公司的推动和影响下，软件才发展到今天这种蓬勃兴旺的地步。

2. 激励作用

职业生涯目标是个人职业发展的动力，它能够激励着人们克服困难，排除各种干扰，勇往直前地向着明确的方向前进。综观古今中外的成功者，我们会发现一个共同点：他们的心中都有一个伟大的志向，正是这个志向，在前进的过程中，在他们遇到困难、挫折或打击时，都能激励着他们勇敢地向前，不断地坚持，从而走向成功。

职业志向可以激发人的内在潜力，开发人的能力，人们有了职业志向就有了内在强大的动力。职业志向是人生理想的产物，它本身就来源于人内心的强烈愿望，所以，它也会在人为之奋斗的过程中激励着人们前行。当人们疲倦的时候，它会让人们精神振奋；当人们想放弃的时候，它会告诉人们曙光就在前方；当人们沾沾自喜时，它会劝人们不要骄傲自满。当内心的愿望是主观的，没有客观的强制性，自我就没了抵触情绪，奋斗的过程就变成了水到渠成的事情。正如美国成功学家拿破仑·希尔在《一年致富》中有这样一句名言："一切成就的起点是渴望。一个人追求的目标越高，他的才能发展就越快。一心向着自己目标前进的人，整个世界都给他让路。"

3. 约束作用

职业志向的设定可以约束和规定个体该做什么、不该做什么，直到实现既定目标。哈佛大学有一个非常著名的关于目标选择对职业生涯影响的跟踪调查。1970年，哈佛大学对当年毕业的天之骄子们进行了一次关于人生目标的调查，其对象是一群智力、学历、环境等条件都差不多的年轻人，调研结果如下：27%的人没有目标；60%的人目标模糊；10%的人有比较短暂的目标；3%的人有清晰而长远的目标。25年后的跟踪调查发现，被调查者的生活状态与他们当初的目标之间有着很大的相关性。3%有清晰而长远目标的人，25年来始终朝着同一个方向不懈努力，几乎都成了社会各界的顶尖成功人士，其中不乏行业领袖和社会精英；10%有清晰短暂目标的人，大都生活在社会的中上层，成为各行各业不可缺少的专业人士，如医生、律师、工程师、高级主管等，他们的生活稳步上升；60%目标模糊的人，几乎生活在社会的中下层，他们的生活较安逸，但都没有什么特别的成绩；剩下的27%没有目标的人，他们几乎都生活在社会的最底层，常常失业，靠社会救济，并且经常在抱怨他人、抱怨社会。由此可见，目标对人生的发展不仅有巨大的激励作用，还有很强的约束作用。

在漫漫的人生旅途上，职业发展的进程中出现困难、挫折、考验是常有的事情，能够驱使成功者一步步向心中的职业志向靠近，约束作用"功不可没"。试想如果没有约束发挥作用，人们很容易陷于繁杂的事务，精力分散，时常分不清楚自身发展与娱乐之间的界限，有时会因为一直"埋头苦读"而不懂得适时"抬头看路"；有时会因为娱乐过度而耽误了自身发展；还有时会因为"不务正业"而无所收获，这些都大大影响了人生发展的进程，最终导致与职业志向失之交臂。

二、职业生涯目标的确立

有一位探险家在撒哈拉大沙漠中发现了一个小村庄，令他奇怪的是在此之前从没有任何人说起这个地方，而这里的村民居然对沙漠之外的世界也一无所知，他就问村民为什么不走出沙漠看一看，村民的回答是：走不出去！原来自从他们的祖先定居此地之后，每隔几年就会有人试图走出沙漠去，但不管朝哪一个方向行进，结果都一样：绕一个大圈子之后又回到了村子里，没有一次例外！之后探险家在经历了尝试后找到了方法，这个办法很简单——白天睡觉晚上走，对着北方天空最亮的那颗星星走，绝对不能改变方向。果然，不过用了三个夜晚就走出了大沙漠！原来，村民们之所以走不出大漠，是因为他们根本就不认识北斗星，没有朝着一个目标努力。

由此可见，目标对人生有巨大的导向作用。有了目标，人才会坚定、勤勉、不畏艰险，促使自己努力实践；有了目标，人的生命才能在有限的时空里，最大限度地释放能量，成功者必定是目标意识强者。

（一）职业目标确立的"三定"原则

对大学生来说，职业生涯目标的确定是复杂而艰苦的过程，有时甚至是痛苦的过程。解决大学生职业生涯规划目标的确立问题，必须遵循以下"三定"原则。

1. 定向原则

大学生职业生涯首先要"定向"，此为"一定"。方向定错了，则南辕北辙，距离目标会越来越远，还要重新走回头路，付出较大的代价。

2. 定点原则

所谓"定点"就是确定职业发展的地点。比如，有些人毕业后选择去南方，有些选择到上海、沪宁线一带发展，有的则选择去边疆、大西北，选择到祖国最需要的地方，俗话说

"人各有志"。但应当综合多方面因素考虑，不可一时冲动，心血来潮，感情用事。比如，有的北方人毕业去了南方，认为那里是改革开放的前沿，经济发达，薪资水平较高，但忽略了竞争激烈、观念差异、心理承受能力，甚至气候、水土等因素，结果时间不长又跳槽离开。如果一开始就选准方向，就可以在一个地方围绕一个职业长期稳定发展，对自己资历和经验的积累有益，时间加努力，有望成为某一领域的资深人士。频繁地更换地点对职业生涯成长弊多利少。

3. 定位原则

大学生择业前要对自己的水平、能力、薪资期望、心理承受度等进行全面分析，做出比较准确的定位。成多大的事情，要有多大的打算；要成就什么样的事业，就要作什么样的打算和计划，在技术、管理、科研等不同的领域要有不同的发展规划，不同的发展道路。如果深入地学习技术，你可能会成为一个专家；在体育保健方面进行学习研究，你可能会成为一个健康咨询专家；学习研究金融财务，你可能会成为一个理财专家。

在定位过程中，既不可悲观，把自己定位过低，更不要高估自己，导致期望值过高，一旦不能如愿，失望也就越大。刚毕业就被知名大公司选中，而且薪资福利不菲，当然是自己的运气。如果没有这种好运气，也无须气馁。不要过分在意公司的名气、薪资的高低，只要这家公司、这项专业岗位适合自己，是自己所向往和追求的，就应该去试一试，争取被录用。大学生应确立从基层做起，逐步积累经验，循序渐进，谋求发展的思想理念，这对自己的一生都会有好处。

除了这"三定"，其实还有很重要的"一定"，就是"定心"，心神不定，朝三暮四，就无法准确地"定向、定点、定位"。不论做什么，都需要"定心"。从哲学角度看，"三定"实际上就是解决大学生职业生涯规划中"干什么""何处干""怎么干"这三个最基本的问题。这三个问题解决好了，职业生涯发展才会比较顺利。

（二）职业生涯目标的设计方法

在经过自我识别定位和职业环境分析，大学生们就会确定一个总体目标。这个总体目标是我们的最终目标，即人生目标。职业生涯目标的设计方法主要有目标的分解和目标的组合两种。

1. 职业生涯目标的分解

职业生涯的实现可以用一系列的阶段来表示。目标分解是将目标清晰化、具体化的过程，是将目标量化成可操作的实施方案的有效手段。目标分解是根据观念、知识、能力差距，将职业生涯的远大目标分解为有时间规定的长、中、短期分目标，直至将目标分解为某个确定日期可以采取的具体步骤。

（1）按时间分解。职业生涯目标按时间分解，可分解为人生目标、长期目标、中期目标、短期目标。我们常说的"我打算本学期通过英语四级考试"是短期目标，而"我打算大学毕业后继续攻读硕士学位"则是中期目标，成为一名经理或高级主管是长期目标。短期目标是一些具体的、操作层面的为实现中、长期目标而采取的步骤。短期目标切合实际，有明确具体的完成时间，越具体越具有操作性。中期目标是许多短期目标完成的结果，又为实现长期目标打下基础。中期目标有比较具体的完成时间，也可做适当的调整。长期目标是自己认真选择的，符合自己的价值观，与自己的未来发展相结合的愿望。长期目标有实现的可能性，又具有挑战性。

（2）按性质分解。职业生涯目标按性质分解，可分解为外职业生涯目标和内职业生涯目标。外职业生涯目标包括工作内容目标、收入目标、工作环境目标、工作地点目标、职务目标等。工作内容目标指在某一阶段把计划完成怎样的工作内容详细列出来。工作内容目标对于专业技术型发展路线的人格外重要，因为这些人的发展体现在本专业技术领域取得的成果及相应的职称晋升。收入目标指获得经济收入是我们工作的目的之一，毕竟每个人都离不开生存的物质基础。在职业生涯规划中列出收入期望无可非议，但注意的是要切合自己的能力素质和实际规划出具体的数目，这个数字将在日后成为自己的重要激励源。工作环境目标和工作地点目标指如果大学生对工作环境或地点有特殊要求，就要在规划中列出这两项内容。总之，尽可能根据个人喜好来规划，但切勿太过细琐，以免影响选择面。

内职业生涯目标则侧重于在职业生涯过程中的知识和经验的积累、观念和能力的提高以及内心的感受，主要包括：观念目标、工作能力目标、工作成果目标、提高心理素质目标、掌握新知识目标、处理与其他人生目标活动关系的目标等。其中观念目标影响着我们的行动，也影响组织、领导、同事、客户对我们的态度，随时更新自己的观念，也是我们规划个人职业生涯的重要一环。工作能力目标中的工作能力是对处理职业生涯中各种工作问题的能力的统称，如组织领导能力、策划能力、管理能力、研究创新能力、人际关系沟通的能力与同事协调合作的能力等。衡量一个人的职业生涯成功与否，在于他工作的过程中是否创造成了富有实际意义的成果。所以，在制订个人职业生涯规划时，工作能力目标应当优于职务目标。当然，工作能力目标应当切合实际，具有挑战性，并与该阶段的职务和职称目标所要求的条件相匹配。工作成果目标指工作成果是进行绩效考核的重要指标，优异的工作成果不仅带给我们荣誉感和成就感，也铺砌了通往晋升之途的阶梯。提高心理素质目标指在职业生涯途中，只有心理素质合格的人才能正视现实，努力克服困难，追求卓越。为了使职业生涯规划能够变成现实，就要不断提高自己的心理素质。提高心理素质目标包括抗挫折、包容他议，也包括在暂时的成功面前保持冷静清醒，做到能屈能伸，宠辱不惊。

因此，内职业生涯各要素的发展是因，外职业生涯各要素的发展是果。只有内职业生涯发展了，外职业生涯才能获得提升。

2. 职业生涯目标的组合

目标的组合是处理不同目标组合相互之间关系的有效措施。目标的结合有三种方法：时间组合、功能组合和全方位组合。

（1）时间组合。职业生涯目标在时间上的组合可以分为并进和连续两种情况。

① 并进。职业生涯目标的并进是指同时着手实现两个平行的工作目标，或者建立和实现与目前工作内容不相关的职业生涯目标。有时候，外部环境给予我们的机会很多，这让我们面临着多个选择，只要处理得好，又有足够的精力和能力来应对，在一定的范围内，是可以做到鱼与熊掌兼得的。这里所说的"同时着手实现两个平行的工作目标"指的是在同一期间内进行不同性质的工作。如上大学时参加社会实践，教书又搞科研等就是目标的并进，它是指同时实现两个以上的目标。

② 连续。连续是用时间坐标为节点，将多个目标前后连接起来，实现一个目标再进行下一个。一般来说，较短期目标是实现较长期目标的支持条件。目标的期限性也是相对的：随着时间的推移，长期目标成为中期目标，中期目标成为短期目标，短期目标成为近期目标。只有完成好每一个近期目标和短期目标，最终目标才有可能实现。如通过了大学英语四

级再过六级，攻读硕士学位后再攻读博士学位等就是目标的连续。

（2）功能组合。很多职业生涯目标在功能上存在因果关系或互补关系。

① 因果关系。有些目标之间存在着明显的因果关系，如获得工商管理学位与成为一名经理就存在因果关系。获得工商管理学位是因，而成为一名经理则是果。通常情况下，内职业生涯目标是原因，外职业生涯目标是结果。一般因果排序：观念更新目标→掌握新知识目标→提高工作能力目标→职务晋升目标→经济收入提高目标。

② 互补关系。职业生涯目标的互补关系是显而易见的，一般高校教师往往同时肩负教学和科研两项任务。教学为进行科研提供了理论基础和方法指导，科研实践又促进了教学内容的丰富更新和质量的提高。

（3）全方位组合。全方位组合是指个人的职业生涯目标与家庭生活、个人其他事务均衡发展，相互促进，它涵盖了人生的全部活动。比如大学生一边担任学生干部一边兼职，还要攻读第二学位，是具有长远眼光的，这有助于个人未来的发展。但是稍微处理不当就会发生冲突，因为对大多数学生而言，学习是最重要的任务。在担任多重社会角色的同时处理不当势必影响学习，所以在处理这些角色时要有全局意识。

（三）确立职业生涯目标的四个步骤

尽管我们认识到职业生涯规划目标有很多好处，当依照以下四个步骤进行操作时，一定能收获良好的效果。

1. 确立职业目标的前提是进行考查

在确立职业规划目标之前的关键行动是进行考查，即对自我和职业环境进行分析。人们应该参与各种各样的职业考查活动，从而加强对自我和对环境的认识。对自我和对环境的深入了解将有助于人们确立现实的、与自己的个性特征和所偏好的工作环境相适应的职业规划目标。而对于那些久拖不决的人来说，必须想办法打破因"杞人忧天"和环境制约而产生的"麻木不仁"。职业生涯咨询计划可以减轻压力和焦虑，增强自信心，这些是克服久拖不决毛病的有效措施。

2. 制订长期与短期职业规划的概念目标

在确定职业规划目标上，比较理想的是先确认长期的概念目标。长期的概念目标既然是自我考查与评价过程的结果，就要考虑人的需要、价值观、兴趣、才能和期望。因此，它应该包括工作职责、自主程度、与他人交往的类型与频度、物质环境以及生活方式等方面。实际上，规划长期概念目标就是一个人把自己所偏好的工作环境放在某个5～7年的时间框架中的方案。也就是问自己这样一个问题：我希望在未来一个长时期内承担何种类型的工作，从事哪些活动，获得何种回报和承担哪些职责。

接下来就要考虑规划短期的概念目标。短期概念目标作为一种手段，要能够支持长期职业目标。为了从长期目标中提炼出短期目标，我们需要考虑什么样的工作经历使自己有条件去实现这个长期目标？自己需要规划开发或提高哪些才能？什么样的技能有助于实现下一个目标？这些都属于战略上的问题。也就是说，为了让自己所追求的某个具体短期目标能够作为一种手段，我们的定位就是要对什么是职业规划战略作出解释。

但是短期目标同样需要具有表现的功能。在这里，就绝不能再把短期目标只看作一个阶段的终点了，而是必须考虑它能否给人提供重大的回报，能否带来有趣的、有意义的工作任务，能否实现所希望的生活方式。因此，短期目标与长期目标一样，也应该与个人偏好的工作环境的主要因素相一致才行。

3. 制订长期与短期职业规划的行动目标

行动目标就是把概念目标具体化为某一特定的工作或职位。要将概念目标转化成行动目标就要对环境进行考查，即什么样的具体职位（或工作或组织）才能给自己提供机会，符合自己的重要价值观、兴趣、才能和生活方式的要求（也就是自己的概念目标）呢？

并没有一个自动的公式可以指明自己应该选择哪个行动目标。对于每个行动目标是否理想和是否现实，指导自己的应该是自己的判断（以及从自己信任的人们那里获得的信息）。不过，人们应该试着估计一下，能够满足自己概念目标主要内容的具体行动目标应该具有哪些性质。只有在检查了对一个或几个行动目标的这种估计以后，才能对每个行动目标的适当性做出评价。要把概念目标变成行动目标，显然不能脱离生活实际。相反，要对每一个行动目标的相关活动和回报做出评价，就需要大量的信息，但苦思冥想是得不到这些信息的。人们可以从雇主或潜在的雇主那里获得自己所需的大部分资料。当自己完成了对信息评价过程以后，就知道了某一具体目标是否可能实现。

4. 制订长期与短期的内、外职业生涯目标

确立职业规划目标的 smart 模式是指 specific（明确）、measurable（可衡量）、attainable（可行）、realistic（切实），以及 time-based（时间限制）。

specific（明确），明确就是要用具体的语言清楚地说明要达到的生涯目标的标准。目标要尽量提得具体，要有标准可以衡量。

measurable（可衡量），可衡量就是指目标应该是明确的，而不是模糊的。应该有一组明确的数据，作为衡量是否达成规划目标的依据。

attainable（可行），可行就是指目标必须具有实现的可能性。目标定得太高，会打击人的积极性。

realistic（切实），一项目标如果实现的可能性等于零，那不管是谁，都会觉得没劲；反过来，它的实现可能性是 100%，那它就不再是目标。它既要符合实现，又要建立在分析实现的基础上。

time-based（时间限制），实现职业规划目标应当有时间限制，不是走到了人生尽头还没完成，只能成为空想。

第二节 大学生职业生涯规划的制订

制订职业生涯规划方案是大学生在大学期间结合个人自身状况和环境状况，为实现人生的职业理想而确定的行动方向、时间和方案，为实现目标职业采取一系列的行动计划并加以实施的过程。制订职业生涯规划的目的主要是提高大学生个体综合素质和就业能力，为未来的就业、择业、创业奠定良好的基础。

一、大学生职业生涯规划制订的步骤

大学生职业生涯规划可以帮助学生树立科学合理的目标，制订行之有效的方案，进而实

现自我价值。职业生涯规划可分为自我认识、环境评估、职业定位、实施策略和评估与反馈五大步骤。

（一）自我认识

自我认识主要是指人们对自己的社会存在、社会本质、社会地位、社会价值以及自己的行为、思想意识、道德品质等的认识或评价，自我认识的途径主要有以下几个方面。

1. 自我观察

人们要认识自己就需要经常反省自己在日常生活中的点滴表现，总结自己是一个什么样的人，找出自己的优点和缺点，这也是我们常说的反省法。首先，需要对自己的外表和身体状况进行观察，如外貌、气质和健康状况等；其次，自身形象的观察。主要是对自己在所生活的集体中的位置和作用、公共生活中的举止表现以及社会适应能力等的观察。通过这种方式，可以使我们对自身有初步了解。

2. 通过他人了解自己

自我认知的方法中还有一种称之为橱窗法。它将一个人分为四个方面，包括公开的我、隐私的我、潜在的我和背脊的我。公开的我是自己与他人都熟知的部分；隐私的我是自身了解而他人不了解的部分；潜在的我是自身和他人都不了解，需要通过某种方式激发才有可能表现出来的部分；背脊的我是自身不了解但他人了解的部分。当局者迷、旁观者清，尤其自身的缺点，自己不容易看到，但周围人对我们的态度和评价能帮助我们认识自己、了解自己，因此对他人的评价一定要客观地看待、冷静地分析，既不要盲从也不要忽视。如果通过时间的检验或在某一事件的处理当中，发现他人的评价是客观的、正确的，那么我们应当认真思考，通过一定的方式努力改正自身缺点，向着更加全面的方向发展。

3. 在实践中认识自我

实现自我认识最基本的方法就是在工作和生活实践中通过一系列事件的开展和顺利完成，对自身思维方式、处事方式与人际关系等多个方面进行思考和总结。同时，与周围其他人的对比观察可以帮助我们更深入地认识自我。通过一些集体活动或团队协作中，观察自身与他人在兴趣、性格、气质、能力等方面地不同，观察自身与他人对同一事件在认知、思考与处理方面的差异，可以更加全面地认识自己，也可以帮助自己学习他人的优点，在人际交往与为人处世中将自身缺点降到最低。

（二）环境评估

每个人都生长在特定的环境当中，因此环境对人的成长与发展起到了很重要的作用。要想在职业生涯中取得成功，就必须对自身所处的环境有全面的分析和把握，如环境带给我们的机遇是什么，自身想要实现职业目标面临的挑战是什么，环境中自身能利用到的是什么，有什么是需要我们在职业发展中尽力去规避的。国家政策对人的成长与发展具有导向性的作用，在进行职业生涯的环境评估时首先应对国家政策与地方扶持情况进行充分了解，如果有相关政策对某一行业的扶持，则对自己在日后从事某一领域工作时起到了事半功倍的作用；如果该领域缺乏相关扶持政策，那么应当认真思考如何利用其他优势资源趋利避害，促进自身的成长与发展。了解本专业在我国的需求情况与在各省市的发展状况，如材料类行业在我国广东和山东地区发展迅速，相关企业众多，如果在以上两个区域就业，面临的机遇和可选择的范围可能会更多一些。环境评估也包括对相关企业与自身优劣势的评估。评估相关企业的发展规模、品牌文化、销售途径、研发现状、生产技术、福利待遇等,并详细了解企业对人才的需求状况。分析自身的优劣势,结合用人单位对大学生专业基础、实践操作、团队协作等能力的要求,得出环境对自身发展的最新要求。只有结合环境评估结果,进行职业生涯规划才是科学的有意义的,缺乏了环境评估的职业生涯规划将是脱离现实的,没有依据的。

(三) 职业定位

成功的职业生涯需要不断地调整职业定位,而一个合理的职业定位则是基于对自己有一个清晰的认识、准确的判断和合理地把握。目前一些大学生在毕业时没有找到一份适合自己的工作或者预期的目标与现实之间差距过大,很大一部分原因在于没有对自己进行科学合理的职业定位。我们在正确地认识自我,科学地进行环境评估之后,一定要合理地进行职业定位,这是我们职业生涯规划成功的必要保证。

(四) 实施策略

有了明确的职业定位之后,我们必须要制订一套具体可行的方案,才有可能一步步走向成功达到预期的目标,这套行动方案被称之为实施策略。比如说,大学期间要熟练掌握哪些专业课知识,要阅读哪些书目,要考取哪些有用的证书,要熟练操作哪些软件,要学会使用实验室里的哪些仪器设备,对哪些大型进口设备的操作流程要进行了解,要参加哪些社会实践活动以丰富自己的经历等。制订具体的实施策略第一步就是要进行目标分解,按时间分解可分为长期目标、中期目标和短期目标,我们无论是对大学期间还是整个人生阶段进行职业生涯规划时,为了达到预期的目标,我们需要制订一系列的计划,而对于这一系列计划的实现,必须有一个合理的时间安排。也就是说,我们要将一个大的目标分解成若干个小目标,在哪个时间段内,要完成什么任务,这样不但有利于我们分阶段、有目的地完成计划,同时也有利于时刻检验目标的完成情况。在掌握了目标分解和目标重组的原则之后,可以制订具体的行动步骤,当然这些行动步骤的制订是因人而异的,我们必须根据自己的实际情况科学合理地制订计划。

(五) 评估与反馈

制订了具体的实施策略之后,看似职业生涯规划的步骤到此结束,其实则不然,评估与反馈是我们达到预期目标,圆满完成规划的另一大任务。正所谓计划赶不上变化,制订的实施策略并不是一成不变的,而是应当结合外界各种影响因素的改变而随时进行调整。比如新冠肺炎疫情发生以来,一些用人单位缩减了岗位需求,一部分学生选择放弃就业,期望考上研究生躲避疫情的影响。另有部分学生经过认真思考、比较自己的优势劣势等,准备自主创业,打造一番属于自己的天地。由此可见,在职业发展的道路上,理想与现实脱节,目标与外界环境不符等情况时有发生,只有客观理性地分析现状,随着外界各项因素的改变随时调整方案,才可能获取成功。

二、大学生职业生涯规划制订的误区

大学生正处在人生发展的关键阶段,必须面对许多关于未来发展的重大抉择。对职业生涯发展方面的茫然使大学生经常感到焦虑、目标与兴趣模糊不清、学生角色投入不足、缺乏学习动机、学业成绩偏低等现象的困扰，他们在生涯规划中也存在诸多实际问题。大学生在制订职业生涯规划过程中，需要注意盲点和误区，以免影响大学生未来的职业生涯发展。

1. 认为职业生涯规划无用

有的大学生认为自己尚处在学习阶段，未来有太多的不确定因素，所以现在做职业生涯规划为时过早。这种想法造成的后果是学习无目的性，荒废了宝贵的学习时光。其实对于生命中的个人无法掌握的因素应以一颗平常心冷静地应对。大学生应该明白，拥有一个明确的职业目标方向是非常必要的。进行职业生涯规划就是要对我们所能做到的事情全力以赴，机会总是青睐那些有准备的人。

2. 认为理想就是目标

现在的大学生有各种各样的职业理想，如有的人希望成为企业家，有的人希望成为某个领域的专家……不少人相信"不想当将军的士兵不是好士兵"这句话，都以将军为目标。其实，在现实生活中，将军的位置很少，如果大家的目标都是当将军，那么这种主观愿望和客观条件产生的差距，会使自己在执行计划时产生许多挫折。所以大学生有了职业理想，不等于就有了目标。理想是我们追求一个结果的最终体现，职业理想更多地表现为某个具体的职位。目标是我们在实现职业理想过程中的阶段划分。只有把宏大的职业理想转化为一个可实现的具体目标，我们的职业理想才会最终得以实现，否则，宏大的职业理想只能是职业空想。因此，大学生在判定职业前程时，一定要从实际出发，职业生涯规划要切实可行，莫把理想当目标。

3. 认为行业就是岗位

一些大学生的求职目标经常会这样写：石化设计研究院、制造企业、石油石化行业等。这种把行业当作职业的大学生没有核心竞争力，他们在求职时把希望更多放在了"广撒网、捞大鱼"上，以为这样机会就更多，实则用人单位都不知道他能够做什么，又何谈机会呢？行业和岗位是不同的概念，行业是最大的国民经济因素，而岗位是大学生要效力的具体职位，大学生的就业是面向具体岗位的。所以，大学生需要围绕企业目标或者岗位目标进行职业生涯规划，就是要了解具体岗位的工作内容，不断提升自己，以胜任工作要求，进而持续发展。

4. 认为知识就是能力

知识是一个社会分工的特定领域系统集成的理论知识及方法，表现为人们知道什么，理解什么。能力则是借助知识解决实际问题的一种智慧，通常表现为人们会做什么，能做好什么。大学生通过学习掌握一定的专业知识，也掌握了一些解决实际操作的方法，并不是说就具备了解决实际问题的能力，能够在工作中运用所学的才是能力。如果大学生所学专业并非是自己从事的，那无论自己的专业知识学得多么好，它都不是自己的能力，不能减少自己与岗位要求的差距，更不要指望用自己的专业知识来打造职业理想的核心竞争力。所以，大学生在进行职业生涯规划时，不要泛泛地把自己所学的专业当作求职的砝码，要先看看自己所学的专业是不是自己喜欢的，是不是对应自己的职业目标。同时，大学生不仅仅局限于自己的专业领域，很多能力在不同的职业领域都是通用的，重要的是自己的综合能力而不是一个特殊职业领域的能力。

5. 忽略个人品德、心理素质的培养

在当今教育和资讯比较发达的时代，企业的用人标准也发生了很大的变化，应聘者的人品成为企业选择员工的一个重要条件。可是，许多大学生在规划自己的未来时，只注意了知识和能力，却忽视了个人道德修养和心理素质的培养，导致自己与一些好的机会失之交臂。因此，大学生在进行职业生涯规划时，一定要注意培养良好的道德修养和健康的心理素质。

6. 认为兴趣就是职业

职业是我们赖以生存的方式，兴趣爱好则是我们享受生活的方式。一个人对某种事物感兴趣，就会产生接近这种事物的倾向，并积极参与有关活动，表现出乐此不疲的极大热情，并使人的探究和认识活动染上强烈的、肯定的情绪色彩，从而使这种活动为人所接受和喜爱。选择职业是一种社会活动，必然受到一定社会因素的制约，任何人选择职业的自由都是相对的、有条件的，如果择业脱离社会需要，就很难为社会所接纳。在现实社会中，有些大学生喜欢将兴趣当作职业目标，其实在职业发展上，喜欢是一回事，胜任是一回事，选择又是另一回事，兴趣爱好并不等于职业目标。在进行职业生涯规划时，是应该将兴趣爱好作为选择职业的重要因素，但不是唯一因素。一个好的职业生涯规划要针对社会需要、专业特长、兴趣能力等方面综合考虑。大学生都有自己的专业，每个专业都有一定的培养方向和目标，这应该成为大学生职业生涯规划的依据。一旦兴趣爱好与专业职业不统一，人生三角平衡就会被打破，大学生就要忍受工作中的更多寂寞和孤独，就会加速对工作的怠倦感，并去寻找另一种平衡方式，否则自己的心理将不堪重负。

7. 认为自己的命运掌握在别人手里

在职业生涯规划过程中，有的学生在关系到自己未来发展的问题上不能自己做主，总希望有人能替他做出最后的选择。然而，每个人的成长环境、家庭经济条件、父母的社会地位、文化背景、个性类型、价值观、能力、职业生涯目标、父母的期望、对成功的评估标准都不尽相同，所以，不同的人对自己的职业生涯规划也必然不相同。个人职业生涯规划必须由自己主导，无论是老师、父母、朋友都无法替代，只能由自己根据实际情况来客观地进行规划。

8. 对自己过分肯定或否定

部分大学生对自己缺乏一定的认识，对当前的职业发展趋势、职业类型和职业素质要求也缺乏了解。这些情况直接导致了一部分学生对自我评估不准确。自我评估的目的就是要找到自己的优势和不足。可是有些人在评估的过程中都会过分地肯定或者否定自己。前者会让规划者好高骛远，盲目自大；后者会让规划者看不见自己的优势所在，不断地从自己身上找缺点，认为自己一无是处，从而失去信心。缺乏自信的人，其事业必难以成功。

9. 认为成功就是幸运

有些人坚信成功者是由于有好的机会，因此他们被动地等待命运的安排，而不去主动地计划经营，努力把握自己的生活，这种人只能守株待兔。这种把成功当幸运的行为导致的结果大多是一旦不成功便早早放弃，被拒绝和挫折打垮了信心。其实，能带来成功的往往是努力，而不单单是运气。如果大学生能够提前意识到可能遇到的问题，将有助于他们更好地处理问题。这一次没成功,没关系,继续努力,也许下一次努力,下一个就是自己所期待的起点。如果能化问题为经验,也许成功就离自己不远了。

10. 不懂得变通

大学生通常思想比较单纯,在他们眼里,似乎一切事物都应该像有标准答案的考试一样,客观地评定优劣。所以,大学生对事物的认识会形成非黑即白的机械观点。因此大学生在制订职业生涯规划时难免会出现一锤子打死的心态。主要表现在一些人忽视了职业选择的弹性原则,总认为一个人只有一个职业最适合自己,对于那自认为最适合自己的唯一职业也是抱着从一而终的信念,故此放弃了许多其他的宝贵机会。此外,还有一些人在职业生涯规划时,处于一种静止看问题的思维定式中。他们认为既然已经规划,那以后的学习和发展都必须严格按照当初的规划进行,甚至对自我的认知和环境的认知也停留在某一个阶段,他们认为初次制订的规划是永久有效的,而忽视了规划尺度内变化的原则。因此对于大学生个体来说,应该时时进行信息更新,进行自我认知和环境探索,这样既可以增强规划意识和自我管理意识,也可以顺应时变,及时做出正确的与时俱进的规划方案。

三、大学生职业生涯规划书的撰写与修订

职业生涯规划书的撰写有利于大学生进一步明确自己的目标,合理规划大学生活,主动适应社会发展对大学生的要求。

(一)职业生涯规划书的撰写特点

1. 价值的实用性

职业生涯规划书的撰写需要紧密结合自身的特点和外部环境对自己未来发展道路进行的计划和安排,职业生涯规划书是一种书面文件。实用性是职业生涯规划书的本质属性,其他属性都是由实用性派生出来的。职业生涯规划书的实用性体现在两个方面:一是通过职业生涯规划书能够梳理自己未来打算的思路,以及深刻分析做出此种打算的原因;二是通过职业生涯规划书明确自己的奋斗目标,同时形成为之付出努力的行动纲领。

2. 内容的真实性

大学生为了使自己的职业生涯规划切实可行,他的职业生涯规划书必须真实地分析自身的兴趣爱好、能力特长、性格特点、家庭条件等方面的因素,并结合目前社会形势来确定自己的发展方向和奋斗目标。只有坚持真实性原则,制订的职业生涯规划才能够密切联系实际,才能使提出的具体措施真正付诸实践。内容的真实性要求职业生涯规划书不允许夸张,更不允许虚构,这是由职业生涯规划书的性质决定的,内容不真实的职业生涯规划书不仅毫无使用价值可言,而且还会误导自己,影响个人职业生涯发展。

3. 结构的模式性

约定俗成的模式是在职业生涯规划的实践中形成的,由于它符合职业生涯规划的基本原理,显示出它的优势,才逐渐被推广开来,以至被作为科学的写作知识加以总结和介绍。比方说,职业生涯规划书不论采用条例式、表格式、复合式还是论文式,都离不开自身分析、环境分析和职业选择这三个核心。这种结构的模式性,提高了职业生涯规划的实用效率。按照职业生涯规划书的规范模式写作,能使职业生涯规划的制订者写作更加简便快捷,运用起来一目了然,对照自己的行动更加直观。

4. 语言的平时性

职业生涯规划书中的语言应该朴实、简洁、准确，忌讳使用华丽的语言。它要求用平时的语言，准确地描述出个人的特点，客观地分析自身的优势和劣势，结合外部环境，做出恰如其分的判断，根据缜密的分析进行职业定位。因此，职业生涯规划书应条理清楚，开门见山，就事论事，多用说明，少抒发个人情怀，多用直笔，少旁征博引。

（二）职业生涯规划书撰写的注意事项

大学生在前期大量准备的基础上，可以根据自己确定的思路，草拟职业生涯规划书。撰写的过程要注意以下两点。

（1）不要写写停停，要尽可能一气呵成。应当集中一段时间撰写，力求一次性完成，这样才能使自己的分析思路连贯、条理清楚。

（2）要注意强化语言的表意功能。要尽量缩小语言和所表达内容之间的差距，做到用词准确精当。在句式方面，尽量选用短句、肯定句。职业生涯规划书撰写好后，需要反复推敲，经过思考后，进一步修改完善。职业生涯规划书一经撰写后，就需要采取有效的行动去一步一步地实现。因为规划再好，如果没有具体行动，仍然是一纸空文或者纸上谈兵。正如歌德所言："仅有知识是不够的，我们必须应用，仅有愿望是不够的，我们必须行动。"

（三）职业生涯规划书撰写的格式和内容

1. 职业生涯规划书撰写的格式

在遵从一般应用文写作规律的前提下，职业生涯规划书的格式可以不拘一格。职业生涯规划书的常见格式有表格式、条例式、复合式、论文式。

（1）表格式。表格如果设计得当，可以很好地包含分析与论证的全部过程，而且清楚明白、一目了然。但也有很多采用表格式的职业生涯规划书只作为日常警示使用的个人发展计划实施方案表，只包含最简单的目标，分段实现时间、职业机会评估和发展策略几个项目。

（2）条例式。这种格式的规划书具有职业生涯规划的主要内容，但大多数只作简单的表述，没有详细的材料分析和评估。文章精练，但逻辑性和说理性不强。

（3）复合式。复合式的规划书就是表格式与条例式的综合。综合运用表格式和条例式的优点，使规划书具有较好的适应性和实用性。但复合式的规划书结构比较复杂，设计不好，容易给人凌乱的感觉。

（4）论文式。最完整的职业生涯规划书通常采用论文式。论文式的职业生涯规划书能够对一个人的职业生涯规划做全面、详细的分析和阐述，是一份研究自己未来发展道路的可行性分析报告。

2. 职业生涯规划书的内容

职业生涯规划书是对职业生涯规划的书面化呈现，不仅能梳理大学生的宏观职业生涯规划，还能对具体的学习和工作起到指导和鞭策的作用。一份完整、翔实的职业生涯规划书，既是深思熟虑的考量，又是人生奋斗的见证。按照参加职业生涯规划设计大赛的作品标准，职业生涯规划书的主要内容应包括如下。

（1）封面。封面注明作品的名称，可以在封面插入图片和警示格言，署上姓名和日期。封面用较厚实的纸张打印，既可以给人以庄重感，又可以增进文本的耐磨性。

（2）扉页。包括个人姓名、籍贯、年龄、性别、学历层次、专业、所在单位、通信地址、联系方式等，也可以在扉页放入个人照片。

（3）目录。介绍职业生涯规划书的主要内容构成，同时反映自己的分析思路和整体框架。

（4）外部环境分析。包括对政治环境、经济环境、法律环境、职业环境和组织环境的分析。对外部环境的分析可以适当地取舍，突出职业环境和组织环境。

（5）自我分析。包括对家庭因素、学校因素、自身条件及个性、兴趣爱好、能力特长及发展潜力等方面的测评结果。自我分析过程中，应该包括对自己职业生涯产生影响的一些人的评价和建议。

（6）职业目标的定位。根据自己对外部环境和自身特点的分析，确立职业发展方向，结合自己可能面临的职业发展机会评估，做出职业选择和职业决策。

（7）职业发展路径。职业发展路径是将职业目标按照时间段的划分而做的层层分解，并根据每个阶段的特点，提出具体可行的实施办法。

（8）职业生涯的评估和修正。对于职业发展状况按照一定的时间周期进行评估，并根据评估的结果修正自己的职业进程和阶段目标。同时预计职业生涯可能出现的危机，并进行危机干预准备。

（9）结束语。最后对职业生涯规划的整个过程进行总结，对未来进行展望，同时坚定个人发展的信心。

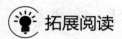 拓展阅读

大学生职业生涯规划书参考模板

扉页

姓名：王××

性别：男

年龄：20 岁

籍贯：××省××市

所在学校及学院：××师范大学　××学院

班级及专业：××班　计算机科学与技术专业

学号：××××

邮编：××××××

联系电话：139×××××××

E-mail：×××@qq.com

目　录

总论（引言）……………………………………………………………………………………

一、自我认知

1. 性格方面………………………………………………………………………………………
2. 自身在人群中的相对站位……………………………………………………………………
3. 动力类型………………………………………………………………………………………

4. 优势与劣势……………………………………………………………………
5. 自我分析小结…………………………………………………………………
二、职业认知
(一) 外部环境分析
1. 家庭环境分析…………………………………………………………………
2. 学校环境分析…………………………………………………………………
(二) 社会环境分析
(三) 目标职业分析
三、职业目标定位及其分解组合
1. 职业目标的确定………………………………………………………………
2. 职业目标的分解与组合………………………………………………………
四、职业生涯规划设计
1. 大学期间的规划………………………………………………………………
2. 毕业后的五年规划……………………………………………………………
五、与时俱进　灵活调整
结束语……………………………………………………………………………

正　文

总论（引言）

在今天这个人才竞争的时代，职业生涯规划开始成为人们在人争夺战中的另一重要利器。对企业而言，如何体现公司"以人为本"的人才理念，关注员工的持续成长，职业生涯规划是一种有效的手段；而对每个人而言，职业生命是有限的，如果不进行有效的规划，势必会造成生命和时间的浪费。作为当代大学生，若是带着一脸茫然，踏入这个拥挤的社会怎能满足社会的需要，使自己占有一席之地？因此，我试着为自己拟定一份职业生涯规划，将自己的未来好好地设计一下。有了目标，才会有动力。

一、自我认知

结合朗途职业规划测评报告，我对自己进行了全方位、多角度的分析。

1. 性格方面

我的性格属于艺术家型（用有形的作品展示丰富内心世界）。

我的具体情况是：我在性格各个方面的偏好清晰度如图4-1所示。

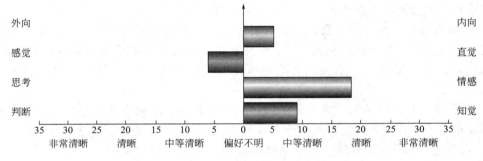

图 4-1　性格偏好清晰度图

据分析可得出我的性格类型特点综合总结如下。

① 常常谦虚地看待自己的能力，平静愉悦地享受目前的生活，喜欢体验。渴望自由自在地安排自己的活动，有自己的空间，能支配自己的时间并珍视这种机会。

② 善于观察、务实、讲求实际，非常了解现实和周围的人，并且能够灵活地对他们的情况做出反应，但很少寻求其深层的动机和含义。我是优秀的短期规划者，能够全身心地投入此时此刻的工作中，喜欢享受当下的经验而不是迅速冲向下一个挑战。

③ 和蔼、友善、有耐心，易通融，很好相处。我没有领导别人的愿望，往往是忠实的跟随者和很好的合作伙伴。我很客观，而且能以一种实事求是的态度接受他人的行为，但需要基本的信任和理解，需要和睦的人际关系，而且对矛盾和异议很敏感。我内心蕴藏着深厚的感情，只是不太喜欢表现。

④ 很有艺术天赋，对自然的美丽情有独钟，对直接从经验中和感觉中得到的信息非常感兴趣，喜欢为自己创造一种幽雅而个性化的环境，同时希望为社会的福利和人类的幸福做些贡献。

2. 自身在人群中的相对站位

下图为做事动力测试结果，见图 4-2。

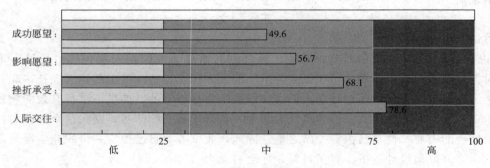

图 4-2　做事动力测试结果

我的成功愿望为中分，影响愿望为中分，挫折承受为中分，人际交往为高分。

我的具体情况有以下几点。

① 做事有特定的目标和方向；愿意承担一定的责任。面对新尝试时（比如组织同学的特别活动等），往往会参照以前的经验和方法来进行。对人和事的要求不高不低，这种"中庸"也让自己和周围的人感到自在，而不至于压力太大。

② 想要引导他人的愿望一般，不会特别主动表现得很想去影响他人。通常会比较主动地说出自己的想法，但不强求别人接受。会注意自己的行为影响力或在他人心目中的形象，但不太刻意追求。需要时会想办法汲取他人的支持，必要时愿意承担一定的组织和管理工作。

③ 遇到挫折时感到沮丧，但不会深陷其中不能自拔。能从失败中总结教训，避免重蹈覆辙。新事物或新环境出现时，虽然会有点害怕，但还是会小心地试水挑战。

④ 人缘好，能和不同背景、各种性格的人相处愉快，得到他们的欣赏和支持。交友广泛，即使复杂的人际关系，也游刃有余，能通过打理人脉解决一些实际的问题。

3. 动力类型

我的动力类型为寄托型，根据朗途职业规划报告测试表如图 4-3 所示。

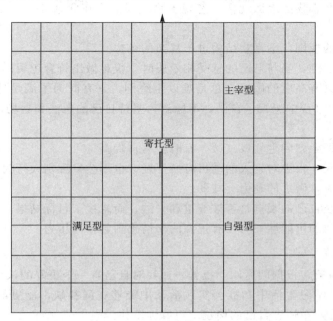

图 4-3　动力类型图

追求成就类型为"寄托型"，希望能促进团队的发展和别人的进步，并因此得到认可，认为这是实现自我价值的基础，我的个人成就也往往是在对别人的影响互动的中取得的。我善于组织、协调和管理，不喜欢单打独斗，各自为政，会很自然地表达自己的观点，使别人接受。我看重权威，常借助权威性增强自己观点的说服性。

身处逆境时的动力类型为"坚守型"，做事谨慎，不轻易决断，对可能的风险和失败比较敏感。事情开始前会仔细考虑失败的可能性，但一旦决定就会坚持完成，即使难度和挑战性超乎寻常。遇到了阻力我也能够坚持不懈。在学习或者工作中属于稳扎稳打型，非常稳重和踏实，但也许也会被人评价为保守和固执。我的韧性和责任心对完成任务很有效，但如果变化频率太快或者需要做很多快速决定时，也会力不从心，感觉跟不上节奏。

4. 优势与劣势

我的优势表现在以下几个方面。

① 热情、慷慨，认为对很关心的人和组织，不能做对不起的事情。
② 关注重要的细节是强项，尤其是与人有关的方面。
③ 能够想到别人需要什么，现在还欠缺哪些。
④ 对于组织的目标会非常地认同，并且用行动去支持这个目标的实现。
⑤ 能够准确地估计目前发展到了什么态势，找到最关键的因素去突破。
⑥ 在评估风险和新方法的时候，灵活又不缺乏仔细。
⑦ 积极热情，富有推动力和影响力。
⑧ 有韧性，在困境中不轻易放弃。

我的劣势表现在以下几个方面。

① 完全着眼于现在，从不喜欢寻找和发现那些我认为不存在的可能性，这使我无法发现更广阔的前景，也不能为将来做打算。

② 倾向于只接受事物的表面现象，忽视事物之间的内在联系和逻辑条理，难以理解复杂的事情。

③ 不喜欢过多的规则，不喜欢结构过于复杂的机构。

④ 在决断上有困难，当与自己的感受相矛盾时，很难做出符合逻辑的决定。

⑤ 天生对他人具有高度的敏感，总是难以拒绝别人，有时为了满足他人的需求而拼命地工作，以至于在此过程中忽视了自己，不愿意为坚持自己的想法和立场，而冒风险打破与他人的协调关系。

⑥ 对他人的批评会感到生气或气馁，有时容易自责。

⑦ 容易相信别人，很少对别人的动机有所怀疑，也不会发现别人行为背后的隐含意义。

⑧ 当缺少支持时，做事的动力会减弱。

⑨ 有时过于关注自己的观点是否被尊重和采纳，而忽视了目标结果。

⑩ 过于关注失败的可能性，对没有把握的事情感到紧张和压力。

5. 自我分析小结

通过对自我的检测，根据朗途职业报告，让我对自己有一个更好的认识，知悉自己的优点和缺点，在以后的学习生活中和社会实践活动中能够查漏补缺，能更好地发挥自己的优点，弥补自己的不足，在适合自己的岗位上更好地工作。

二、职业认知

（一）外部环境分析

1. 家庭环境分析

我的家庭状况虽然不是很好，但经济收入也能算得上是中等水平。我的家人都是农民，种地产粮是最主要的经济来源。家族里面的文化层次都不高，我的家人特别希望我能到更高的学府深造，希望我可以学到尽可能多的知识。

2. 学校环境分析

我现在就读的学校是××师范大学，一个师范类的学校，专业是师范类的计算机专业。优美的校园环境和教书育人的良好气氛，让我深刻体会到"团结勤奋，求实创新"的氛围。

3. 社会环境分析

随着计算机广泛深入地应用于人类社会生后，以及全球信息产业的迅速崛起，21世纪的中国将向知识经济时代迈进，教育、科研、社会、经济等各个领域需要越来越多的信息与计算机科学的人才，信息与计算机的研究和应用将迈向更深入和更广泛的领域，可以预计，信息科学与技术在今后较长时间里仍然是极具生命力的领域。

（二）目标职业分析

根据朗途职业规划测评软件所得报告，可得出我适合职业的特征有以下几点。

① 有组织、有条理的工作环境，在清晰而明确的指导原则下与他人一起工作。

② 充满挑战和竞争的氛围，创造性处理复杂而且难度较大的问题，提出合乎逻辑的解决办法。

③ 能够提高并展示个人能力，能够不断得到提升，有机会接触到各种各样有能力而且

④ 能够确立工作目标，并施展组织才能，管理监督他人，而不需要处理人际冲突。

因而由此报告，我初步确定并分析适合自己的目标职业状况如下。

适合在活跃的、彼此积极支持的、合作的环境下工作，最好不要有人际冲突。这份工作得符合我的内在价值观和审美情趣。

适合的工作要求关注细节、内容实际，能够快速地处理问题，提供实际帮助。这份工作要有独立工作的自由，不要受太多的规则、程序约束。

不适合例行公事的公开讲话和形式主义。

结合自身的专业，将来会从事有关计算机的教育工作。

（三）职业认知小结

如今的计算机行业可谓机遇与危机并存，一方面企业为找不到合格的技术人员，企业发展受阻而发愁；另一方面大量的计算机专业的本科生找不到理想的工作。可见要想有所成就必须掌握出色的专业知识，知识决定自身发展。

三、职业目标定位及其分解组合

通过对自己性格、优势与不足、兴趣爱好、潜能等，以及现在的社会、经济、政治、文化环境的分析，我开始对自己以后的职业生涯有了一些规划，打算利用自己丰富的计算机知识来从事与计算机有关的工作。

1. 职业目标的确定

综合第一部分（自我分析）及第二部分（职业生涯条件分析）的主要内容运用职业生涯决策平衡表确定职业目标。

结论：职业目标——将来从事（计算机行业的）教师职业；职业发展策略——进入教育类型的组织（到发展中地区发展）；职业发展路径——走专家路线（管理路线等）。

2. 职业目标的分解与组合

把职业目标分成三个规划期，即近期规划、中期规划和远期规划，并对各个规划期及其要实现的目标进行分解。

四、职业生涯规划设计（表 4-1）

大二：争取更加努力学习，参加各种活动，在学生会锻炼自己的胆量。但最重要的是在大二第一学期过计算机二级考试和英语四级考试，过掉自学考试其中的三门。

大三：争取入党并在大三下学期准备雅思考试，多看与专业相关的图书，扩展自己专业方面的知识而不仅仅局限于学校所教授的。

表 4-1　计划实施一览表

计划名称	时间跨度	总目标	分目标	计划内容（参考）	策略和措施（参考）	备注
（大学期间）近期计划	2011～2014 年	大学毕业时要达到知悉专业、熟练专业知识	大一要达到熟练计算机，大二要达到熟练专业，专业年年有提高	抓紧专业学习、加强职业技能培养、职业素质提升、职业实践计划	大一以适应大学生活为主，大二以专业学习和掌握职业技能为主，每年都要总结自我检查,查漏补缺	

续表

计划名称	时间跨度	总目标	分目标	计划内容（参考）	策略和措施（参考）	备注
（毕业后五年）远期计划	2015～2020年	毕业后五年时间，要在适合自己的岗位上表现优异	毕业后在计算机方面要有突破性的提高	职场适应、三脉积累(知脉、人脉、钱脉)、岗位转换及升迁等各方面协调良好发展	干事要保持积极的心态，扬长补短，查漏补缺	

在大学期间需养成以下行为习惯。

学习深入思考，注意分析事件之间的关联；

站在未来的角度思考，考虑长远发展的前景；

就事论事，不要随便地把批评和不同意见视为对自己的人身攻击；

学会规划和计划，提高时间管理技巧；

学习决策的技巧和方法，学会取舍；

控制情感因素，不带感情色彩地处理问题；

调整节奏、放松自己、确立事情的优先顺序；

用恰当的方式指出别人的不足之后，并提供建议；

如果能够针对不同的人、不同的情境采取不同的指导方式，我会在人际合作中发挥更好的作用；

正确看待和分析任务的成败，必要时学会放弃。

详细执行计划如下几点。

1. 大学期间的规划

本人现正就读大学一年级，我在大学期间计划有以下几点。

大一探索期：

［阶段目标］适应大学生活，接触职业规划，锻炼自己。具体方案为努力适应学校的新环境，积极完成作业，培养自己的自学能力，积极参加有益的社会活动，锻炼自己的处事能力，培养责任心。

大二定向期：

［阶段目标］初步确立自己的努力方向以及进行相关能力的培养。

大三准备期：

［阶段目标］进一步加强学习，为不久的研究生考试做准备。

大四冲刺期：

［阶段目标］考上研究生，或找一份合适自己的工作。

2. 毕业后的五年规划

毕业后五年内计划有以下几点。

第一年：做好本职工作，给上级好印象；工作上和同事积极沟通，平时多帮助和关心别人，建立良好的人际关系。

第二年：努力工作，积极进取，不断学习提高自己的技术工作能力，积极参与各种活动，锻炼自己的办事能力，养成良好的行为习惯。

第三年：在自己的岗位上表现优秀，努力提高自己的专业水平，不断奋进，锻炼提高自己的创新能力。

第四年：有一定的技术经验的积累，处理好各方面的关系。

第五年：在事业上有所成就，不断学习创新，表现优异。

五、与时俱进，灵活调整

俗话说得好"计划不如变化"，周围的环境随时在变，而且随着自己不断地成熟和接触不同事物也会变，以上的计划并不是一成不变的，应搜索相关的信息，及时了解专业的动态，以便对计划做适当的调整。

结束语

计划固然宏大而美好，但更重要的，在于其具体实施并取得成效。只说不做，所谓的职业规划目标就如空中楼阁般美好却遥不可及，到头来只是一个安慰自己的美丽谎言。然而，现实是未知多变的，定出的目标计划随时都可能遭遇问题，要求有清醒的头脑，巨大的勇气，克服困难，取得成功。也许最终我们的目标也不能达成，但至少我们努力过，奋斗过，拼搏过，人生也便无悔。

每个人心中都有一座山峰，雕刻着理想、信念、追求、抱负；每个人心中都有一片森林，承载着收获、芬芳、失意、磨砺。一个人，若要获得成功，必须拿出勇气，付出努力、拼搏、奋斗。成功，不相信眼泪；成功，不相信颓废；成功不相信幻影，未来，要靠自己去打拼！

（案例来源：编写组收集整理）

（四）大学生职业生涯规划书的修订

社会在发展，职业的种类、内涵、前景都处在不断变化之中，大学生也在不断发展，其知识、技能、社会适应能力也随之不断增长，理想、价值观以及追求的职业目标都在不断地变化。外部因素的变化和内部因素的变化都可能干扰我们事先的规划，是按部就班还是适时而变，关系到职业规划的有效性。职业规划的修订是个人对自己不断认识的过程，也是对社会不断认识的过程，是使职业生涯规划更加有效的重要手段。大学生通过对职业生涯的不断评估，自觉地总结在达到职业生涯发展目标过程中的经验和教训，从而修订自我的认知、社会的认知和最终的职业生涯发展目标。

1. 职业生涯规划书修订的意义

（1）实施职业生涯规划目标的必经阶段。职业生涯规划的实施是大学生依次实现各个阶段目标并逐步向最终目标推进的过程。在此过程中，由于各种确定及不确定影响因素的存在，实际目标与规划目标之间存在落差在所难免。为了最大限度地发现和减小落差，对职业生涯的进展情况进行修订是实施过程不可少的阶段。职业生涯规划书的修订需要在评估的基础上，依据实际情况对职业规划的实施过程进行调整完善，确保规划的成功推进。职业生涯规划书的修订是一个循序渐进反复的过程，通常要经过施行、评估、修订、再施行、再评估、再修订等程序，直至达到理想的效果。

（2）实现职业生涯规划目标的重要保证。在职业生涯规划实施过程中，各个阶段的实际结果能否与规划目标相符或相近，是评价实施过程是否成功的关键。而修订则是实现这一目标的重要保证：一方面，修订给具体的实施过程提供了方向与路线保障；另一方面，修订也为实施效果提供了评估标准。通过职业生涯规划的评估与修订，大学生可以发现前一阶段策略方案的施行及目标完成情况，直至满足规划的相关要求，并决定下一阶段的目标实施，进而决定向最终目标推进的进度。

(3) 确保职业生涯规划有效性的重要手段。大学生职业生涯规划是否有效,主要看其策略方案是否切合实际、能否顺利施行并最终实现人生规划目标。在职业生涯规划持续推进的过程中,修订是保证其策略方案正确施行及达到效果的重要手段。通过修订,可以确保各个阶段目标的顺利实现及实施进程的顺利推进,进而保证职业生涯规划的阶段目标与总体目标的有效性。

(4) 有助于对职业生涯认知的有效性。首先是提高自我认知的准确性。由于对自我的认识是一个长期、持续、复杂的过程,在校大学生由于心理的不成熟和经历的单一性,对自身价值观、兴趣、性格、能力的认识尚不全面,这就造成了很多人在制订职业生涯规划时目标过于盲目,特别是学校与社会的差异性造成很多学生就业后才发现自己的职业目标缺乏可操作性。其次是提高职业认知的准确性。我们身处的世界无时无刻不在变化之中,远到社会经济结构的发展、科学技术的飞跃、政治形势的突变、国家政策的调整;近到企业组织的制度调整、机构改革,乃至个人家庭、健康水平的变化,所处的环境存在太多影响个人目标制订的客观因素。

(5) 有助于增强生涯规划的有效性。我们制订职业生涯规划时,在客观分析自我的基础上为自己定下目标,短期目标看结果,中期目标看进程,长期目标看方向。并根据目标制订相应的策略,包括详尽的学习计划、培训计划、工作计划等,这一系列措施是要保证目标的实现。但是,这些措施的制订都要建立在主观分析和经验的基础上的,实际效果如何,不得而知。这就要求在实际操作过程中,定期地对措施的实际效果进行检验。

2. 职业生涯规划书修订的主要内容

修订的主要内容包括职业的重新选择、职业生涯路线的选择、阶段目标的修订、人生目标的修订、实施措施与行动计划的变更等。具体表现在以下三个方面。

(1) 职业方向的修正。通过对评估结果的详细分析,我们会发现自己的职业生涯发展不顺利的原因是方向错误或是对内外环境缺乏客观的分析,或是缺乏对工作真实的体验。方向的正确与否是职业生涯是否成功的关键,这就要求我们必须重新进行自我认识和评价,重新评估外在环境,从而重新做出选择。

(2) 计划和措施的修正。及时地调整自己的计划和措施是保证目标实现的重要因素。在分析自身实际与目标之间的差距之后,我们需要制订一些具体的措施,如参加专业技能培训、进行学习进修、参加实践锻炼等,这些措施可以具体到参加何种技能培训班,选择哪位老师、哪本教材进行学习,去哪家单位的具体岗位实习锻炼。

(3) 行为和心理的调整。在职业生涯发展的过程中,要善于调节自己的心理,保持自信、乐观的最佳状态。通过不断地修正,我们可以进一步增强对自己强项的自信,对自己的发展机会有一个清楚的了解,找出关键的有待改进之处,并制订详细的行动改变计划,确保能取得显著的进步和职业成就。

总之,大学生职业生涯规划是一个持续动态的过程,有效的职业生涯规划需要不断地反省修正自己的职业生涯目标,反省职业生涯路线、计划、措施是否恰当,是否适应环境的改变,同时可以作为下一轮规划的参考依据。因此,要以发展性原则来看待职业生涯规划,将职业发展与职业生涯发展联系起来,在不断探索、不断进取和不断调整中实现自己的人生价值和社会价值。

"如果说职业是无法逃避的选择,那么职业规划则是一种建立于现实、理想和梦想之上的管理艺术。"职业规划对每个人来说,都是至关重要的。大学期间是年轻人价值观形成与知识储备的重要时期,也是做好未来要从事的职业规划的最好时机。如果能够在大学里就规划好自己的职业生涯,那么就会比别人早前进一步,距离成功也就近了一步。大学生应该从一踏入校门就对自己的大学生活有一个总体设计,为自己的发展设立长远目标。在充分做好大学生涯规划的同时,根据自身特点做好职业生涯规划,同时在职业规划的指导下规划好大学生活,确立大学生活每个阶段的具体目标。大学生涯规划书撰写后,就会形成一个暂定的职业发展目标,以及为实现这个目标而制订的行动方案。这个行动方案以提升自己在特定职业目标上的就业能力为焦点,不断积累实践经验,掌握目标职业所需要的各种技能,向自己的终极目标不断靠近,为未来真正具备从业能力奠定良好的基础。

第三节　大学生职业生涯规划的主要任务

现在很多大学毕业生,与其说是"就业困难",不如说是"就业迷茫",不知道自己应该从事什么样的工作。这是因为有些学生在初入大学时持有"大一、大二先放松一下,大三、大四再努力也不迟"的心态,对自己未来的发展缺少科学的规划,混混沌沌在大学虚度光阴,这往往成为他们面对就业压力时感到手足无措的一个重要原因。

"机会垂青于有准备的头脑",充分的准备是一个人获得机会的前提和基础。对于大学生来说,大学阶段的学习至关重要,能否顺利地完成由中学生到大学生的转变,能否顺利地完成大学期间各阶段的任务,能否顺利找到自己喜欢并胜任的工作,关键在于大学生的自我规划意识和能力,在于对大学生活的合理规划和安排。就像生涯规划是贯穿人一生的全过程一样,大学生的职业准备也是一个连贯的过程,它与四年的学习生活同步,贯穿于整个大学期间。因此,大学生需要有计划、分步骤地进行学业与职业发展规划。

一、大学一、二年级学业规划

(一) 大学一年级学业规划

大学一年级重在了解自己,掌握专业基础知识,初步了解职业,提升人际沟通能力。德国著名作家约翰·保罗指出:"一个人的真正伟大之处,就在于他能够认识自我。"我国当代大学生由于在初、高中学习阶段,时间常常被繁重的学习、考试所占用,没有什么时间来考虑自己的人生,只有进入大学,才能真正专心地考虑自我、探索自我、认识自我,为自己的人生规划打下基础。大学一年级学习规划可以分两个阶段。

1.第一阶段:大学一年级上学期

这时的大学生完成了从高中生到大学生的角色转变,经过了高考的洗礼,他们踌躇满志,怀着对大学生活的无限向往,满怀信心地走进大学校园。但是,刚刚入学的大学生对大学生活还不够了解,对大学的认识也只是道听途说,对自己和环境的认识还不够。生活了两个月后,大学生开始从对学校的新鲜感中走出来,逐渐开始适应大学生活。这个阶段大学生的主要任务如下:

① 熟悉校园环境,和同学友好相处,尽快适应大学的生活节奏。
② 以学习为主,在学好基础知识的前提下,积极参加校园文化活动和社会实践活动。
③ 了解自己所学专业的职业发展情况,洞悉外界职场变化。
④ 对学期规划进行评估。

2. 第二阶段:大学一年级下学期

此时的学生基本适应大学生活,经过大学生活的亲身体验和专业基础课程的学习,各方面能力有了一定的提高。这个阶段大学生的主要任务如下。

① 阅读和职业生涯规划有关的书籍,了解职业生涯规划的必要性,增强自己的职业生涯规划意识。
② 探索自我,了解自己的爱好、兴趣、性格、能力,发现自己的优势和劣势。
③ 了解社会职位需求和本专业发展情况,结合自己评估的结果,为自己初步确定目标职业。
④ 学会与同学、陌生人交往,锻炼自己的交际能力,建立自己的交际圈。
⑤ 对学期规划进行总结和评估。

从职业发展准备的情况来讲,大学一年级应了解自己的兴趣、性格、职业能力和职业倾向,为选择专业和确定目标职业奠定基础。如果自己尚不明确,可以利用相关测评工具帮助自己进行自我认知。需要提醒同学的是我国目前流行的测评软件多数是从国外引进的,本土化的还较少,软件质量参差不齐,大学生在选择测评软件的时候要加以考察,最好挑选职业生涯的专业机构为自己测评。

(二)大学二年级学业规划

大学二年级重在了解职业和储备知识,提高综合素质,初步明确职业生涯发展的方向与目标,可以分为两个阶段。

1. 第一阶段:大学二年级上学期

经过一年大学生活的大学生已经掌握了大学生活的规律,对原有新环境的适应压力逐渐消退,开始完全适应大学生活。初步建立了一定的人际关系,并且开始关注自己的成长,积极参加各种活动,进行能力提升训练。大学生们已经认识到探索的重要性,并积极开始行动,对于自己的性格、能力、优势、劣势、职业兴趣以及将来的职业方向、社会对人才的需求情况、社会各类职业的发展趋势等状况的探索更加积极,也更有实效。由于受经历、阅历和经验的影响,大学生的探索需要借助外力的支持来加速大学生的成长。此阶段的主要任务如下。

① 了解社会经济、政治、文化和各类职业,尤其是与本专业对应的职业发展状况。
② 继续探索自我,利用各种方式和手段了解自己的兴趣、性格和特长,从而根据自身的特点、外界的情况和自己所学的专业来明确自己的职业发展目标。
③ 根据自己的职业发展目标确定自己的努力方向,制订自己的职业生涯规划。
④ 围绕职业生涯规划制订大学期间其他阶段的行动计划。
⑤ 对学期规划进行总结、评估与修正。

2. 第二阶段:大学二年级下学期

大学生对自我的认识和社会的认识达到一定的水平,职业发展目标更加明确。此时大学生的主要任务如下。

① 检查规划的执行情况，根据变化的情况对自己制订的职业生涯规划目标进行相应的修正或调整。
② 积极参加各种校园和社会实践活动，不断提高自己的能力，拓展自己的交际圈。
③ 向师长和毕业的师哥师姐虚心请教，请他们给自己提出宝贵意见。
④ 多了解与自己职业方向相关的情况，同时选修相关课程，增加知识积累。
⑤ 初步明确就业、考研、留学或创业的方向。
⑥ 对学期规划进行总结、评估与修正。

知己知彼才能百战不殆，大学生在较全面、客观地了解自己之后，就需要对自己所在的专业及该专业未来的就业前景、就业方向进行一番详细的了解。同时，大学生在大学二年级时还需要了解各类社会职业对人才的要求，然后根据这些要求衡量自身的情况，确立自己未来的就业目标。了解专业和职业的途径有很多，可查阅书籍、浏览校园网、咨询师哥师姐等。

需要强调的是，由于科学合理的知识结构是从事现代社会职业的必要条件，是综合素质、能力培养和人才成长的基础，所以大学生在校期间一定要注意对所学知识进行梳理，合理组合自己所掌握的知识，使其形成一个既有层次、又有协调发展的适合现代化社会职业发展需要的动态结构。

二、大学三年级学业规划

大学三年级重在确立就业目标，有目的地提升自己的职业素养，可以分为两个阶段。

1. 第一阶段：大学三年级上学期

大学生由于各自的志向和发展方向不同，开始了不同的发展道路。

准备考研的同学开始努力备战，如选择专业、学校、专业课复习以及政治与英语复习等；想出国留学的学生则向不同的留学机构咨询有关留学信息，积极参与留学系列活动，准备 TOEFL、GRE，注意留学考试资讯，向相关教育部门索取招生简章参考；想毕业后立即工作的大学生则更加积极地投入到各种社会实践活动或社团活动之中，培养自己的各种能力和团队合作精神，提高自己的综合素质，考取与就业相关的职业资格证书等；准备创业的同学，更加积极参加各种创业大赛和创业实践活动，提高创业素质，积累经验，了解创业相关政策与法律法规，明确创业方向等。

此时大学生的主要任务如下。
① 在加强专业知识学习的同时，考取与目标职业相关的职业资格证书。
② 根据自己的发展规划，完成考研、出国需要的相关准备，如语言能力证明等。
③ 有机会可以到社会上做兼职或实习，积累对应聘有利的职业实践经验。
④ 扩大校内外交际圈，加强与校友、职场人士的交往，通过报纸、网络等了解自己所选职业的发展方向。
⑤ 针对自己的选择，对学业规划进行有针对性的评估与反馈。

2. 第二阶段：大学三年级下学期

经过相应的职位实习和社会实践，大学生开始意识到自己的能力与职位要求之间的差距，同时通过实习，也发现了自己的理想职业与社会职位之间的差距。于是，大学生开始思考自己的职业生涯目标是否符合社会实际，重新确立更加现实的符合自己和社会实际情况的职业目标。其主要任务如下。

① 掌握职业生涯的评估方法和修正方法，对自己的职业生涯进行相应的调整，使之更加切实可行。

② 寻找适合自己职业生涯发展的有效途径。

③ 参加相应的培训，提升自己的能力。

④ 对大学三年级规划做一次全面评估，找出差距，分析原因，列出弥补不足的对策。

前面阐述的大学一、二年级进行自我认识和了解职业的过程是寻找职业方向，初步确立就业目标的过程。只是这种目标的确立还是一种宽泛的、模糊意义上的确立。到了大学三年级，由于大学生已经过了"知己"和"知彼"两个阶段，需要进行抉择——确立明确的目标。这时，每位大学生心里都应有一个清楚的答案，是考研还是就业，是出国深造还是自主创业，以及选择什么职业，等等。俗话说得好：成功的道路是目标铺出来的。如果这时大学生对自己的将来仍然迷茫，不知道该向什么地方努力，那么结果可想而知。因此，大学生在大学三年级期间要通过参加社会实践和进行实习对本专业的社会需求和发展前景做深入的了解，根据实践中自我适应度的反馈信息，反思和调整自己的职业取向，初步确定与自己能力相吻合的职业选择，同时确定自己的就业目标，并开始付诸实施。

另外，大三学生在确立自己职业方向的同时，还要有目的地培养自己的职业意识，提升自己的职业素养，以适应今后就业时的需要。职业意识包括工作责任意识、沟通能力意识、团队合作意识、高效工作意识、忠于职守意识、顾全大局意识、戒骄戒躁意识和勤奋专研意识；通过组织和参加各种集体活动，训练自己的服务意识、沟通能力和团队合作意识；通过参加社会实践或兼职，训练自己的职业能力等。

三、大学四年级学业规划

大学四年级要初步完成大学生到职业者的角色转换，是一个十分重要的阶段。

大学生经过三年的学习和锻炼，不仅掌握了一定的专业知识和专业技能，人际交往能力、组织能力、思维能力也得到相应的提高。大学生活即将结束，面临就业、考研的抉择。对于选择考研的同学，首先要明确自己的位置，要弄清楚自己考研的目的是什么，是为了一纸文凭还是为了找到更好的工作，如果只是为了一纸文凭，还是要慎重，毕竟三年的时间可以做很多自己喜欢做的事情。如果是为了进一步深化对本专业的学习，希望在日后的专业领域有所成就，希望通过学习提高或扩展自己的知识层次，那就需要有明确的目标和坚韧的毅力，经过坚持不懈的努力实现自己的梦想。

如果选择就业，面临的主要任务如下。

① 根据实际就业情况，灵活调整自己的就业措施。

② 多读一些有关求职方面的书籍，学会制作简历、撰写求职信，了解面试求职技巧和职场礼仪。

③ 了解与就业相关的劳动法规和政策，以便对求职面试有所准备。

④ 在求职中保持良好的心态，不管怎样，坚信自己一定能找到适合自己的好工作。

⑤ 登陆招聘单位网址或通过咨询、访谈等方式，了解招聘单位的相关信息，为面试做好准备。

⑥ 初步完成毕业论文（设计），准备答辩。

大学四年级，作为大学毕业生就意味着已进入就业前的准备阶段，同时也是职业生涯规划的开始阶段。因此，这时大学生所要做的工作主要是通过各种渠道搜集就业信息，做好职业准备，顺利实现就业；弥补自己与职业之间的差距，初步完成由大学生到职业者的角色转变。

可见，不论考研还是就业，不论是为了将来获得一份更好的工作还是进行深入的学术研究，希望大学生要把目光放的长远一些，根据社会发展的趋势进行客观判断。要根据自己的喜好、家庭的实际情况和未来的发展需要，选择适合的道路。大学生需要尽早规划自己的未来，并且使自己处在不断地学习中，让自己在学习中不断成长，提升和保持自己的竞争优势。选择考研还是选择就业没有标准答案，最关键的是头脑清醒，要合理地给自己定位，要明确自己今后要过什么样的生活，任何选择都有弊有利，凡事因人而异，可以根据各自的实际情况考虑后定夺。但是不论选择如何，贵在坚持，最后才能获得成功。

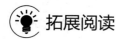 拓展阅读

李开复写给大学新生：给未来的你

很高兴与这么多刚刚入学的大学新生交流，今天的演讲，希望和大家讨论一下，经过大学四年的学习生活，未来的你可能成为什么样子。

有人也许会问，我未来成为什么样的人，你怎么会知道呢？其实，我并不确切地知道未来你们每个人会怎样。但请相信我，通过过去十几年和大学生的交流，在创新工场、谷歌和微软，我了解我们雇用的每一个毕业生，我也了解来创新工场申请项目、希望得到投资的每一位年轻的创业者，还有在微博上留言、与我讨论互动的每一位年轻网友，在他们身上，我看到了未来的你。

我很喜欢英国小说家狄更斯的作品。他写过一部短篇小说叫《圣诞欢歌》，故事讲的是一位本性善良，但因为受环境影响，变得非常小器、吝啬、刻薄的商人。他在平安夜被三个精灵分别带到了自己过去、现在和未来的生活场景，看到了未来的自己，并因此彻底醒悟，领会到生活的意义，决心改过自新，做个好人。

这个故事告诉我们，假如能看到未来的你可能变成什么样，许多人也许就不会按照现在的方式去生活。四年后，你们中的一些人可能会出现这样那样的困惑，可能陷入迷茫，也可能发现，你们距离自己的目标还存在许多不足。未雨绸缪，如果想避免四年后的困惑和迷茫，就必须从现在开始，认真规划自己的大学生活，努力提高自己。

一、寻找兴趣和天赋，避免成为迷茫、困惑的人

去年，创新工场做校园招聘时，我们去了15所高校，给面试筛选出的顶尖计算机系毕业生发出了大约200份录取通知。然后，我一一打电话，看每个人是否愿意加入创新工场学习创业。在说服他们加入创新工场前，我不想误导任何学生。所以，我的第一个问题总是："你有没有想过，在你人生的未来，创业是否是你真正想做的一件事。"

既然是顶尖大学的顶尖学生，对这个问题就应该胸有成竹。如果你并非真正想创业，可能你就不适合加入创新工场，也许，你会在大企业或政府机构里得到更好的发展。

出乎我的意料，超过80%的顶尖毕业生给我的答案是："不知道，没想过。"

这，就是一种迷茫。80%来创新工场申请工作并成功得到录取通知的人都没有认真想过这个问题，不知道创业是不是自己未来的道路。这个比例还是在顶尖学生中统计得到的。我

在网上看到更多即将毕业的同学在发问，他们不知道专业不对口该怎么办，不知道自己想做什么，也不知道自己爱做什么……每个疑问都透露出毕业生在毕业时对未来的迷茫和困惑。

大学四年，必须要认清你自己，弄清楚自己想要成为一个什么样的人，特别要知道，自己的兴趣在哪里，天赋在哪里。

你必须摈弃过去一些错误的理解：自己想要成为什么样的人，这件事跟别人认为你是谁，或别人想要你成为谁，丝毫没有关系。无论是同学、老师、家长，他们都不能决定你想成为什么样的人；或者，他们想要你成为的人，很可能根本不是你自己真正想要成为的人。

为什么认清自己的天赋如此重要？试想，如果我们非要把比尔·盖茨变成一个音乐家，他能取得多大的音乐成就？如果非要把贝多芬变成一名程序员，他有可能成为比尔·盖茨吗？肯定不行。天生我材必有用，每个人都有自己的天赋。只有找到天赋所在，才能把自己的潜力发挥到极致。

此外，找到自己的兴趣也同样重要，甚至更为重要。如果做的事情是自己最喜欢的事，那么你会在吃饭、睡觉甚至洗澡时都在想着这件事，想不成功都很难。

大学生该怎样寻找兴趣和天赋呢？我的建议非常简单：多尝试！多尝试自己可能有兴趣的东西：无论是选修课程还是实习工作，无论是参加社团还是去网上求知，花足够的时间去尝试、体验，努力寻找天赋和兴趣所在。

二、学会学习和思考，避免成为应试机器

在创新工场，每年都会收到几万份简历。很多时候，每打开一份简历我都不得不摇头叹息。大多数大学毕业生的简历千篇一律，比如，某人，男，出生年月，政治面貌，英语四、六级，平均成绩80分，刻苦努力，三好学生，等等。几乎每份简历都是在用应试体系里枯燥的成绩数字来描述、评价一个人。

这样的描述没有任何吸引力。难道一个人在大学四年之后，只能展示这些数字吗？你是否变成了应试教育培训出来的一台机器？你自己的特点在什么地方？除了分数之外，你学懂了什么？你在所学的领域有没有好的创意？在实际工作中，你学到的知识能否派上用场？

不要被应试教育训练成机器。在座的每一位都是应试教育的受害者，你们经过了十几年的应试教育，今天进入了大学，应该画上一个句号。希望你们能挣脱一切束缚，开始真正的学习和思考。

三、培养情商，避免成为孤独、被动的人

不少大学毕业生都对我说："李老师，我感觉很孤独，很被动。"有一位同学说："我的人际能力不强，人际圈子小，又没有什么特长引起别人的注意，即便在社团，也不知道怎么跟别人建立关系。"

这种现象很自然。在应试教育的氛围中长大，你们可能很少有时间，在学习之外培养人际关系。我建议你们利用大学四年，努力提高自己的情商。

所谓情商，就是和别人交流的能力、将心比心的能力以及得到别人信任的能力。以后进入业界你就会发现，这些能力都是非常重要的事，特别是得到别人信任的能力，因为信任需要很多时间来培养，但犯一次错就可能将其毁于一旦。

培养情商的第一步是培养友情。读大学时一定要交几个要好的朋友。大学的友情不容易变质，往往可以受益终生。希望你们能将心比心，像好朋友对待你一样对待好朋友，成为你的好朋友的好朋友，与朋友分享你的喜怒哀乐。分享能让痛苦减半，分享能让快乐加倍。希望你们在大学四年交到一批真正的好朋友。

第二步，要培养自己的表达能力，也就是口才。不要认为自己很聪明、能够思考就足够了。希腊哲人说过，一个善于思考的人如果不善于表达，其实就等于一个不善于思考的人。

第三步，在校期间要多争取实习、实践的机会。大学四年，如果想成为一个受人喜欢、有魅力的人，就要多学习团队合作。进入社会后，团队合作代表了一切，但在课堂里面，通常是不那么鼓励团队合作的——考试时的团队合作不就等于作弊了吗？所以，在读书时一定要充分利用实习、实践的机会学习、培养团队合作能力。

我在谷歌工作四年，在创新工场工作两年，在这六年的时间里，我没有雇用过一个没有实习经历的毕业生。所以，当明年暑假到来的时候，你们不要回家去玩一个暑假，而要去找实习的机会，因为暑假是少数难得的可以自己支配所有时间的机会。

没有一个从未实习过的学生能够进入谷歌或创新工场。学校的老师、学校的课程并不真的了解企业需要什么。唯一掌握实际工作经验的方法就是去企业实习。如果找不到创新工场、谷歌、百度等好的公司去实习，你们可以去任何一家公司。能去一个对口的公司最好，不能也没问题。找不到技术公司，就找服务业，哪怕是到餐馆里端盘子都有价值。虽然你不会想端一辈子盘子，但端盘子的时候，你有机会跟周围的人接触，这会让你成为一个情商更高的人。

除了实习，学生社团也是学习处理人际关系的好地方。社团其实是一个微观的社会，参加社团是进入社会的一种非常好的学习方式。

四、脚踏实地，避免成为浮躁、贪婪的人

浮躁和贪婪，这两种负面的人生态度，我在年轻人身上一次又一次看到，这更多是由环境因素造成的。在你们所处的环境中，会有一些不公平，还有一些不诚信的人迅速致富，他们很不幸成了部分年轻人效仿的偶像。

年轻人应当奋斗，但不要将侥幸致富作为你的动力。在今天的社会里，创业也好，就业也好，一定要脚踏实地，通过努力学习达到目标。

有一本名叫《异类》的书告诉我们：每个了不起的大师都是经过差不多一万个小时的练习才最终成功的。莫扎特大约练习了一万个小时才成为杰出的音乐家，比尔·盖茨大约练习了一万个小时编程才取得成功。

千万不要浮躁，不要认为可以侥幸得到成功。那种侥幸的成功即便得到了，可能也是短暂的；就算不是短暂的，也是不值得的。

在创新工场，我们投资了一个团队，团队的负责人叫小冯（化名），名校毕业，才华横溢，对技术、产品都很有感觉，口才也非常好，被团队一致推为领导者。但他非常浮躁，认为自己什么都懂，可以驾驭整个团队，可以独立做商业计划。另外，他在业界小有名气，得到不少外界天使的认可和同龄人的追捧。但很不幸的是，他浮躁地希望自己能快速成功，快速出名。结果，他把更多的时间花在怎么出风头上，而不是脚踏实地把产品做好。最后，团队的产品做得非常不成功。团队成员一个接一个离开，最后他自己也不得不离职。很不幸，一个完全有机会成功的人才，因为浮躁而功亏一篑。

这件事给我的触动很深，创新工场在后来面对创业者时，就常常会询问和考核这些创业者，确保他们做了必须的功课，把足够的时间花在了产品方向上。而且，在相关领域里，创业者一定要懂得比我们这些投资者多。如果你没有花苦功夫，懂得还没有我们多，那我们就不会投资你。

最后，分享杰克·韦尔奇的一句话：

诚信是基本要求，如果你没有发自内心的诚信，我们不允许你参与（Integrity is just a ticket to the game. If you don't have it in your bones, you shouldn't be allowed on the field）。

各位同学，人生在世，我们拥有两个最大的财富，我们的才华和我们的时间。才华越来越多，时间越来越少。我们的这一生可以说是在用我们的时间来换取才华。

大学这四年，可能是一生中拥有最多可以自己掌控的时间的阶段。希望你们务必把握这四年的时间，培养自己的才华。昨天，刚踏入校门的时候，你可能还是一个青涩的、被动的、为了应试而读书的、被家庭呵护的学生。

今天，希望你们了解如何避免迷茫困惑、应试机器、孤独被动、浮躁贪婪这些可能对你们的未来造成负面影响的因素。在四年后，希望你们能够追随你们的心，学习思考、脚踏实地，成为高智商、高情商、有潜力、有思想、有价值、有前途并且讲诚信的中国未来的主人翁。

同学们，祝福你们度过精彩的四年，成为一个精彩的人。

李开复答大学生问——如何利用大学里充足的时间

问题：大学里时间很多，究竟做些什么事情才是不浪费自己的时间呢？不是上网，不是聊天，不是喝酒吃饭。我觉得大学里应该有很多的事情要做的，却总在徘徊，现在已经大二了，好像什么都没学到似的，大学里究竟要做些什么呢？

李开复：决不能因为"时间多了"，就浪费时间。我曾说过："大学是人生的关键阶段。这是因为，这是你一生中最后一次有机会系统性地接受教育。这是你最后一次能够全心地建立你的知识基础。这可能是你最后一次可以将大段时间用于学习的人生阶段，也可能是你最后一次可以拥有较高的可塑性、可以不断修正自我的成长历程，也许是你最后一次能在相对宽容的、可以置身其中学习为人处世之道的理想环境。"

所以，这四年是你最宝贵的四年。在"我学网"，有无数的学生，感叹自己四年过去，什么都没有得到。千万不要让你自己三年后成为这些学生。

时间多了，就需要自己安排时间、计划时间、管理时间。我这里有几个如何管理时间的建议。

（1）不要成为"紧急"的奴隶。事分轻重缓急，这里面的"重"和"急"是不一样的。"准备明天的考试"是"急事"，而"培养自己的积极性"是"重要事"。人的惯性是先做最紧急的事，但往往因为这么做而致使重要的事被荒废。大部分紧急的事情其实并不重要，而许多重要的事情并不紧急。因此，不要把全部的时间都去做那些看起来"紧急"的事情，一定要留一些时间做那些真正"重要"的事情，比如，打好知识基础、学习做人等。每天管理时间的一种方法是，早上立定今天要做的紧急事和重要事，睡前回顾这一天有没有做到两者的平衡。

（2）分清楚"必须做"的事和"不必须做"的事，做到"足够好就好"的事和"足够好仍不够好"的事。有那么多的"紧急事"和"重要事"，想把每件事都做到最好是不实际的。"足够好仍不够好"的事要做到最好，但是"足够好就好"的事尽力而为就可。建议你用良好的态度和胸怀接受那些你不能改变的事情，多关注那些你能够改变的事情。虽然我提倡"追随我心"，但是在追随你的兴趣的同时，一定要把必须做的事做好。这是一种基本的责任心。

（3）以终为始，做一个长期的蓝图规划，一步一步地向着你的目标迈进。这样，你就能一步步地看到进展,就会更有动力、更自信地继续做下去。时间管理与目标设定、目标执行具有相辅相成的关系,时间管理与目标管理是不可分的。每个小目标的完成,会让你清楚地知道你与大目标的远近,你每日的行动承诺是你的压力和激励,而且行动承诺都必须结合你的长远目标。所以,要想有计划地工作和生活,需要你管理好自己的时间。

(4)如果不知道做什么,面对诱惑一定要坚持住,多余的时间应该用在能让自己不断提高的事情上,像去图书馆看书、上网查资料看新闻、去听讲座、蹭课听等。大学四年的关键时刻是最容易迷失的时候。你必须有自控的能力,让自己交一些好的朋友,学习一些好的习惯,不要沉迷于对自己没有帮助的习惯(像网络游戏)里。一位自主积极的中国同学在我的网站上劝告其他同学:"不要玩游戏,至少不要玩网络游戏"。我认识专业比较好的大学朋友中没有一个沉迷玩游戏的。沉迷网络游戏的同学是一种对于现实的逃避,不愿意面对自己不足的一面。我认为,要脱离网络游戏,就得珍惜自己宝贵的大学的时间,找到自己兴趣的方向,做一些有意义并能给自己满足感的事情。

(案例来源:李开复新浪博客文章——如何利用大学里充足的时间,编写组略有删改。)

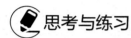
思考与练习

1. 大学生如何确定生涯目标?结合自己的实际谈谈自己的生涯目标。
2. 大学生职业生涯规划书制订的步骤有哪些?
3. 根据自己的实际情况,为自己打造一份大学时光的职业生涯规划书,要求:真实、可行、规范。

第五章
大学生职业生涯规划的管理与执行

学习目标

1. 了解大学生职业生涯规划自我管理所包含的内容。
2. 理解情绪管理的特点和方法。
3. 理解时间管理的重要意义。
4. 掌握从小事做起的方法。

学习重点

1. 大学生能否有效地进行自我管理是实现职业生涯规划的重要保证。
2. 善于调节情绪,对生活中矛盾和事件引起的反应要以乐观的态度、幽默的情趣及时地缓解紧张的心理状态。
3. 执行力对新时代大学生而言是十分重要的,没有执行力,一切都只是纸上谈兵;没有执行力,一切都只是处在原点。

案例引导

激扬青春不言败　　放飞梦想见彩虹

七年前的今天,她还是一名普普通通的专科一年级学生,如今她已经是辽宁石油化工大学马克思主义学院2019级思想政治教育专业的研究生,她叫杨萌萌,一名来自中国古典名著《水浒传》故事的发祥地、武术之乡——山东济宁市梁山县的"95后"女孩。

时光绚烂正佳期　　无需扬鞭自奋蹄

记得那是2013年暑假的一天,这一天对所有参加高考的莘莘学子来说注定是不平凡的——成绩放榜,对杨萌萌来说也不例外。一直以来,按照过往的测评成绩,最差也可以考上一所本科院校,然而结果却事与愿违——她被录取到一所专科学校。尽管如此,在进入学校之前,她依然对大学的生活心怀憧憬,励志一定要发奋图强。可是现实的情况是这所专科院校的学习氛围并不浓厚,教学管理也比较松散,如果随波逐流很容易迷失自己，长此以往会削弱学习的热情，但她时常在内心告诫自己："不要忘记初心，更不要忘记自己的身份"。就这样，在很多同学都不参加国家级英语考试的时候，她笃定地认为必须抓住每一次学校给予的机会。于是，看似"三点一线"的平凡日子里，都能在教室和图书馆遇见她奋斗的身影，即使看起来日子过得平凡又单调，但她却总能遨游在书海里，乐在其中。努力终有回报，她一次性通过了国家英语四级考试，之后又顺利地通过了国家计算机二级考试、普通话考试，大学期间的各项成绩均名列前茅。毕业季，她也如愿地通过校园招聘进入到一家企业工作，从拿到录用通知的那天起，全新的职业生涯已经开启。

心怀梦想知前程　初心如磐笃前行

对于刚毕业的大学生来说，选择工作首先考虑的是与自己专业的契合性，杨萌萌所学的专业是电子商务，她的第一份工作选择了一家网络公司，她负责线上销售和线上客服的工作。由于她的业绩一直遥遥领先，所以她连续三个月被评为优秀员工，并得到了领导的认可。而当时这家公司的组织还不太完善，她出色的业务能力多次得到领导的关注，领导想把她作为部门负责人来培养，当时在得知认可后，杨萌萌心里很兴奋。但是随着公司一位经理的辞职以及源源不断的新老更替，她越来越意识到这类工作的可替代性，不管是普通的职员还是小组组长，抑或是部门经理，总有人能够替代你的位置。因为这类工作并没有专业的限制，甚至也没有学历的门槛，只要熟悉基本的电脑操作，都可以胜任，对公司而言，谁都不是特殊的、不可或缺的职员。杨萌萌第一次开始认真思考自己的职业前程，经过一番深思熟虑，杨萌萌决定调整自己的职业方向，备考教师资格证，做一名人民教师。这一直是她儿时梦想的职业，一份播撒能量、阳光、雨露的高尚职业，打定了主意后，她就开始了全新的备考。为了把更多的精力投入到新的挑战中，她毅然决然地辞去了现有的工作和看起来势头较好的前程，开始专心复习、认真备考，终于功夫不负有心人，笔试和面试她都是一次性通过。

有了教师资格证还不够，要想加入教师队伍，她必须参加教师编制的考试。在备考过程中，为了能够加深对教师职业素养的理解，她找到了一份补习班的工作，通过实践一边培养自己的教姿和教态，一边同有工作经验的教师学习教学方法，几个月下来，她不仅掌握了很多实践技能和本领，同时对于从教的幸福感更是深有体会。这时候，她迎来了第一次教师编制的考试。教师编制考试并不像教师资格证考试那样，对学历和专业都有严格的要求。在报考的目标学校中，少数学校要求本科学历，多数学校要求研究生学历，还有一些学校甚至在学历和专业方面上都有更明确的指向。第一次的考试并没有那么顺利，尽管她认真准备，但还是在笔试关就失败了，当她想再次投入复习中时，却发现教师编制考试的要求越发严苛，可以选择的学校寥寥无几。作为一个大专毕业的学生，学历和所学的专业都没有任何优势，杨萌萌再一次陷入了沉思："任何职业都有各自的入职门槛，教师也不例外，在当前的状况下，能够成为一名正式教师的可能性微乎其微"。经过仔细分析和权衡利弊后，她暗下决心："既然从事教育行业是自己坚定的选择，那就一定要尽快补齐短板，在学历层次和专业对口方面达到有序衔接"。当了解到大专生毕业两年后可以直接考取研究生，她决定尝试，就是这样一个大胆的决定和对梦想的执念支撑了一段全新的奋斗历程。

大鹏一日同风起　扶摇直上九万里

人们常说:"考研如同独自穿越人生的一条隧道",奋斗的历程没有鲜花,更没有掌声,有的只是繁重不堪的学习任务和为实现梦想而殚精竭虑的思考。但每每想到自己要做一名人民教师的梦想,她就浑身充满了力量和希望,即便过程再艰难,也要坚持走下去。为了能让自己收获更高的学习效率,她报考了考研辅导班,每天按照老师的讲解有计划地复习,补习班的课程结束后,又直奔图书馆的自习室复习,早出晚归已是生活常态。就这样,忙碌又有规律的作息持续了大半年,她一直稳扎稳打,苦练内功,复习资料、考试提纲、辅导备案都成竹在胸,一路走来,她收获的不仅是沉甸甸的知识,更收获了心智的成长。终于迎来了研究生考试的日期,她满怀信心地走进了考场,成绩揭晓的那一天,她终于长松了一口气,因为她如愿通过了考研的初试。这一次看起来并没有更多的惊喜,因为她对"一分耕耘、一分收获"有了更深层次的理解,也深知不到最后一刻决不能掉以轻心。接下来的考试环节就是复试,她清楚自己的第一学历并不占优势,必须要比别人付出更多的努力。复试的考核不仅要有扎实的专业基本功,还要有较好的心理素质,最终她凭借出色的表现,成功通过了考研复试。在拿到录取通知书的那天,她正式成为了辽宁石油化工大学马克思主义学院2019级的一名研究生,那一刻她激动地流下了眼泪,回忆往昔,她更加懂得——努力终有回报。

扬帆起航正当时　砥砺奋进谱新章

作为从社会上工作两年又重返校园的她来说,这次机会实属不易,于是她比任何人都懂得"且行且珍惜"的寓意。研究生一年级期间她没有参加任何班委和学生会的竞选,将自己的精力全情投入到学习中,一心一意做学问。学专著、写论文、读文献、听新闻已是她每天必做的事情,学习计划都被安排得满满当当。研究生一年级下学期正值全国新冠肺炎疫情最严重的时期,全国各地高校延迟了开学,她所在的辽宁石油化工大学同全国一起开启了线上教学。她听从导师的建议,一定要充分利用网上和网下时间,这也是提升自己的机会。虽然没有如期开学,但在家上网课的这段日子,她也如同在学校的状态一样,有计划、有步骤地学习,每天要求自己在完成功课的前提下,精读高水平思想政治教育学科文献3篇,就这样日积月累,两个月的时间,她的电脑中已经收藏了厚厚的一沓文献,每篇文献都有详细的学习记载。都说机会是留给有准备的人,为了提升研究生的学术能力和学术水平,马克思主义学院举办了2020年首届研究生学术论坛,她踊跃报名。这是她研究生期间撰写的第一篇学术论文,前期的积累在这一刻显得弥足珍贵,她再次梳理曾经阅读过的经典文献,从构思、研读、撰写、修改、凝练到反复打磨论文,一遍又一遍,遇到不懂的问题虚心向导师求教,当收到导师的意见后再次修改提炼,就这样文件夹已记录了整个奋斗过程,一稿、二稿、三稿……终于在修改到第五稿后,手机的微信中传来了导师的回复:"萌萌,通过这段时间的不懈努力,老师看到了你的付出,更看到了你的潜力,这次修改后的稿子不错,可以发给学院了。"最终,在全院参评的47个作品中,她获得了马克思主义学院学术论坛一等奖的好成绩,在之后的学术汇报中,她更是认真准备PPT和讲稿,注重每一个细节,最终获得了二等奖的好成绩,这些为她研究生一年级的生活留下了美好的回忆。

一路走来,身边很多认识她的人都曾这样说:"你能从一名专科生成为一名研究生挺厉害的",她听后笑笑没说什么,但是多少次十字路口的选择,多少个挑灯夜战的夜晚,只有她自己最清楚。能够一步一步向理想靠近,是因为她心中那份为梦想坚守的执念和脚踏实地的践行。人生的旅程就是由一个又一个台阶铺设而成,目的地和沿途的风景同样重要,过往的经历定格了她青春的片段和努力的痕迹,无论何时何地,不言败、不放弃,永葆奋斗的姿态,用磨砺、用奋斗、用行动来升华青春之歌。

案例分析

从一名专科生、普通职员、实习教师成长为一名优秀的硕士研究生,杨萌萌经历了高考的挫败、职场的临摹、实践的历练、学业的专研,一步一步在职业生涯的路上谱写新篇。有人说这是华丽转身,有人说这是苦尽甘来,也有人说这是天道酬勤,不论如何,所有的经历都已成为不可磨灭的印记渗透在她成长的故事里。心中有梦想,脚下有方向;心中有目标,脚下有力量。她用美好青春诠释了初心和使命,她更用实际行动诠释了自律和勤奋,我们相信,也更坚信在未来的日子里,幸运的天使总会与积极向上、勤奋努力的她不期而遇,未来可期……

(案例来源:编写组收集整理。)

第一节　大学生职业生涯规划的管理

大学生能否有效地进行自我管理是实现职业生涯规划的重要保证。因此,每位大学生都应当清楚地意识到生涯管理的重要性。

一、情绪管理

情绪总是伴随我们左右,若能恰当地处理情绪,则可以为生命添加色彩。同时,情绪又处于社会生活情感的前沿阵地,对自身情绪的控制与调节能力,成为衡量现代人素质的重要标志。

(一) 情绪管理的概述

很多人以为情绪不能管理,认为"我就是这个脾气,我没有办法,我想改就是改不了"。其实,人可以管理情绪,因为情绪与别人没有太多关系,它完全是人自己做决定,相比其他事情,人的自主性更高。

1. 情绪管理的含义

简单说,情绪管理是对个体和群体的情绪感知、控制、调节的过程。包括两个方面:正面情绪是指以开心、乐观、满足、热情等为特征的情绪;负面情绪是指以难过、委屈、伤心、害怕等为特征的情绪。种种的负面情绪无论是对个人还是组织而言,危害都是很大的。长期的情绪困扰得不到解决,除了会降低个人的生活质量,还会使个人丧失工作热情,影响个人与同事的人际关系,并且影响个人的绩效水平。

2. 情绪管理的方法

情绪管理即善于把握自我，善于调节情绪，对生活中矛盾和事件引起的反应能适可而止地排解，能以乐观的态度、幽默的情趣及时地缓解紧张的心理状态。情绪管理主要包括两个方面：对自己情绪的体察，辨识自己的情绪；调整自己情绪，这是情绪管理的目标。日常生活中，有些大学生会采用忍耐、逃避和爆发的方式进行情绪管理，虽然这些方式可以在一定程度上缓解不良情绪的负面作用，但是无法根治情绪问题，甚至会造成严重的不良社会后果。有效的情绪管理是大学生学业成功的关键，能够保证学习过程中认知过程的顺利开展；有效的情绪管理有利于大学生建立良好的人际关系，促进大学生的人际沟通，有利于大学生的身心健康，有助于大学生更好地投入到学习、工作和生活中。因此，为了更加有效地帮助大学生提高情绪的感知能力和管理能力，本书介绍几种常用的方式和方法。

（1）调整认知。情绪是以人的认知为基础的，不良情绪往往产生于不正确的认知，改变了不正确的认知，情绪问题就可能得到缓解。例如，这次的靶没打好——原有认知：我太笨了，什么事情也做不好。据此分析认知不当的问题。这个例子认知不当在于，问题没有看全面。这次的靶没打好，不代表永远打不好，一件事做不好，并不证明其他事情也做不好。ABC理论，又叫合理情绪疗法，在这个理论中，A指诱发性事件（Activating events）；B指个体遇到诱发性事件之后产生的信念（Beliefs），就是对这一事件的看法、解释和评价；C指诱发性事件和相应理念的作用下，个体情绪和行为的最终结果（Consequences）。该理论认为，人的情绪和反应不是由某一事件引起的，而是由人们对这一事件的看法和评价引起的。经过研究发现，很多大学生的情绪困扰来自认知偏差，所以大学生树立正确的认知观点是保持情绪健康的关键。大学生们要积极参加人生观、价值观的教学活动，用合理的想法代替原来不合理的片面或极端的想法，消除不良情绪。

（2）体察自己的情绪。情商高的人第一步就要觉察辨识各种情绪。当我们产生情绪时，表示生活中有事件刺激到大脑引发警报，与此同时，若我们能觉察到情绪的产生并认知情绪的种类，就可以延缓情绪瞬间爆发，将不良影响降到最低。必须不断进行自我训练，通常要不断自我询问"我现在的情绪如何"，让自己能够敏锐地辨识各种情绪。也就是，时时提醒自己。例如：当你因为朋友约会迟到而对他冷言冷语，问问自己："我为什么这么做？我现在有什么感觉？"如果你察觉你已对朋友三番两次的迟到感到生气，你就可以对自己的生气做更好的处理。有许多人认为："人不应该有情绪"，所以不肯承认自己有负面的情绪，要知道，人一定会有情绪的，压抑情绪反而带来更不好的结果，学着体察自己的情绪，是情绪管理的第一步。

（3）适当表达自己的情绪。再以朋友约会迟到的例子来看，你之所以生气可能是因为他让你担心，在这种情况下，你可以婉转地告诉他："你过了约定的时间还没到，我好担心你在路上发生意外。"试着把"我好担心"的感觉传达给他，让他了解自己的迟到会带给你什么感受。什么是不适当的表达呢？例如，你指责他："每次约会都迟到，你为什么不考虑我的感觉？"当你指责对方时，也会引起他负面的情绪，他会变成一只刺猬，忙着防御外来的攻击，没有办法站在你的立场为你着想，他的反应可能是："路上塞车嘛！有什么办法，你以为我不想准时吗？"如此一来，两人开始吵架，别提什么愉快的约会了。如何适当表达情绪是一门艺术，需要用心的体会、揣摩，更重要的是，要确实用在生活中。

（4）以合宜的方式缓解情绪。缓解情绪的方法很多，有些人会痛哭一场，有些人找三五好友诉苦一番，还有一些人会逛街、听音乐、散步或强迫自己做别的事情以分散注意力。缓解情绪的目的在于给自己一个厘清想法的机会，让自己好过一点，也让自己更有能量去面对未来。如果纾解情绪的方式只是暂时逃避痛苦，而后需要承受更多的痛苦，这便不是一个合宜的方式。有了不舒服的感觉，要勇敢地面对，仔细想想，为什么这么难过、生气？可以怎么做，将来才不会再重蹈覆辙？怎么做可以降低不愉快？这么做会不会带来更大的伤害？根据这几个角度去选择适合自己且能有效纾解情绪的方式，就能够控制情绪，而不是让情绪来控制自己。

（5）发展情商。情商是指一种发掘情感潜能，运用情感能力影响生活各个层面和人生未来品质。此概念的提出被称为人类智能的第二次革命。在人成功的要素中，智力因素（或者叫"智商"）只占20%，而其他非智力因素中主要是情商因素占了80%。情商是如何占有这一重要地位的呢？根据科学家们的研究结果表示，"情商"是一种驾驭自己的能力，包括驾驭自己的情绪、思想和意志，控制和协调构成自己心理过程的不同要素之间的相互作用关系，让自己努力去实现自己的愿望。提高情商的方法，可以包括如下几种。

① 培育健康心理和积极心态。卡耐基说过："一个对自己的内心有完全支配能力的人，对他自己有权获得的任何其他东西也会有支配能力。"当我们开始运用积极的心态并把自己看成成功者时，我们就开始步入成功了。谁想收获成功的人生，谁就要当个好"农民"，我们绝不能仅仅播种下几粒积极乐观的种子，然后指望不劳而获，我们必须不断给这些种子浇水，给幼苗培土施肥。要是疏忽这些，消极心态的野草就会丛生，夺去土壤的养分，直至庄稼枯萎。

② 培育良好的人际交往能力。人际交往能力是情商的一个重要组成部分，是指妥善处理组织内外关系的能力。其中包括与周围环境建立广泛联系的能力和对外界信息的吸引、转换能力以及正确处理周围关系的能力。心理学家通过调查发现，良好的人际关系对于提高人们的情商和生活的幸福感具有重要的意义。大量研究证明，一个人如果成长生活在良好的人际关系中，她的个性就会得到健康的发展。因此，良好的人际关系对我们刚刚走上工作岗位的大学生来说也是非常重要的。

③ 自我激励是提高情商的发动机。自我激励是激励的一种，即自己激发自己的动机，自己鼓励自己，充实动力源，使自己的精神振作起来。有没有激励，人朝目标前进的动力是不一样的。一项研究结果表明，一个没有受到激励的人，仅能发挥其能力的20%～30%，而当他受到激励时，其能力可以发挥到80%～90%，相当于前者的3～4倍。

④ 在细节中提高情商的修炼。情商是一个人的综合素质，人的每一个微小行为都可以反映出情商，大到大型谈判合作，小到与朋友间的闲聊。可以说，人的一言一行、一颦一笑都是整个人内心的写照。所以说，打造高情商的过程，远不仅仅是读几本好书、听几节讲座、记下几条名言警句的过程，而是通过这些有益的活动启发自己反复领悟、实践并让这些思想通过每一个细小的实践逐渐感化自我的过程。培养自己每一个行为习惯的过程又都是重塑自我的过程，也就是说在修炼我们某一个细微行为或培养某个习惯的时候，就是对我们整体情商、观念的调整。这就是修炼时应从小处着眼的道理所在。

（二）大学生情绪的特点及影响

1. 大学生情绪的特点

（1）情绪的不稳定性。由于大学生处于青年早期，虽然生理发育已经基本成熟，但是心理发育还不成熟，世界观、知识水平和人格特质等都在成熟和不成熟之间，思维的判断力、认知能力和认知方式还有很大的局限性，这些都会影响大学生的情绪反应。在大学阶段，大学生会发现理想和现实之间的差距，这种矛盾由于无法在短期内消除，很容易造成大学生心理不平衡，导致出现一定的情绪反应；复杂多变的社会环境也冲击着象牙塔内大学生的认知，这些心理冲突和适应不足都极易导致大学生的情绪波动，陷入情绪困扰。

（2）情绪的性别差异性。由于男女性生理特点的不同，在我国传统文化中，男性就是勇敢、刚强的表现，男性更容易根据社会的角色进行情绪的调节。所以总体来看，男性倾向于内部消化情绪，如运动健身等，而女性则倾向于寻求外部支持，如倾诉等。

（3）情绪的摇摆性和弥散性。大学生的情绪很容易从一个极端走到另一个极端，情绪跌宕起伏。另外，大学生的情绪还具有弥散性，一种情绪很容易从原先的对象扩散，把自己的情绪转移到其他事物上。这种强烈的感情色彩，影响了大学生的认知，在认识事物的时候很难保持客观的态度。

（4）情绪的丰富性。随着大学生生理和自我意识的不断成熟和发展，大学生的各种需要更加强烈。大学生遇到的专业学习、人际交往、就业问题都摆在面前，由此产生的情绪体验日益丰富深刻。

（5）情绪的层次性。大学生的情绪发展是一个从不稳定到逐渐稳定，由不成熟到成熟的发展过程。大学一年级有些同学由于适应困难，容易出现孤独、失落等情绪。大学二年级在适应大学生生活之后一般情绪比较稳定。大三、大四，由于面临毕业和就业，大学生开始考虑人生和未来，情绪出现矛盾性和复杂性，焦虑等情绪也容易出现。

2. 情绪对大学生发展的影响

现代科学表明，情绪和健康的关系非常密切，情绪的变化会影响一个人的生活、学习乃至身体健康。在日常生活中，由于自身原因和外界综合因素造成的心理和情感上的波动，不但会影响大学生正常的学习与生活，而且对大学生的人生观、世界观和价值取向的形成与塑造都有着不可忽视的作用。

（1）情绪对大学生健康的影响。良好的情绪不仅使大学生对生活充满希望，对自己充满信心，而且能使他们求知欲增强，并因此建立良好的人际关系，促进大学生的全面发展。消极的情绪会影响身体健康，如有些大学生出现的偏头痛、神经性皮炎等，都与消极情绪有关。

（2）情绪对大学生学习的影响。精神愉快、心情舒畅是学习中思考和创造的最佳状态。现实生活中我们经常看到：有人考试晕倒了，有人对考试不以为然。研究表明，只有焦虑水平适度的时候，大学生才有较好的学习效率，焦虑水平太高或太低都不利于学习。

（3）情绪对大学生人际关系的影响。情绪具有感染性、乐观、热情、自信的人，更受欢迎，更容易形成良好的人际关系。情绪压抑、易发怒的人，与别人很难沟通，难以与他人和睦相处。大学生要适度控制自己的情绪，做情绪的主人，才能拥有良好的人际关系。

（三）情绪管理的方法

1. 观念转变法

通常我们在学习过程中有挫折感时，或人际关系紧张时，或对人生感到失望时，负面情绪就会产生。到底是谁造成了我们的不愉快？我们有"自主选择权"，可以决定自己的情绪走向，而且有能力做一个"自由情绪"的主人。原来，一直让我们陷入气恼、悔恨、嫉妒、退缩等负面情绪的关键人物,就是我们自己。如果我们想跳出"受害者"的情绪陷阱,那么我们自身是责无旁贷的。学习做一个"责任者",开始学习责任管理,才能让自己的人生更加精彩。

2.情绪重现法

在"观念转变法"中,我们提到了"认知"系统对一个人情绪的影响。那么"认知"是从哪里来的呢?"认知"来自我们脑海中的无数个价值观,这些价值观正在影响我们对人、事、物的态度,并决定着我们受人、事、物影响时的反应。因此,我们要给自己的情绪加强"免疫力",主要有三种情境演练法。

(1)作业法。写出脑海中浮现的念头;评估哪些是负面的,哪些是正面的;写下自己哪些负面价值观被改成为正面价值观。

(2)角色扮演法。进行角色互换,通过双方的语言、行动,可以察觉到自己哪些价值观让对方有压力。

(3)他人示范法。通过他人的优良品德和模范言行影响自己。

3.自我训练法

当负面情绪一旦出现,"情绪中心点"马上就偏离情绪表达的正常轨道。所谓"情绪中心点"就是情绪重心,能够让我们保持良好的情绪状态,而不需要向外索取。"情绪中心点"要从"身体活动"方面来增强"情绪免疫力"。具体做法如下。

(1)饮食的改变。做一个控制情绪的高手,一定要注意饮食习惯对情绪的影响。学者们认为,随着年龄的渐长,相应的要改变摄食蔬菜和肉类的比例。例如,20岁左右,每天食用蔬菜和肉类的比例是2:2,30岁左右是3:1,40岁左右则是4:1,以此类推。

(2)呼吸施受法。每天学习乌龟呼吸法——深深吸气,慢慢吐气,让血液里有充足的氧气,使血液循环舒畅地运行。当人们的情绪波动时,尽可能地闭上眼睛,想着让自己不舒服的原因,同时在吸气时,想象将怒气、闷气吐出,接着想象将喜气、阳光之气吸入,传递给对方,这种方法可以帮助我们将郁闷之气转化为喜悦感恩之气。另外,充分的睡眠和休息,也可以增强自己的"情绪免疫力"。

4.空椅子治疗法

空椅子治疗法是由德国心理学家佛莱德瑞克等人所开发的一种成功的心理学治疗法。首先根据角色准备椅子,然后以每张椅子代表不同的角色进行心灵对话。这种角色对话至少持续30分钟,我们就能够很好地体谅对方的感受,从而调整好自己的情绪。

5.情绪链调整法

想改变自己的情绪和行为的人,可以学习把旧行为和痛苦连在一起,而把希望的新行为和快乐连在一起,也就是通过调整自己的情绪习惯,重新找到能带来正面情绪的行为模式。"情绪链调整法"总共有六个步骤。

① 确定你要的是什么。

② 改变——对自己有利。

③ 停止以前旧的行为模式。

④ 寻找新的行为模式。

⑤ 调整新的行为模式。

⑥ 检验情绪状态。

如果学会了审视和了解自己,学会了怎样激励自己,学会了怎样调动情绪,将不会再听任负面情绪的摆布,而能够从容地面对痛苦、忧虑、愤怒、恐惧等不良情绪,就会发现自己能轻而易举地驾驭他们。

6. 自我反省法

冷静与反思是当代大学生身上普遍缺乏的个性品质。冷静是指沉着而不感情用事,反思是指思考过去的事情,从中总结经验教训。大学生在每天的学习生活中不可避免地会犯这样或那样的错误,只有通过及时反省和调整状态,才能切实意识到问题的客观存在,寻求解决途径,使大学生自我管理理性化。

7. 其他方法

(1) 接受现实。现实生活中没有人能够事事如意,对于某种不能改变的事实,试着慢慢去接受它,改变一下自己看待问题的角度和心态,也许心情就会好一些。参加一些体育运动,如慢跑、散步、游泳等。运动有益于增加血液循环,调节心率,提高肌体含氧量。研究表明,这样做对改善情绪状况有良好的作用。

(2) 适时地肯定自己。想想自己曾经取得的成绩和克服的困难,找找自己的优点和长处,回忆那些使自己感到快乐的事情。还可以写在纸上,列举出来,那样会更直观。

(3) 多接触乐观向上的人和事。尝试与乐观积极的人交往,学习他们看待事物的态度和方式。如看两本内容乐观积极的书籍;或者去看部喜剧片,感受一下快乐的气氛;也可以给自己买个小礼物,鼓励一下自己。

(4) 释放压抑的情绪。和亲友、家人倾诉谈心,将自己郁闷、压抑的情绪释放出来。推心置腹的交流或倾诉不但可以增强人们的友谊和信任,更能使自己精神舒畅。条件许可的话,还可以出去旅游一段时间,放松一下,让自己的心灵歇息一会。

二、压力管理

压力是指在动态的环境下,使个体或组织受到威胁的压力源长期、持续地作用于个体或组织,在个体特征的影响下产生的一系列生理、心理和行为反应的过程。大学生要了解压力的分类,综合分析内在与外在原因,掌握好压力管理的方法,将压力水平控制在一个最佳状态,尽可能发挥压力的积极作用,将负性压力和中性压力变成正性压力,从而形成健康的心理,以积极乐观的阳光心态迎接挑战,面对生活。

(一) 压力的分类

大学生是一个特殊群体,正处于由青春后期向成人期的转变阶段。这一阶段标志着他们逐渐走向独立和成熟。在这一阶段,大学生不仅要面对自身生理发育的变化,而且要面对来自各方面的压力。其中主要的压力包括如下。

1. 时代压力

当今世界正处于知识爆炸的信息时代。大学生是处于成熟与不成熟、独立与不独立之间的特殊群体,特定的时代背景使他们承受着更多的挑战:一方面必须努力完成学业,同时还要关心所学知识能否适应未来需要;另一方面必须掌握最基本的专业技能,同时还要具备信息时代获取新知识的基本素质。诸如此类的高期望值,必然给他们带来心理的压力。

2.学习压力

学习是大学生群体最基本的任务，尽管这一压力的强度有张有弛，但由于学涯期间一直伴随着各种学习，其影响之大不可低估。尤其是很多大学生为了适应社会激烈的竞争，必须努力深造，例如，拼搏于考研、考硕博连读的行列，或是参加各种技能的培训班，为的是努力获取各种"证书"。

3.就业压力

当今时代的一个重要特征便是竞争加剧：竞争择业，竞争上岗。在这一背景下，连续多年的扩招加大了大学生就业竞争的力度，尤其在大学生、研究生择业相对集中的单位（三资企业、科研单位、党政机关），以及择业相对集中的地区（北京、上海、广州、沿海发达地区），已经逐渐出现"千军万马过独木桥"的严峻局面。就业已经成为大学生普遍关注的话题，也是形成大学生诸多压力中最主要的压力源。

4.人际交往压力

现代大学生交往的困难主要表现为不会独立生活，不知道怎样与人沟通，不懂得基本的交往技巧与原则。大学生人际交往的压力还来源于日常生活中与老师、同学关系的处理上。一些学生对人际交往缺乏正确的认识，唯我独尊，不注意尊重他人和理解他人，处处希望符合自己的心愿，不顾及他人感受。一些学生又谨小慎微，生怕与同学发生分歧或矛盾，所以一再忍让，宁可自己不舒服也不愿意表达真实感受。而一旦同学之间发生不愉快，就束手无策，不知如何处理。还有一些学生则封闭自己，心里很想与别人交往，但不知道如何交往，不知道说什么、做什么。更有一些学生则完全缺乏与他人交往的意识，远离人群，整日生活在自己的小圈子里。

（二）压力管理策略

所谓压力管理，就是利用压力的积极作用，化压力为动力，同时克服压力的消极作用，化解压力，保持自我良好的心理状态。具备良好压力管理能力的人，能够调节自己的认知、行为、情绪，克服来自内外界的干扰，最终达到任务目标。由传统的压力曲线可以看出，在压力不足、压力过度和压力适度时个体的状态。个体在生活中压力太小，结果个体效率就比较低，当生活没有压力的时候，会感觉到生活很无聊、对生活学习没有激情，动机不明确。通常，在一般情况下，压力适度，人的精力获得提高，表现更好，而且人会处于一种巅峰状态。但是随着压力的增加，或者持续的时间过长，个体的支持不足，人就会变得紧张过度，压力过大，这时有的人就会出现工作效率低、入睡困难等现象，更有甚者，长期的过度压力会导致身体和精神上的疾病。结合实际，大学生可以从以下几方面进行压力管理。

1.压力的认知是对压力有效管理的前奏

有学者对大学生压力管理进行研究发现，大部分大学生对于压力的认知很不全面，他们多把压力等同于压力事件，很少意识到个体主观心理状态以及个体对压力事件的生理反应，并且没有主动意识到个体主观认知在压力的产生中起到的中介作用。有些学者对北京的大学生研究发现：大学生对心理健康知识有一定的了解，但存在不少误区，而大学生对于心理健康的认识程度与其心理健康状况之间存在着显著的正相关。当大学生没有识别到压力时，他们就很少能主动有效地去管理，只有当压力积累到一定程度时才会想着去应对。为此，有必要在大学生中开展压力管理训练，帮助大学生识别压力的生理反应特征和心理反应特征，提高大学生对压力的认知,帮助大学生懂得如何识别压力。同时,也要使他们认识到个体认知在压力应对中的重要作用。这样就会使大学生在压力加剧前就有足够的心理能量来面对和控制压力。

2. 加强应对压力的策略训练

压力是一个多维度的概念,它包含了那些使人感到紧张的事件或环境刺激,是个体的一种主观的心理状态,是个体对压力事件的一种生理反应。压力管理训练则主要是指采取一些方法来增强个体应对压力情景、事件和由此引起的负性情绪的能力。

(1) 提高对压力源的有效应对能力。压力源是导致压力产生的压力事件和压力情境。在对压力有效的处理上,我们应该帮助大学生提高对压力源的有效应对能力。对压力源常见的有两个方面的应对策略:一是利用自身资源和求助社会,解决面对的挑战和问题,从而促进心智的成长和发展。二是面对那些无法解决的问题,可以暂时远离压力情境和压力事件。在处理策略上,通常情况下,一般人面对自己无法顺利处理的压力源时,常采取无效策略,如逆来顺受、逃避、紧张或鲁莽行事,然而这样的做法,往往无法有效处理问题,有时还会惹来更大的麻烦。由于问题处理过程就是压力调节最重要的把关过程。一旦处理过程出了问题,压力严重程度可能增大或持续时间更久,即可能造成严重的情绪、生理及行为的失常,导致各种心身疾病的发生。有效地面对挑战和问题的策略有:认清压力事件的性质,用自己的话定义问题;理性思考,分析问题、情境的来龙去脉;确认个人对问题的处理能力,找到问题解决的自我承诺;累积、寻求能帮助解决问题的资讯,包括如何动用家庭及社会环境支持系统;运用问题解决技巧,拟定解决计划,积极处理问题;若已完全尽力,问题仍无法在短时间内解决,则表示问题本身的处理难度甚高,有可能需要长期奋战不懈,除了必须培养坚韧不拔的斗志之外,可能还需要其他的精神力量支持,如心理援助或相关专家支持指导等。

(2) 正确对待压力

① 要认识到压力是普遍存在的。人为了生存和发展会有种种需求,一旦我们的需要得不到满足就会产生压力。因此,压力是我们生活的一个组成部分,是任何人都不能避免的。我们常说的"万事大吉""事事顺利""一帆风顺"是我们每个人的美好愿望,但常言道人生不如意的事情十之八九,正是在我们遇到不顺心、不如意的事情才有了这样的愿望。只有认识了压力的普遍性,才能为我们战胜困难做好心理准备,才能坦然面对压力,正视压力的存在,接收压力的考验;才能树立信心,鼓足勇气,最后战胜困难。

② 要认识到压力本身是具有两面性的。压力既有积极的作用,同时也有消极的作用,二者在条件满足的情况下可以进行相互转换。

③ 要认识到压力是走向成功的阶梯。孟子说:"天将降大任与斯人也,必先苦其心志,劳其筋骨,饿其体肤,空乏其身,行拂乱其所为。所以动心忍性,增益其所不能。"这就说明,人要顺利实现自己的理想和目标,就要经受压力的考验,最后才能登上成功的顶峰。

④ 要树立正确的面对压力的态度。在我们的日常生活中,倘若遭遇到挫折,应表现出宽大的胸怀,鼓足勇气,振作精神,以刚毅的态度与挫折进行不屈的斗争。在压力面前,有没有刚毅的态度,是区别常人的标志。谁能以勇敢的态度对待生活中的压力,谁就能最终战胜困难。贝多芬的不平凡人生,给世人留下了一句名言:"用痛苦换来欢乐。"其实,我们普

通人的犹豫、动摇、压力等在强者的心理世界中都可能出现过；伽利略屈服过，哥白尼动摇过，鲁迅彷徨过，但这并不影响他们面对压力的信心和勇气，换言之，刚毅的人不是没有软弱的一面，只是他们能够战胜自己的软弱而已。

（3）变压力为动力

① 压力就是机遇。"疾风知劲草"，压力不仅是很好的锤炼，而且是有价值的发现，是我们转败为胜的契机。压力给了我们机会，使我们逐渐聪明起来，事情就会越办越好。从巨人汉卡到巨人大厦，从脑白金到黄金搭档，史玉柱是具有传奇色彩的创业者之一。他曾经是莘莘学子万分仰慕的创业天才，五年的时间跻身财富榜第八位；也曾是无数企业家引以为戒的典型，一夜之间负债2.5亿元。当时史玉柱无力回天，好几个月没有给员工发工资了，这也是他人生当中遇到的重大挫折和压力。就在他事业处于低谷的时候，他没有选择离开，而是在寻找新的机遇。这时他看中了中国的保健行业，从而再次成为一个保健巨鳄——身价数十亿的资本家。

② 压力是精神力量。适度的压力是"精神补品"，人的生命似洪水奔腾，不遇到岛屿和暗礁，难以激起美丽的浪花。每战胜一次苦难和压力，就能为下一次应对压力的挑战提供精神力量。大学生非常熟悉的一个人——俞敏洪，正是由于他遭遇挫折后的巨大压力，激发了他不屈不挠的精神，建立了全球最大的教育机构，而这期间的种种挫折和压力，都成了他登上成功顶峰的阶梯，最终实现了自己的梦想。压力是人生的财富。英国哲学家培根说过："超越自身的奇迹多数是在逆境的征服中出现的。"我们成长的过程曲折坎坷，总是伴随着心酸、烦恼、压力。而压力好比一块锋利的磨刀石，我们的生命只有在一定的压力下，经历岁月的打磨，才能闪耀出夺目的光芒。不经历风雨怎能见彩虹，不经历压力，怎能成长，只有领悟了压力对成长的意义，才能善用压力，将其变成个人成长的财富。

（4）摆脱挫折带来的负面压力。在现实生活中，人们常常遇到一些压力，由于不能妥善处理好这种压力，就会遇到挫折，如果一味地埋怨别人、躲避现实，往往会使自己的压力越来越大，不能从失败的阴影中走出来。因此心理学建议以下几种方式进行自我调节。

① 自嘲法。在经历挫折带来的压力后，不妨自己调侃一下自己，通过自我贬抑达到出奇制胜的效果，从而使自己的心理达到更好层次的平衡，这种方法在心理学上称为自嘲法。自嘲常常与突发的灵感和超常的智慧联系在一起，因此常常能产生语惊四座的效果。

② 自我激励法。遭遇挫折带来的压力后，寻找自己好的一面，增强自信，有利于保持乐观的心境，激励自己去解决问题。心理学研究发现，人的心理承受能力是有限度的，面临的冲突事件太多，就会烦躁不安，紧张惶恐。在遭遇挫折时，因为无能为力，不少人用顺从的方式应付压力，久而久之，变得麻木、颓废。颓废的人是因为行为缺乏积极性，而实际上行动的积极性是可控的，我们不妨"给自己一个激励"，使自己积极地面对挫折带来的压力。

③ 宣泄法。个人遭遇挫折后，容易产生紧张、焦虑等不良情绪，这种不良情绪必须通过某种方式宣泄出来才能保持心理平衡，维持心理健康。如果不良情绪得不到宣泄，那么随着不良情绪的增加，就会破坏心理平衡，危害心理健康。因此，当遇到挫折时，应当设法宣泄不良情绪。在这里需要注意的是，应该避免破坏性的发泄方式，因为虽然破坏性的发泄方式能暂时减轻心理的压力，但违反社会规范必将带来新的挫折。

④ 心理健康维护法。科学研究显示，人的体力、智力、情绪都是有周期的，也就是说体力有充沛和虚弱的时候，智力有反应灵敏和迟钝的时候，情绪有激昂和消沉的时候。当情绪低落时，就会无端的特别敏感，即使一件小事，也会很在意。因此遭遇挫折后，我们应立

即把自己的注意力、思想和行动转移到其他方面，如忆喜忘忧、听音乐、积极工作、注意睡眠等，"逃避"紧张、焦虑的不良情绪，维护自己的心理健康。

⑤ 冷静分析法。在遭遇挫折后，可进行冷静分析，从客观、主观、目标、环境、条件等方面找到受挫的原因，采取有效的补救措施，做到正确面对社会现实，正确看待自己，并学会自我鼓励，辩证地看待挫折。

⑥ 阳光心态法。所谓阳光心态，就是一种积极的、向上的、宽容的、开朗的健康状态。因为它会让自己开心，它会催自己前进，它会让自己忘掉劳累和忧愁。当自己遇到困难时，它会给自己克服困难的勇气，它会让自己相信"方法总比困难多"，让自己去检验"世上无难事，只要肯登攀"的道理。既然挫折无处不在，逆境无时不有，当我们工作中遇到挫折时，就要敢于正视现实，不逃避，不畏惧，认真总结失败的经验教训；要学会自我安慰，心怀坦荡，情绪乐观，做到失败不失志；面对挫折更加坚定信心，顶住压力，顽强拼搏，最终战胜挫折，取得胜利。

⑦ 培养健康的生活方式。"身体是革命的本钱"，健康的身体可以增强抵抗压力的能力，大学生要注意通过培养自己健康的生活方式提高自己身心素质。一要加强体育锻炼。体育锻炼在缓解和预防压力中能够起到关键作用，户外运动可以缓解紧张情绪。二要注意健康饮食。保持营养均衡，减少咖啡因和糖的摄入，避免饮酒等。三要保证充足的睡眠。充足的睡眠可以保证自己精力充沛，疲倦则会增强压力感。

（5）调整状态、增强抗压力

① 调整状态。大学生心态调整要注意以下三点。

第一，避免压力过大的一种方式是要懂得"量力而为"，尽量减少生活中的压力源。

第二，避免自寻烦恼。大学生现在已经具备了比较成熟的身心条件，大学时光是自己的，要做自己生活环境的主人，掌握自己的生活，而不是做生活和环境的仆人。

第三，缩减自己的工作清单。如果大学生的学习和生活中有太多的事情处理，请做好时间管理工作，这有助于减轻失控的压力。

② 增强自身的抗压力。

第一，要努力形成正确的人生观、价值观、事业观。这些观念的形成直接影响到处理压力的态度和方式，还能培养分析问题、解决问题的能力，提高个人的竞争力。

第二，积极倾诉法。把自己的感觉写下来，或者把自己的压力和自己的想法告诉身边的人。研究发现，把自己烦恼时的体验和想法写出来或与人交流能够更好地适应压力。

第三，艺术疗法。如从艺术中获得启迪，利用写作、绘画、演奏等艺术形式释放压力。或者通过听音乐，借音乐的曲调和声音排遣情绪。也可以鼓励学生读些伟人的自传，特别是读其遭遇挫折时的故事情节；或者看一些富于哲理的童话故事等，启迪人的多角度思维和战胜困难的勇气。

第四，爱心助人法。有时，自己感到不快乐，是被"自我"的情绪抓住，感觉不到存在的价值感。当暂时放下自我去帮助别人时，我们的所做将带给自己正面的快乐和满足，而我们的消极情绪则被正面的感觉替换了。

第五，适度的运动。如游泳、爬山、舞蹈等。有压力时，练习腹部深呼吸。即吸气时，腹部鼓起来；呼气时，腹部瘪下去，尽量用腹肌排出所有残留空气，用意念体会腹部的起伏。

③ 缓解压力。根据研究，当压力超过一定程度的时候，身心会受到一定程度的损害，

因此当感觉自己的压力已经不在正常范围之内时,要通过各种渠道排解自己的压力。

第一,倾诉。倾诉又叫宣泄。大学生遇到情绪问题、压力问题时可以寻找一种排解方式,即倾诉。当被悲伤、愤怒、急躁、烦恼、怨恨、恐惧等情绪困扰时,要勇于向亲友倾诉。倾诉能够帮助我们面对、发现和处理问题;可以表达情感;可以反省和总结;可以享受他人的陪伴。如和信任的人谈谈困扰自己的或给自己带来压力的事情;参加俱乐部或训练班,找寻与自己志同道合的朋友;加入社团等组织,参加学生活动;如果自己无法和生活中的某些事情达成妥协,可以找心理咨询师;和他人交谈自己学习或工作的事情,保持良好的沟通渠道。

第二,沉思法。研究表明,沉思可以减少人的脉率和氧气的使用,也能改变人的脑电图曲线,沉思可以使人身体放松,同时身体放松时思想对关注的中心更加敏锐,反过来加快身体的放松,一天的压力就会抛在脑后。

第三,寻求心理帮助。大学生们遇到自己无法解决的心理困惑或心理问题时可以寻求心理帮助。每个大学都设置了心理健康教育部门,在这个部门工作的老师都具有相关专业资格,他们可以为学生提供心理健康服务,帮助大学生了解自己,引导同学们进行压力管理。

三、人际关系管理

人是社会的人,每个人的成长和发展都依存于人际交往。人际关系的好坏往往是一个人心理健康水平、社会适应能力的综合体现。现代社会是一个开放的社会,开放的社会需要开放的社会交往。对于正在学习、成长中的大学生来说,人际交往是生活的基本内容之一。然而,总是有很多大学生出现人际交往困惑,他们渴望交往,可是不知道如何交往。掌握一些交际技巧,并学会利用这些理论指导建立良好的人际关系,增强适应社会的能力十分重要。

(一) 大学生人际交往的含义

大学生人际交往是指大学生之间及大学生与其他人之间沟通信息、交流思想、表达情感、协调行为的互动过程。大学生人际交往是大学生与老师、同学、家人、朋友之间相互交流信息和情感的活动。

(二) 人际交往的重要意义

1. 人际交往是大学生顺利实现社会化的前提

马克思指出:"人是各种社会关系的总和。每个人都不是孤立存在的,他必定存在于各种社会关系之中,如何理顺这些关系、如何提高生活质量就涉及社交能力问题"。人的本质属性是社会性,社会性就意味着我们总是不可避免地要与人来往,与人交流,与人协作。处理好人际关系,是个人道德品质修养的重要方面,是使人成为人的必经之路。美国人本主义心理学家马斯洛提出的需要层次理论指出,归属需要是人最基本的、高级的心理需要之一。人际关系有满足个体感情需要、包容需要和控制需要的作用,可以有助于大学生摆脱紧张的心理状态,稳定情绪。

2. 人际交往是大学生发展自我获取幸福的源泉

良好的人际交往的第一个成效是颐养感情,第二个功效就是助长理智,第三个成效是在一切活动和事务中的帮助与参与。研究表明,有朋友的人能够体验更多的幸福感。友谊可以唤起人们的积极情绪，使个体体验更多的幸福感。通过人际交往，人们的位置在哪里和人们是谁的解答取决于自己周围是谁，自己不能决定生命的长度，但可以通过角色的扮演决定自己生命的深度和广度。人生的终极目标和理想是追求并感受幸福。人类最终追求的社会是和谐幸福社会。汉语"人"字，十分有哲学意味，那就是两个人之间互相支撑。幸福是正视人生的目标，不管是个人，还是民族，乃至人类，只要以幸福的目标精神去正视人生，就一定会实现获得幸福的基本方法：帮助自己和任何能触及的人获得幸福。

（三）大学阶段的人际关系

1. 血缘型人际关系

青少年正面临心理断乳的关键期，与父母有着千丝万缕的联系。这时，青少年与同龄人的交往上升到了主要地位，但在经济上仍依赖父母。尽管有的人住校了，较少与父母接触，但这只是表面上的自立，父母的教养方式仍旧时时影响着青少年的发展。要处理好与父母、兄弟姐妹和亲人的关系。孝敬父母，关心问候，听从教导，践行孝悌，恭敬礼让。掌握与亲人的交往艺术，时刻记得，父母永远是我们人生路上的导师。

2. 学缘型人际关系

由于大学生生活在校园之中，其主要任务是学习，所以大学生的人际关系首要的是学缘型人际关系。所谓学缘型人际关系是指以学业或所学专业为纽带而形成的人际关系，学缘型人际关系主要包括舍友关系、同学关系、师生关系等。

（1）舍友关系。大学生寝室人际关系是大学生在寝室中相互交往过程中所形成的心理关系，是学缘关系中最不可忽视的内容。室友关系不同于一般的人际关系，在寝室内部，个性特点会得到完整表现，尤其是一些特性、缺点，时间长了难以掩饰，这样更容易爆发一些冲突。如何处理好寝室关系呢？首先要自我认识：我们要对自己的个性进行分析，知道自己好的方面，改正自己不足的方面。其次要尊重他人：俗话说"尊人者人恒尊之"。拥有容人之量，方能为人所容。尊重别人的性格和生活习惯，为人处世必定要学会换位思考。这样会给自己赢来很好的人际关系。最后是求同存异，不因个别分歧而影响主要方面的一致。

（2）同学关系。同学关系是指以共同理想为基础，以共同的学业维系的一种人际关系。同学关系是大学生学缘型人际关系的基础内容，是大学生人际交往中最普遍、最广泛的关系。在同学关系中，同班同学关系是大学生最主要的关系，因为同学朝夕相处，学业上相互帮助、认识上了解深刻、情感上相互依赖，这种"同窗"关系大多都能保持终生。此外，同学关系还包括同专业、同学校以及校外同学之间的关系。随着社会主义市场经济的深入发展，大学生竞争意识、开放意识的增强，大学生的同学关系又可以分为合作型和竞争型两种。合作型关系是指同学间形成的相互切磋、取长补短，共同提高的人际关系。竞争型的关系是指同学你追我赶，相互比拼的人际关系。两种类型的同学关系各有长短。

（3）师生关系。师生关系是一种业缘关系，即以共同的事业而形成的人际关系。也就是说，师生关系是教师以教育为职业，学生以学习为职业而形成的人际关系。师生关系中的教师包括任课教师、学生辅导员和学校的各级管理人员。除了少数学生干部外，学生和教师之间的关系通常是在教学活动中自然而然地建立起来的。师生关系的好坏对青少年的学习和成长会有相当重要的影响，那些学识渊博并能以关怀、理解、公正的态度对待学生的老师更有威信，更能促进学生的进步。

3. 趣缘型人际关系

趣缘型人际关系是指因情趣相近、爱好相同而结成的人际关系。趣缘型人际关系在大学中较为普遍，因为大学生正处于精力旺盛期，兴趣广泛，出于对专业的共同兴趣、对艺术和体育的共同爱好等，使他们中的一些人交往密切，形成了正式的与非正式的群体。大学生在其间交流思想、展示才华、趣谈理想、开拓视野。由趣缘型人际关系为基础而形成的群体，是大学校园里最活跃的群体，承载着校园文化。

（四）大学生人际交往策略

1. 人际交往的原则

人际关系虽是一种错综复杂的现象，但其存在和发展是具有规律可循的。处理人际关系所需的原则有五项。

（1）平等交往。平等主要指交往双方态度上的平等。大学生个性很强，互不服输，这种精神是值得提倡的，但绝不是高人一等，不能因同学之间在出身、家庭、经历、长相等方面的客观差异而对人"另眼相待"。要正确估价自己，不要光看自己的优点而盛气凌人，也不要只见自身弱点而盲目自卑。

（2）尊重他人。每个人都有自己的人格尊严，并期望在各种场合中得到尊重。坚持尊重他人的原则，必须注意在态度和人格上尊重同学，讲究语言文明、礼貌待人，尊重同学的生活习惯。

（3）真诚待人。真诚是人与人之间沟通的桥梁，只有以诚相待，才能使交往双方建立信任感，并结成深厚的友谊。坚持真诚的原则，应做到热情关心、真心帮助他人而不求回报。对人、对事实事求是，做到肝胆相照、襟怀坦白。

（4）互助互利。互助，就是当一方需要帮助时，另一方要力所能及地给对方提供帮助。这种帮助可以是物质的，也可以是精神的；可以是脑力的，也可以是体力的。坚持互助互利原则，就是要与人为善，乐于帮助别人。同时，又要善于求助别人。所以，人际关系的核心所在：给予别人关怀便是给予自己关怀，这就是互惠关系定律。

（5）讲究信用。信用是成功的伙伴，是无形的资本，是中华民族的传统美德。信用原则要求大学生在人交往中要说真话，言必行，行必果。坚持信用原则，要做到有约按时到，借物按时还，不乱猜疑，不轻易许诺。

2. 人际交往的技巧与方法

建立良好的人际关系是一个人事业成功的基础。

（1）培养主动交往的态度。对一个风华正茂的大学生来说，都需要有丰富健康的人际关系，在社会交往中，那些主动去接纳别人的人，在人际关系上较为自信。大学生要想真正获得友谊，就应该彼此真诚、相互信任、相互吸引并在此基础上增进交流，重点应把握以下几点。

① 要主动而热情地待人。心理学家发现，热情是最能打动人、对人最具吸引力的特质之一。一个充满热情的人很容易把自己的良性情绪传染给别人。一个面带微笑的人很容易被他人接纳。要热情待人还须从心里对他感兴趣，真心喜欢他人。

② 要帮助别人。心理学家发现，以帮助与相互帮助为开端的人际关系，不仅良好的第一印象容易确立，而且人与人之间的心理距离可以迅速缩短，使良好的人际关系迅速建立起

来。日常生活中的患难之交正说明这点，正所谓"雪中送炭"的心理效应。

③ 要积极的心理暗示。生活中不难发现，有的人身上仿佛有一种魔力，周围人都乐于聚在其身边，这类人往往能在短时间内结识许多人。心理学研究表明，这类人大都具有良性的自我表象和自我认识："我是一个受人欢迎的人，我喜欢与人交往。"这样的心态使人以开放的方式走向人群，他们心地坦然，很少有先入为主的心理防御，因而言谈举止轻松自在，挥洒自如。在这种人面前，很少有人会感到紧张或不自在，即使一些防御心理较强的人也会受其感染而变得轻松、开放起来。同学之间的交往，许多时候是在紧张的学习之余求得一种轻松感，所以能满足这一愿望的人自然会有一种吸引力。

④ 要把每个人都看成重要人物。每个人都是重要的，当我们把自己看得非常重要时，也应将心比心把别人也看成重要的。据此，在交往中，我们应注意：让他人保住面子。如果一个人习惯于通过挑别人的毛病和漏洞来显示自己的聪明，必将为此付出高昂的代价。人人都有毛病和缺点，所以找起来并不难。但被人暴露自己的"小毛病"，这是许多人所反感的，因为这威胁到了他的自尊。

⑤ 不要试图通过争论使人发生改变。同学之间常常争论，若是为探讨问题，这是有益的，但试图以此改变对方，则往往会适得其反。每个人都或多或少把某种观点看成是自我的一部分。当你反驳他人的观点时，便或轻或重地对他的自尊造成了威胁。所以争论双方很难单纯地就问题展开争论，其间往往渗入了保卫尊严的情感，争论对人际交往常常是一种干扰因素。

⑥ 要发现和赞赏别人的优点。人类天性中最深切的冲力是"做个重要人物的欲望"；"人性中最深切的品质，是被人赏识的渴望。"心理学家认为，赞扬能释放一个人身上的能量，调动人的积极性。"赞扬能使羸弱的身体变得强壮，能给恐怖的内心以平静与依赖，能让受伤的神经得到休息和力量，能给身处逆境的人以务求成功的决心"。真心真意，适时适度地表示你对别人的赞扬，赞扬要对人也对事，能够增进彼此的吸引力。

（2）建立良好人际关系。

① 塑造良好的个人形象，增进个人魅力。社会交往中，个体的知识水平与涵养直接影响着交往的效果，良好的个人形象应从点滴开始，从善如流，"勿以善小而不为，勿以恶小而为之"。优化个人的社交形象。一是要提高心理素质。二是要提高自身的人际魅力。

② 注意倾听。一位作家说：很少有人能经得起别人专心听讲所给予的暗示性赞美。我们在谈话中常常会有一种冲动，把溜到嘴边的话讲出来。为此，我们会变得对别人讲的话心不在焉，甚至急不可待地打断对方的谈话。还有一种人话匣子一打开，就再也收不住了，既不允许别人插嘴，也不在乎别人是否感兴趣。这类举动赢得了一时的畅快，但也丧失了许多与别人深交的机会。可以说这种人有些自我中心的倾向。只谈论自己的人，所想到的也只有自己，这是不受欢迎的。因为跟你谈话的人，一般对他自己的需求和问题更感兴趣。

③ 自我表露。现实生活中，人们都学会了掩饰自己的真实情感，如果人们在彼此交往中能坦率表述自己的思想，表露自己的情感，那么猜疑、误解、冲突、纠纷就会大大减少。适当地"自我表露"，不仅有助于别人了解自己，也有助于使别人对自己产生好感。人们往往更喜欢自我表露的人，不喜欢自我封闭的人。不过，自我表露的程度必须以不使对方感到惊奇为限。

④ 掌握批评的艺术。当我们必须要对别人的错误进行批评时，应讲究一定的技巧。首先，要注意场合。最好不要在大庭广众下当面批评别人，应该让对方保住面子，否则会导致

对方的恼怒和反击。其次，从称赞开始，通常在我们听到别人对我们的某些长处的赞扬之后再去听一些不愉快的批评，感觉总是要好一些。从赞扬的方式开始，就好像牙医用麻醉剂一样，病人仍要受钻牙之痛，但麻醉却能消除疼痛。此外，批评要就事论事，不要污辱人格。

⑤ 正确对待批评。当听到别人的批评，我们的第一个反应常常是恼怒，进而为自己辩解，甚至进行反击，结果不仅造成对自己进一步的伤害，而且容易误会他人的好意或是让他人的恶意得逞。正确的做法是认真、冷静地面对批评，如果错了，那就迅速、真诚地承认；如果是不公正的恶意的批评，最好的办法是置之不理，为其苦恼伤心实在是不值得。无论如何，不可与人争吵，抬杠和辩解只会使局势乱成一团。

⑥ 换位思考。这对建立良好的人际关系很重要。如果我在他的位置上，我会怎样处理？经常站在对方的角度去理解和处理问题，一切就会变得简单多了。一般而言，善于交往的人，往往善于发现他人的价值，懂得尊重他人，愿意信任他人，对人宽容，能容忍他人有不同的观点和行为，不斤斤计较他人的过失，在可能的范围内帮助他人而不是指责他人。懂得"你要别人怎样对待你，你就得怎样对待别人。"懂得"己所不欲，勿施于人。"懂得"得到朋友的最好办法是使自己成为别人的朋友"。懂得别人是别人而不是自己，因而不能强求，与朋友相处应求大同，存小异。真诚被认为是人际关系的核心。立场不同，所处环境不同的人，是很难了解对方的感受的。因此，对他人的失意、挫折和伤痛，我们应进行换位思考，以一颗宽容的心去了解，关心他人。

四、时间管理

时间对于每个人来说都是一种机会均等的资源，也是一种特殊的日用品。作为大学生，应当学会自己去控制时间。

1. 时间管理的起点是个体要树立时间管理的自我意识

首先要明确时间是第一资源的价值观念，它具有不可替代和不可重复利用的特性，正所谓"一寸光阴一寸金，寸金难买寸光阴"，成功需要时间资源的投入，而几乎所有失败的计划都跟时间的限制因素有关。个人只有从内心真正认识到时间的价值，才能改变对时间漫不经心的态度和挥时如土的习惯。

2. 理清时间消费的现状，找出"时间窃贼"

通过时间记录等方法查清楚时间是如何流失掉的，然后有的放矢地寻求对策。大学生时间浪费的现象大体可以分为两类，一是显性的时间浪费现象，如漫无边际地上网、逛街和聊天，这种时间的浪费几乎不创造价值。它产生的原因主要在于缺乏时间观念、缺乏计划性和在时间消费上缺少主动意识。二是隐性的时间浪费，如不专心听课、做事效率低下、一心二用、拖延等。这种时间浪费与个人长期以来的生活习惯和行事风格有关，因此，改变应该从自身的习惯开始。

3. 澄清自己的价值观，制订愿景和近期目标

尝试问自己"我想成为什么样的人""什么对我来说是最重要的""我想达到什么样的成功"等问题，为自己的发展设立目标和方向。规划近期要做的事情，并按照重要程度和紧急程度，排列先后顺序。最先做的应该是最紧急而重要的事情，花最少时间的是既不重要也不紧急的事情，最应该引起重视的，但最易被忽视的却是重要但不紧急的事情。如果不花费足够的时间去做不紧急但重要的事情，总有一天会变成既重要又紧急的事情，令人措手不及、

疲于应付。

4. 有效的自我控制，将行动进行到底

计划离开了持之以恒的行动会变得毫无意义，也会损伤人的自信心、自我效能感，给人带来失望、内疚、自责等负面情绪压力，对意志力也是一种磨损。自我控制包括克服惰性、克服拖延、自律等方面。自我控制不是时间管理的主要内容，却是时间管理行为实现的重要一步。

五、健康管理

大学生的健康包括大学生身体和心理健康及良好的社会适应三个方面。

身体健康一般指人体生理的健康，即在一定的时间里各个有机体充满活力，身体完整，远离疾病和异常，处于一种满足的状态。

心理健康指的是远离精神紊乱的水平，认知和情感在一个稳定的水平上，一般有三个方面的标志。首先，具备健康的心理的人，人格完整，自我感觉良好；情绪稳定，积极情绪多于消极情绪，自控能力较好，能保持心理上的平衡；有自尊、自爱、自信心及自知之明。其次，一个人在自己所处的环境中，有充分的安全感，且能保持正常的人际关系，能受到其他人的欢迎和信任。最后，健康的人对未来生活目标明确，能切合实际地、不断地进取，有理想和事业的追求。

良好的社会适应指的是个体拥有依据社会环境和文化需求准确表达自己的一种能力，在此指大学生的心理活动和行为，能适应目前复杂的学习和生活等环境变化，为他人所理解，为社会所接受。

身体健康指标主要包括两个维度，即身体形态如身高、体重、生理机能肺活量、脉搏；身体素质与运动能力，即力量、坚韧和耐力。

大学生心理健康的基本要求大致可概括为以下几个方面。

（1）智力正常，乐于学习。心理健康的大学生能保持较深厚的兴趣和求知欲望，学习是大学生活的主要内容，心理健康的大学生珍惜学习机会，学习态度端正，求知欲望强烈。有健康的情绪，能调节与控制情绪，保持良好的心境。正常的人都有正常的情绪体验，心理健康的大学生能积极应对、主动调节。如果不能自控，任意发泄情绪，就会伤害自己和周围的人。

（2）和谐的人际关系。人际关系状况最能体现和反映人的心理健康状况。心理健康的大学生，总是乐于与他人交往，希望获得真正的友谊和朋友。他们对师长、同学有着信任、理解、关心、友爱的态度，乐于助人，待人宽宏豁达，能够容忍他人的不足与过错，在小事上从不斤斤计较、吹毛求疵，办事讲信用、重名誉，不会口是心非，善于以诚相待，适宜地表现自己，让别人了解自己，而不是伪装、掩饰自己。他们能够和各种人融洽相处，并能和一些人建立深厚的友谊。

（3）完整统一的人格品质。人格指人的整体精神面貌，人格完整指人格构成要素的气质、能力、性格和理想、信念、人生观等各方面平衡发展。心理健康的大学生的所思、所做、所言协调一致，具有积极进取的人生观，并具有以此为中心把自己的需要、愿望、目标和行为统一起来的良好自我意识。

第二节　大学生职业生涯规划的执行

执行力对现代企业来说是十分重视的问题，没有执行力，一切都只是纸上谈兵；没有执行力，一切都只是处在原点。一个企业的成功5%在战略，95%在执行，现在一些公司的战略目标与计划的制订非常完善，但最终结果却让人大跌眼镜，究其原因是执行力出现了问题。每个人都有自己的理想和追求，但有些人缺乏实际行动，把事情推给明天是有些人的共性。

什么是真正的执行力？真正的执行力包含完成任务的意愿，完成任务的能力，完成任务的程度，它不是冲动的决定，而是强有力的实际行动和长久地坚持，遇到挫折时依然不会退缩，努力的坚持，终究会取得想要的成功。三毛曾说："等待和犹豫是这个世界上最无情的杀手。"有些人可能一直在等待一个合适的时机迟迟不敢开始，大学生还很年轻，应该马上行动起来。

一、做最好的自己

一项工作，做到什么程度算好？做到最好才算好。比如有人得了80分，要想办法达到85分，达到85分了，再想办法达到90分，然后是95分、100分，不断努力，不断在否定中提高自己，直至做到最好。大学期间是人生的黄金期，大学生对待学习和工作，绝不要抱着无所谓、马马虎虎、得过且过的态度。面对未来职场的工作要积极开动自己的大脑，勇于承担责任，不为失败找理由，不让抱怨成习惯，每个环节都力求完美，那么自己的结果一定是最好的。

二、多做事情，少问问题

企业需要具有执行力、合格的员工。那些懒懒散散、对事漠不关心、做事马马虎虎的人都是被动地做工作，在领导交给一项任务时，总是抱怨，推脱，问这问那，最后可能事情还没完成。上级交给你一个任务，就是给你一个目标，至于采取什么方式去实现目标，那就是员工应该考虑的问题。目标是虚的，而执行力却是由实实在在的工作组成的。

时代信息化下的社会经济迅猛发展，人们生活也跟着发生了天翻地覆的变化，变得越来越丰富多彩了，各种信息充斥眼球，同时大家的注意力也不断地被分散开了。拖延现象开始在各行各业都普遍存在，大学校园里也不例外。在明知道需要完成这项任务而且也愿意完成的时候对这项任务产生消极的拖延行为，与此同时，内心就会产生强烈的焦虑感和负罪感。拖延行为是指个体在面临一项必须完成的任务时不能立刻投入并将任务按时完成，而是有意地从事一些与之无关的其他行为活动，并推迟从事任务的现象。大学阶段是个人成长和独立生活的重要时期，因而，培养高效的执行力十分重要。

三、不找任何借口

无论是一名战士还是一名员工，要完成上级交付的任务，就必须具有强有力的执行力。接受了任务就意味着做出了承诺，而完成不了自己的承诺是不应该找任何借口的。可以说，工作就是不找任何借口地去执行。

没有任何借口是执行力的表现，这是一种很重要的思想，体现了一个人对自己的职责和使命的态度。思想影响态度，态度影响行动，一个不找任何借口的员工，肯定是一个执行力很强的员工。如果在企业里，当领导问你的工作为什么出现纰漏的时候，你若能够认真执行，而不是讲一大堆找借口的话来应付领导，那么你就是执行力非常强的员工。无论什么工作，都需要这种不找任何借口去执行的人。对大学生而言，无论做什么事情，都要记住自己的责任，都要对自己的学习和未来的职业负责。不要用任何借口来为自己开脱或搪塞，完美的执行是不需要任何借口的。

"拒绝借口"，应该成为所有大学生追求进步的最有力的保障，它强调的是每一个人都应该对自己的职业行为准则奉行不渝，没有任何借口地坚定执行，而不是为没有做好自己的任务去寻找任何借口，哪怕看似合理的借口。不以任何借口为理由并不是最终的目的，这种要求是为了让个人学会应对压力和挑战，培养自己不达目的决不罢休的毅力。未来的职场更是如此，它让每一个员工懂得：不要在工作中为自己找借口。

四、注重细节

我国伟大的思想家老子曾说："天下难事，必作于易；天下大事，必作于细。"细节到位，执行力就不成问题。因此，作为当代大学生，应把完成学业和做好工作当成义不容辞的责任，而非负担，要认真对待、注重细节，来不得半点马虎及虚假。做工作的意义在于把事情做对，应以较高的、大家认同和满意的标准来要求自己。

在职业的世界里，看不到细节，或者不把细节当回事的人，则对工作缺乏认真的态度，对事情只能是敷衍了事。这种人无法把工作当作一种乐趣，而只是当作一种不得不受的苦役，因而在工作中缺乏热情。他们只能永远做别人分配给他们的工作，甚至即便这样也不能把事情做好。而考虑到细节、注重细节的人，不仅认真对待工作，将小事做细，而且注重在做事的细节中找到机会，从而使自己走上成功之路。

美国标准石油公司曾经有一位小职员叫阿基勃特。他在出差住旅馆的时候，总是在自己签名的下方写上"每桶4美元的标准石油"字样，在书信及收据上也不例外，签名后一定写上那几个字。他因此被同事叫作"每桶4美元"，而他的真名倒没有人叫了。公司董事长洛克菲勒知道这件事后说："竟有职员如此努力宣扬公司的声誉，我要见见他。"于是邀请阿基勃特共进晚餐。后来，洛克菲勒卸任，阿基勃特成了第二任董事长。在签名的时候署上"每桶4美元的标准石油"，这算不算细节？严格说来，这件小事并不在阿基勃特的工作职责之内。但阿基勃特做了，并坚持把这个细节做到了极致。那些嘲笑他的人中，肯定有不少人的才华、能力在他之上，可是最后，只有他成了董事长。

五、坦诚面对批评

金无足赤，人无完人，任何人都有犯错误的时候。犯了错误，我们是坦然地接受批评，还是选择逃避？面对批评时的不同态度，可以反映出人的执行力强弱。

有些人性情比较暴躁，或者不太喜欢听取别人的意见，一旦有人向他们提出批评，他们的第一反应就是进行反驳。但是反驳并不能使问题得到解决，相反还可能会使矛盾进一步激化。因此当对方提出批评意见时，正确的做法是应该认真地倾听，即便有些观点自己并不赞同，也应该让对方先讲完自己的道理。另外，还应该坦诚地面对批评者，表现出愿意接受批评的态度。

还有一些人在进行批评时,虽然说了很多,却很难让人明白他具体在批评什么。如果遇见这样的批评者,我们应该礼貌地让其讲明批评的理由,最好能讲出具体的事件。这样可以使人清楚地明白自己在哪些方面还存在问题和不足。另外,这也可以让无中生有的批评者知难而退。

能够接受别人的批评,体现了一个人虚怀若谷、谦虚进步的胸怀。在接受别人批评时,不要去猜测对方批评的目的,而应该将注意力放在对方批评的内容上。面对批评者,无论批评的内容是对还是错,都要表现出认真倾听的态度。有人肯批评你,是因为他在意你,希望你更完美。在自己身边,时刻有一个督促自己积极上进的人,是自己前进的动力。

六、心动不如行动

"坐而论道不如起而行之"。人人都希望自己有所成就,但是,有一步登天的雄心,还得有步步登天的努力。虽然"天生我材必有用",但你也得先找用武之地。对理想目标的实现,智者决不消极等待,而是靠埋头苦干,勇敢攀登,所以能最终如愿,获取成功。而那些徒然"羡鱼"的人,虽然也有美丽的愿景,可总是抱着侥幸心理,希望天上掉"馅饼",幻想一觉醒来就有"交椅"可坐,甚至功成名就。也有人千方百计寻找捷径,希望一举成功,一步登天。然而,捷径不会有,成功问题上也没有免费午餐;成功需要我们付出比"羡鱼"多数倍、数十倍的汗水,它与我们不畏艰辛、知难而上、勇于进取的思想境界和实际行动不可分离。

在大学校园里,一些同学做事有一种习惯:事情计划好了,今日复明日,明日复明日,就是不付诸行动。结果,学期结束了,该读的书没有读完,该做的实验没有完成,学习科目亮起了红灯。还有个别同学,一进大学就立志本科毕业后要考研深造,计划本科四年好好学习,争取门门优秀,可行动上大打折扣,如睡懒觉、不完成作业等,等到毕业,考研目标就成了遥不可及的幻想和悔心的记忆。显然,类似的习惯和行为对自己取得成功是十分有害的。

七、从小事做起

一个能把小事做好做到位的人,将来自然也能做成大事;而一个只想着做大事的人,他会忽略很多小事,结果他是不会成功的。因为大事是由小事组成的。真正成功的人都对"把小事做好做到位"十分看重。比尔·盖茨说:"每一天,都要尽心尽力地工作,每一件小事情,都力争高效地完成。尝试着超越自己,努力做一些分外的事情,不是为了看到老板的笑脸,而是为了自身的不断进步。"杰克·韦尔奇也说:"一件简单的小事情,所反映出来的是一个人的责任心。"工作中的一些细节,唯有那些心中装着大责任的人能够发现,能够做好。由此可见,"先把小事做好做到位"的确是"干大事"的重要前提。要想成就大事业,必先从小事做起。正所谓"一屋不扫,何以扫天下"。

东汉有一个叫陈蕃的少年,独居一室龌龊不堪。其父之友薛勤批评他,问他为何不打扫干净来迎接宾客,他回答说:"大丈夫处世,当扫除天下,安事一室乎?"薛勤当即反驳道:"一屋不扫,何以扫天下?"细细想来,陈蕃之所以不扫屋,无非是不屑而致。胸怀大志,欲"扫天下"固然可贵,然而,以"不扫屋"来实现自己"弃燕雀之小志,慕鸿鹄以高翔"之志,则有失偏颇。我国先秦著名思想家荀子说过:"不积跬步,无以至千里;不积小流,无以成江海。"如果做事不从一点一滴做起，那就不可能有所成就；反之，如果你尽心尽力做好了一桩桩平凡的小事，生活就不会亏待你。其实，"扫屋"与"扫天下"相辅相成，"小屋"也是"天下"的一部分，"扫天下"又怎么能排斥"扫一屋"呢？凡事总是由小至大，犹如集腋成裘，必须按一定的步骤程序去做。《诗经·大雅》的《思齐》篇中也说："刑于寡妻，至于兄弟，以御于家邦。"就是说，要先给自己的妻子做榜样，给兄弟好影响，再进一步治理好一家一国。一个不愿扫屋的人，当他着手办一件大事时，难免会忽视它的初始环节和基础步骤。因为这些对他不过是"扫屋"之类。由此推之，他的事业也难免像一座没有打好地基的建筑一样，华而不实。那么，如何才能做到把小事做好？

1. 端正把小事做好的态度

很多人都有过这样的体验，当灾难来临时，常会因为紧张和恐惧，本能地产生一种巨大的抗争力；而当一些鸡毛蒜皮的小事困扰自己时，却可能束手无策。小事大多是工作、生活的细梢末节，人们一般不会过多留意。但正是这些微不足道的小事占据了我们生命中的绝大部分时间，会不断地消耗一个人的精力。因此，我们一定要重视小事，端正做好小事的态度。

2. 树立小事决定成败的观念

小事是构成大事的细胞或元素，小事不成何以成大事？一个不经意的细节往往能反映一个人深层次的修养。生活中的细节是个人素养的最好体现，但往往最容易被人忽视。想拥有完美的自己很困难，因为需要每一个细节都做到完美；但毁坏自己很容易，只要自己忽略一个或几个细节，局面就可能难以挽回。在日常的生活与工作中，很多人都想做大事、求大功，而不愿意或不屑于做小事，认为小事过于琐碎、具体、单调，又没有成就感。不少人因此对自己的工作没有激情，甚至牢骚满腹、抱怨不断。但同样的工作，同样的环境，为什么有的人就会不断升职加薪，成为骨干，甚至取得重大成就？成功的经验是用心做好自己的工作，包括每一件小事。其实，但凡成功人士，都对"把小事做好做到位"看得很重。没有任何一件必要的事小到可以抛弃，没有任何一个必需的细节细到可以忽略。如果把每一件小事作为锻炼自己、提高能力的机会，主动积极地去把握、去迎接，那么，用不了多久你就会发现，最大的受益者是你自己。

3. 要不断提高把小事做好的本领

人生有涯，而知识无涯。不管一个人多能干，如果没有终生学习的决心和努力，终将会丧失自己的竞争能力。因为，飞速发展、竞争激烈的现代社会，对不愿学习提高、缺乏知识能力的人是残酷无情的。一个人，一旦拒绝学习提高，就会停滞不前，逐渐落后，迟早被时代抛弃，正所谓"不进则退""优胜劣汰"。所以，不管一个人曾有过怎样的辉煌，都要不断投注心力，学习、学习、再学习，提高、提高、再提高，及时了解自己亟待加强的地方，打牢业务基础，才能使自己的能力、水平随时保持良好状态。

"天下难事，必作于易；天下大事，必作于细。"重视小事，做好每一件小事，成功就为期不远。海尔总裁张瑞敏说："什么是不简单？把每一件简单的事做好就是不简单。什么是不平凡？把每一件平凡的事做好就是不平凡。"这话精辟地阐述了一个道理：想成就一番事业，必须从简单的事情做起，从细微之处入手。周恩来总理就一贯主张注重细节，他自己也是做好小事、成就大事的典范。所以，把小事做好是成功的关键，也是成就大事不可或缺的基础。古往今来，成功者之所以能取得别人所没有的成就，多因他们有一个很突出特点：不拒绝做一些十分琐屑的小事。新时代的大学生，胸怀远大抱负，是个人也是社会的福音。但成功往往是从点滴开始的；如果不遵守从小事做起的原则，必将一事无成。

八、即刻行动

世上有一样东西是最奇妙的，它能使一切渺小的东西归于消灭，使一切伟大的东西生命不绝，没有它，什么事情都做不成。对此，法国著名思想家伏尔泰曾经出过一个谜语：世界上哪样东西最长又是最短的，最快又是最慢的，最能分割又是最广大的，最不受重视又是最值得惋惜的？它是什么呢？也许你已经猜到，它就是时间。

时间是物质运动的持续性和顺序性，其特点是一去不复返。任何事物的运动总是朝着过去、现在和将来这一方向发展。"时乎时乎不再来""机不可失，时不再来"。这些至理名言强调的都是时间的不可逆性或一维性。《论语·阳货》曰："日月逝矣，岁不我与。"时不我待，这是古训，即时间不会等待我们，因此要抓紧时间，从现在做起。人的一生有多长？一位诗人不无幽默地说："每个人的生命只有三天，即昨天、今天和明天。"昨天如影，你走到哪里她也走到哪里；今天如画，每个人都是出色或蹩脚的画家；明天如梦，世上有多少颗跳动的心，就会有多少个梦，你我都在向往自己的梦。对每个人而言，有更大潜力、更大意义的是今天和明天，而最为关键的只有今天。因为昨天已经成历史；明天还不可知；我们唯一能做的，就是抓住每一个今天。每个人都想入住一座宫殿，但仅凭金钱买不到门票。谁能驾驭自己命运的马车，谁才有资格进入宫殿之门。

"时光如梭，光阴似箭"，时间是一去不复返的，所以显得十分珍贵。正如唐代诗人王贞白所言："一寸光阴一寸金，寸金难买寸光阴。"诗人李白在《将进酒》一诗中也说："君不见高堂明镜悲白发，朝如青丝暮成雪。"德国文学家李察德感叹道："人的一生，好像天上的流星那样，很快就消灭了。"可叹人生之短促，可见时间之珍贵。时间是珍贵的，是组成生命的材料。在市场经济环境中，时间就是金钱，时间就是生命。因此，每个人都应对时间倍加珍惜。只要你珍惜时间，那么，很短的时间也会有很大的用处，再长的时间也会如白驹过隙。相反，如果你不珍惜时间，那么，很长的时间也不会有一点用处，再短的时间你也会觉得度日如年。

时间对每个人的回报都是不一样的。每天早上醒来，你钱包里的最大资产就是 24 小时；你这一天的收入回报如何，全取决于你如何进行时间经营。因此，你应努力增强时间观念，提高时间使用效率。假如你是勤奋的人，时间就会给予你收获、智慧与力量；假如你是懒惰的人，时间就会带给你后悔、迟钝与沮丧。要"取乎其上，得乎其中"，就应付出 100% 的努力。达尔文说："我从来不认为半小时是微不足道的很小的一段时间。"因为他惜时如金，所以取得了巨大的成就。而不少人缺乏时间观念，挥"金"如土，"少壮不努力，老大徒悲伤"。"从我做起，从现在做起"，其实质是要即刻行动，勇于担当。即要在此时此刻开始行动，去做任何你想做和该做的事，敢想敢干，敢作敢为。显然，这是一种十分优秀的道德品质、精神状态和行为习惯，因而是一个制胜的法宝、成功的要诀。"即刻行动"，是自我激励的警句，是自我发动的信号。世上没有任何事情比下决心立即行动更为重要、更有效果。因为人生可以有所作为的时机只有一次，那就是现在。怎样"从我做起，从现在做起"？这没有统一的模式，但应有一般的原则。

1. 即刻行动，请不要等待重大的时刻

常言道："台上三分钟，台下十年功""十年树木，百年树人""十年磨一剑，今朝显锋芒""养兵千日，用兵一时"，任何成果的产生都有一个特定的孕育过程，任何成功的喜悦都是用辛勤的劳动换来的，鲜花和掌声的背后总是辛勤磨砺的心血和汗水。你只有立刻付诸行动，每天都为未来做一点准备，方能有显露英雄本色的时日。常有人感叹，现在无机枪可堵，我成不了黄继光；现在无碉堡可炸，我成不了董存瑞……其实，这些人只看到战争硝烟中的英雄，而忽视了和平环境中的英雄；只知道非凡时刻出英雄，"时势造英雄"，而忽略平凡之中见非凡、平凡之中更显精神本色。诚然，重大事件往往能成就英雄，但英雄的成长绝不是一招一式之功。平日里的思想提升、行为养成，铸就了他们在关键时刻的挺身而出，出类拔萃，与众不同。有不少同学，刚进大学时满怀理想，希望自己成为各方面都很优秀的人。学校的均衡教育机会、大学的校园文化、学校的各类能力锻炼的实践活动，也为学生们的全面发展提供了良好的机会，可为什么有的同学成长、进步了，步入了优秀学生的行列，而有些同学却与既定目标越来越远？究竟是什么造成了差距？其实原因很简单，那就是成功了的同学有目标又有行动，而失败的同学有目标却没行动或行动不力。

2. 即刻行动，请不要等待机会来临

法国科学家巴斯德早已说过："机遇只偏爱那些有准备的头脑。"有准备的你，加上有准备的行动，才能不断为成功创造条件，最后成为那个幸运的人。每个人都期盼成功，但为什么有些人总是没有成功或错过成功的机会？原因是行动被拖延"偷"走了。"拖延"好比专偷"行动"的"贼"。它在偷窃你行动的时候，往往给你构筑一个"舒适区"，让你早上赖床不想起来，起床之后不想干事，能拖到明天的事今天不做，能推给别人的事自己不干，不懂的事不想懂，不会的事不想学……它不仅能偷走你的行动，而且能偷走你的希望、你的健康、你的成功，并带给你不良的习惯和后果。有同学遇到疑难问题没有及时请教、及时解决，结果问题积少成多，成绩越来越差；有同学遇到矛盾困难没有及时把握、及时化解，结果"小洞不补，大洞一尺五"，学习、生活越来越困难……万事行动第一。即刻行动是制服拖延这个"贼"的有效武器，它能使你勇敢地驱走拖延这个"贼"，帮你抓住时间去完成应做之事；它能使你勇敢地迈出第一步，因而站在成功的起点上；它能使你迈出的步子越来越大，因而提高你的成功率。如果你始终坚持立刻行动，那么当机会来临时，你就能乘机而上，乘势而飞。

美国作家奥格·曼狄诺常常告诫自己说：立刻行动！立刻行动！立刻行动！从今以后，我要一遍一遍，每时每刻重复这句话，直到成为习惯，好比呼吸一般成为本能，好比眨眼一样自然而然。有了这句话，我就能调整自己的情绪，迎接失败者敬而远之的每一次挑战。曼狄诺是这样说也是这样做的，因此他获得了成功。然而，我们经常看到在大学有许多英语考级的机会。常有这样的同学，他每考必到，但每考都不过。看到别的同学英语四级过了，心里很着急，并暗下决心：从明天开始，每天早上早起一小时读外语。可是，每到早晨闹铃响了，他就是爬不起来，内心还不断原谅自己：今早就算了，从明天开始。日复一日，天天这样原谅自己，结果，毕业时英语考级成了他永久的遗憾。这不能不说是一个反面的教训。

3. 即刻行动，请不要等待万事俱备

你应该在现有的条件水平上采取行动，否则你永远不能开始。如果说具备某些条件更有利于行动成功的话，那么，即刻行动则是在积极创造成功的条件，并把已有的条件加以利用，把成功的可能化为现实；即刻行动就是成功的土壤条件，是成功的发动机和助推器。因此，要谋求成功，就应立即行动，而不要等待万事俱备才开始行动。不论什么时候，不论在学校、家庭还是在社会、单位，你都应尽力做些切实的事情。因为，进步是一天天取得的，只有即刻行动，你才会边做边进步；行动是成功的最短途径，多一些行动，便多一些成功的机会。缺乏行动的期望是对自己也是对社会不负责任。仅有知识是不够的，只有把已有的知识运用于当下想做的事，知识才是力量，你才会在这股力量中取得进步和成功。

当年，林肯的父亲在西雅图用很低廉的价格买了一块堆满石头的山地，林肯的母亲多次建议搬走石头，打理山地，但他父亲并不同意，认为这块山地价格那么便宜，肯定是一座与石头大山相连的石头小山，不能搬走。但有一次，父亲外出，母亲带领孩子们一起动手，没用多少时间就把山地上的石头搬走了，打理出了他们心爱的山地。这件事使林肯深受启发，他意识到："许多事人们之所以不去做，只是因为他们认为不可能，而许多不可能，只存在于人们的想象中"。谋求成功，应用"打破不可能"的行动来改变我们的现状，从现在就开始。

4．即刻行动，请不要遇事麻木躲避

当下有一种不良社会现象，就是遇事充耳不闻，或视而不见，或绕道而行，或麻木躲避。这些行为与我们的年龄和受教育程度极不相称，更与社会公德的要求和社会和谐发展的需要格格不入，十分危险，令人惋惜甚至不安和痛苦。

社会是个大家庭，它由无数个小家建造，由无数个小我组成。"天下兴亡，我有责任"，这句由忠信中学校长高震东提出的口号，塑造了该校学生的良好素质，也对其他学校的学生不无启示。作为新时代的大学生，理应是社会风气的矫正器和引领人，遇事就应该即刻行动，勇于担当。

5．即刻行动，请不要安于现状，不求进取

一些同学进了大学门，就以为自己进了保险箱，因此安于现状，没有及时设立新的奋斗目标，继而产生懈怠心理。有这样一则寓言故事，古时候有两个孩子被父母带去算命，被告之：一个将来会成状元，一个将来会成乞丐。从此，"会成状元"的孩子安于现状，待在家中养尊处优；"会成乞丐"的孩子却发奋改变，积极认真地求学读书。最后，"会成状元"的孩子成了乞丐，"会成乞丐"的孩子却成了状元。由此可见，不求进取，状元之"本"也会落得乞丐之命；而奋发努力，"朽木之才"也能登状元之榜。一切都取决于你怎么行动，你是否进取。人生如同骑脚踏车，不是维持前进，就是翻倒在地，所以你"踏车"的脚一刻也不能停息。人生如同逆水行舟，不进则退。进一步退两步是"退"；你进一步别人进两步，你也是"退"。董必武在《题赠＜中学生＞》一诗中说："逆水行舟用力撑，一篙松劲退千寻。古云此日足可惜，吾辈更应惜秒阴。"这对我们大学生同样是一种勉励。

进入大学，只是取得了阶段性的成功，大家又站在了同一起跑线上，我们都应不断拼搏，奋发进取。世界著名大提琴手巴布罗·卡沙斯在取得举世公认的艺术家头衔之后，依然每天坚持练琴6小时，养成了"行动再行动"的良好习惯。有人问他为什么功成名就还要练琴，他的回答很简单："我觉得我仍在进步"。成功之人还想有更多更大的成功，就应不断进取。因为世上没绝对的成功。成功是没有终点的，就像旅途中的一段段路程，必须一站一站地往前走；一旦停在原地，不再努力，成功的列车就会把你抛弃。只有不断地努力，才能有不断地进步、不断地成功；马上行动，才有可能马到成功。有一位成功者，很多人对他提出了同样的问题：当你遇到困难时如何处理？当你遇到经济上或其他方面的重大压力时呢？当你在工作和生活上遇到挫折或沟通不良时呢？他的回答始终只有一个答案："马上行动！"他的信念就是：一定要马上行动，决不放弃。他在人生过程中遇到困难都这么处理，所以他成功了。现在，也让我们马上行动来突破现状吧。

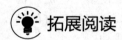 **拓展阅读**

告诉年轻人：时光不会辜负每一个平静努力的人

这世上哪有什么平白无故的横空出世，不过都是经过精心准备的必然结果。所有光鲜亮丽的背后，都透着无比的寂寞。但每段平静、安详的努力之后，都映射着人生轨迹的跳跃。你要相信，时光不会辜负每一个平静努力的人。

刚开始当老师时，我不知道如何备课，以为我的应变能力很强，我想，课上不过两个小时，只要我保持精力充沛、逻辑清晰，仅仅是两个小时的演讲，对我来说绰绰有余。

第一堂课，我自信地走进教室，在讲完课后，我却垂头丧气地看着台下横七竖八的学生。我背着包，走进教师休息室。

后来我明白，台上不可控的东西太多，这世上哪有什么平白无故的横空出世，不过都是经过精心准备的必然结果。

后来，我把每次课对着墙讲十遍，用录音笔录下来反复听，每个知识点查阅大量信息，甚至课上的每一个段子都写下逐字稿，连停几秒都提前演练。终于，学生的评价开始明显好了起来。

一次在教室休息室，我看到了一个非常受欢迎的前辈，他问我，看学生对你的评价很好啊，你两小时的课一般备课多久，我自豪地说，至少20个小时。

他"猥琐"地笑了一下，说："我备40个小时"。

这些正能量的人在我身边给了我无穷的动力，这世上最可怕的就是比你聪明的人还比你努力。我开始明白，只有偏执狂，才能创造卓越。

你很难想象一个人，在夜深人静时，喝着咖啡40个小时一遍又一遍跟自己死磕的寂寞。那些安静的夜晚，只因他的心中有一颗照亮自己的太阳。

的确，只有耐得住寂寞，才能看到曙光。

这是一个快餐的年代，快到你总希望今天努力明天就要有结果；快到你总喜欢明天考试今天才开始复习；快到你总觉得今天跑步明天就能减肥成功。

可是，就算是再快的年代，也需要平静不计回报的寂寞时光去积淀，需要一步步安静地积累，随着时间的堆积，才能有明显的改变。

一个人坚持跑步一周不难，坚持学英语几天不难，难的是把优秀养成习惯，坚持七八个月，坚持一年，甚至坚持更久。

学习也是这样，为什么我昨天看书了，文化素养还是没有提高；为什么我这两天背单词了，英语还是没有突破；为什么我昨天突击了，考试还是没过。

那些闪着光芒的人，谁知道他在阴暗的角落里遭受过多少寂寞。

那些在台上辉煌的人，谁知道他经历了多少无人问津的努力。

这世上没有毫无理由的横空出世，世间的美好，不过是耐住寂寞，坚定不移而已。你要相信，时光，不会辜负每一个平静努力的人。

（案例来源：李尚龙.你只是看起来很努力［M］.北京：中国友谊出版公司，2015.编写组略有删改。）

思考与练习

1. 如何实现有效沟通？
2. 如何提升自我执行力？
3. 请同学们制作习惯培养卡来培养训练习惯。以下可作参照。

习惯培养卡1：以早睡早起或天天锻炼为目标，通过这种方式，培养自己养成良好的生活习惯。

习惯培养卡2：给自己确立一周的学习计划，如每天记住50个单词，培养自己良好的学习习惯。

习惯培养卡3：找出自己一个小小的坏习惯，用心理学方法来尝试纠正。如果成功的话，就奖励自己。

习惯培养卡4：每天睡觉前20分钟反省自己一天的言行，找出不足和问题，提出解决方案。

习惯培养卡5：①培养习惯：即刻行动，不拖延。②开始时间：此时此刻。

参 考 文 献

[1] 马天威. 大学生职业生涯发展指导[M]. 沈阳：东北大学出版社，2017.
[2] 罗颖，盛春辉. 药学大学生职业发展与创业就业指导[M]. 沈阳：辽宁大学出版社，2014：59-60.
[3] 梁达友，韦仕珍. 大学生职业发展与就业创业指导[M]. 北京：中国工信出版集团，2019：4.
[4] 张振刚，雷育胜. 大学生学习与职业生涯规划[M]. 北京：清华大学出版社，2015.
[5] 龚芸，辜桃. 大学生职业取向与职业规划[M]. 北京：中国社会出版社，2018：128-129.
[6] 李君霞，谢小明，王义友. 新编大学生职业规划与就业指导[M]. 上海：上海交通大学出版社，2018.
[7] 林奇清. 大学生职业生涯规划与管理——我的生涯，我做主[M]. 北京：科学出版社，2016：117-121.
[8] 古典，陈少平. 大学生职业发展与就业指导[M]. 北京：光明日报出版社，2017：243-245.
[9] 史梅，孙洪涛，伊芃芃. 大学生职业生涯规划与职业素质拓展——赢在起点[M]. 北京：高等教育出版社，2010.
[10] 敬枫蓉. 规划引领人生——走进大学[M]. 第3版. 北京：科学出版社，2018.
[11] 曲振国. 大学生就业指导与职业生涯规划[M]. 北京：清华大学出版社，2015.
[12] 宋吉鑫，黄中庸. 大学生就业创业指导[M]. 沈阳：辽宁大学出版社，2015.
[13] 何少庆，张婧，刘成立. 大学生职业生涯规划与就业创业指导[M]. 北京：新华出版社，2014.
[14] 金环. 职业生涯规划[M]. 北京：清华大学出版社，2014.
[15] 李明，等. 未雨绸缪——大学生职业生涯规划[M]. 北京：清华大学出版社，2014.
[16] 方伟. 大学生职业生涯规划案例教程[M]. 北京：北京大学出版社，2014.
[17] 殷智宏，邱红. 职业生涯规划[M]. 北京：北京大学出版社，2014.
[18] 陈建. 职业生涯规划[M]. 北京：北京理工大学出版社，2014.
[19] 张再生. 职业生涯规划[M]. 天津：天津大学出版社，2014.
[20] 焦金雷. 大学生就业与创业指导[M]. 西安：西安交通大学出版社，2014.
[21] 刘铸，刘献文. 大学生职业生涯规划[M]. 沈阳：辽宁大学出版社，2014.
[22] 理查德·尼尔森·鲍利斯. 你的降落伞是什么颜色[M]. 李春雨，等译. 北京：中国华侨出版社，2014.
[23] 顾雪英，等. 当代大学生职业生涯规划[M]. 北京：高等教育出版社，2013.
[24] 姚锡锋，刘景宏，周宏波. 大学生职业生涯规划与就业指导[M]. 北京：中国时代出版社，2013.
[25] 杜耿. 职业生涯规划：重塑个性、生活与职业[M]. 北京：人民邮电出版社，2013.
[26] 罗云明，廖松书. 职业生涯规划[M]. 北京：电子工业出版社，2013.
[27] 王哲，刘敬东. 大学生职业生涯规划与学业指导[M]. 北京：机械工业出版社，2013.
[28] 哈林顿，等. 职业生涯规划与管理[M]. 张星，等译. 北京：机械工业出版社，2013.
[29] 石建勋. 职业生涯规划与管理[M]. 北京：清华大学出版社，2013.
[30] 贾杏. 大学生职业生涯规划与实践[M]. 北京：北京师范大学出版社，2013.
[31] 谢永川，袁国. 大学生职业生涯规划[M]. 北京：北京理工大学出版社，2013.
[32] 姚裕群. 职业生涯规划与管理[M]. 北京：首都经济贸易大学出版社，2013.
[33] 胡振坤，黄兆文. 大学生就业指导[M]. 天津：南开大学出版社，2013.
[34] 唐国华，刘铸，刘献文. 大学生职业生涯规划[M]. 沈阳：辽宁大学出版社，2013.
[35] 张渤，宁焰. 职业生涯与发展规划[M]. 西安：西北工业大学出版社，2013.
[36] 程社明. 你的船 你的海[M]. 北京：新华出版社，2012.
[37] 魏潾，李广才. 大学生职业生涯指导[M]. 北京：科学出版社，2012.
[38] 张振华. 30堂社交课[M]. 北京：中国纺织出版社，2012.
[39] 王磊. 职场走直线[M]. 北京：人民邮电出版社，2012.
[40] 陈珊珊，吴华宇. 大学生职业生涯规划与就业创业指导[M]. 北京：中国经济出版社，2012.
[41] 石建勋. 职业生涯规划与管理[M]. 北京：清华大学出版社，2012.
[42] 章达友. 职业生涯规划与管理[M]. 厦门：厦门大学出版社，2012.
[43] 陈怡. 大学生职业生涯规划与管理[M]. 北京：中国市场出版社，2011.
[44] 周长茂. 大学生职业生涯规划[M]. 北京：中国石化出版社，2011.
[45] 陆虹璋，赵金花. 职业生涯规划与就业指导[M]. 北京：北京师范大学出版社，2011.

[46] 罗伯特·C·里尔登，等. 职业生涯发展与规划[M]. 第3版. 侯志瑾，等译. 北京：中国人民大学出版社，2010.
[47] 丁静荣. 大学生职业生涯规划[M]. 北京：北京理工大学出版社，2012.
[48] 陈伟，等. 职业生涯规划[M]. 北京：北京邮电大学出版社，2011.
[49] 仲广荣，罗殿宏. 职业生涯规划与指导[M]. 济南：山东人民出版社，2011.
[50] 李智慧. 职业生涯规划教学参考书[M]. 北京：经济科学出版社，2010.
[51] 和艳芳，等. 职业生涯规划[M]. 北京：经济科学出版社，2010.
[52] 林牧，李隽，等. 职业生涯开发与管理[M]. 北京：清华大学出版社，2010.
[53] 阳毅，姜农娟，等. 大学生职业生涯规划[M]. 北京：气象出版社，2010.
[54] 张乐敏，等. 大学生职业生涯规划与管理[M]. 上海：复旦大学出版社，2010.
[55] 辽宁省教育厅. 大学生职业生涯规划[M]. 大连：大连理工大学出版社，2010.
[56] 张胜前，王飞. 大学生职业生涯规划与就业指导[M]. 洛阳：河南科学技术出版社，2010.